氢经济

HYDROGEN ECONOMY

刘　强
张　真
王　恰　等编著

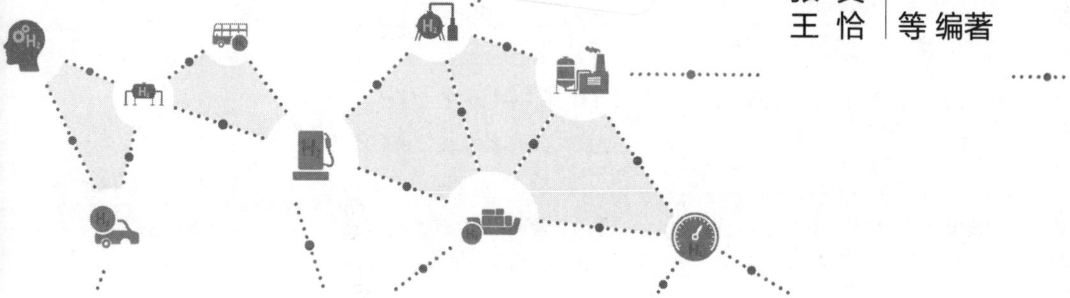

化学工业出版社
·北京·

内容简介

《氢经济》从理论、政策到实践对氢经济进行了详细的介绍和分析，包括氢经济学、氢技术经济学、氢产业、氢能示范城市建设、环境与气候效应、产业风险管控与过程安全管理、氢能发展政策、氢金融等。本书对于想要深入了解氢能源与氢经济前景和挑战的读者来说是一本非常有价值的参考书。

本书可供氢能专业人士、从事能源和环保行业的专业人士、对能源和环境问题感兴趣的人士，以及政策制定者和决策者等参考。

图书在版编目（CIP）数据

氢经济/刘强等编著.—北京：化学工业出版社，2024.3
ISBN 978-7-122-44667-1

Ⅰ.①氢…　Ⅱ.①刘…　Ⅲ.①氢-能源经济　Ⅳ.①F407.2

中国国家版本馆CIP数据核字（2024）第001504号

责任编辑：袁海燕　　　　文字编辑：曹　敏
责任校对：田睿涵　　　　装帧设计：王晓宇

出版发行：化学工业出版社
（北京市东城区青年湖南街13号　邮政编码100011）
印　　装：三河市延风印装有限公司
710mm×1000mm　1/16　印张18½　字数234千字
2024年3月北京第1版第1次印刷

购书咨询：010-64518888　　　　售后服务：010-64518899
网　　址：http://www.cip.com.cn
凡购买本书，如有缺损质量问题，本社销售中心负责调换。

定　　价：98.00元

《氢经济》

编写人员名单

刘 强 张 真 王 恰

编写人员（按姓氏拼音排序）

白延涛 陈 刚 董惠梅 胡安俊 黎 妍

李 政 刘 丹 刘 倩 刘 强 毛宗强

孟翔宇 苗乃乾 潘 晨 史英哲 王 恰

相 艳 云祉婷 张 真

学术顾问：毛宗强

编写单位简介

中国社会科学院数量经济与技术经济研究所是数量经济学和技术经济学两大学科国家权威研究机构，是经济学研究数量方法中国应用的重要开拓者和技术经济论证评价理论和方法研究的主体承担者。数量经济与技术经济研究所秉承“和谐、勤勉、坚守、卓越”的所训，根据我国改革开放和现代化建设的需要，对国民经济发展中的重大理论和现实问题进行综合研究，为党中央和国务院提供决策的科学依据，并为中央和地方有关部门、行业和企业的经济决策提供广泛的咨询服务。

中国社会科学院数量经济与技术经济研究所能源安全与新能源研究室长期跟踪能源转型、能源安全、能源产业发展、能源技术进步等与能源有关的重大问题研究，是中国能源模型系统的建立者和维护者，承担过国家部委、联合国等国际组织、国内地方政府、中央和地方企业的大量能源和气候变化类课题研究，在能源、环境、气候变化方面有丰富的研究和规划编制经验，出版了碳中和领域国内第一部学术性专著《中国能源转型：走向碳中和》。此外，能源安全与新能源研究室还是中国社会科学院年度性项目“全球能源安全智库论坛”和“一带一路倡议与全球能源互联国际研修班”的组织者，并与新华社中国经济信息社共同组织每月一期的“新华能源沙龙”活动，与世界能源领域的重要国际组织、政府部门、智库与科研机构、行业组织和企业建立了广泛的工作联系。

中国电动汽车百人会是非官方、非营利性的国家级第三方智库平台和先进产业促进平台。2014年成立，由政府、学界、产业界的高层首脑组成，以促进电动汽车、智能网联汽车和氢能产业发展为目标，打破部门和所有制局限搭建，通过研究和交流，推进多领域融合和协同发展。百人会氢能中心隶属于中国电动汽车百人会，是致力于推动氢能和碳中和领域研究、产业发展的专业平台。其主要任务是落实国家战略部署，开展氢能和碳中和领域的产业研究及关键技术研发应用，促进国内外“政产学研用”的交流合作，稳步推动中国氢能产业协同创新，实现产业可持续发展。

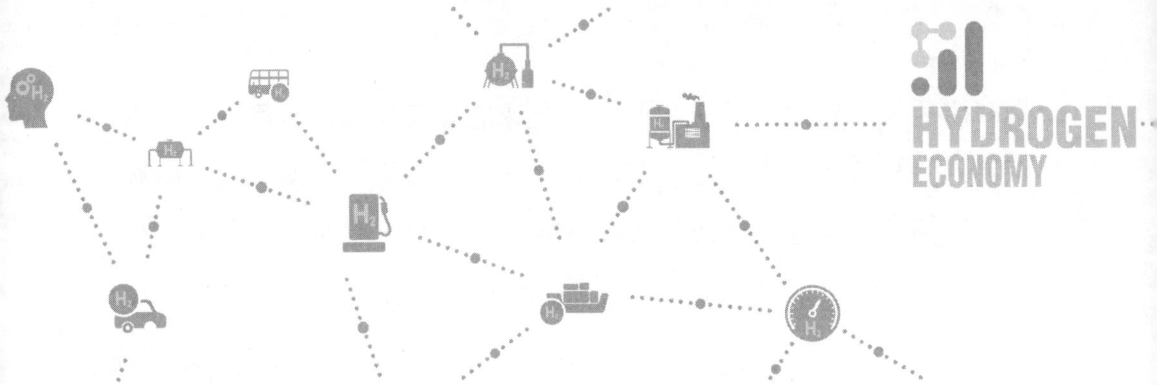

前言

能源是人类生活与生产活动的基础性需求，更是工业文明产生的基础性产业，也将是未来人工智能、数字经济、高端制造、智慧交通等所有新生业态的基础性支撑。没有能源技术的进步与变革，后工业社会的一切技术前景都无法实现。

从能源经济学的角度，每一次的产业革命都是从能源技术的革命开始的。原始薪炭能源的使用与定居生活相伴随，木炭的使用开启了青铜时代和铁器的生产，燃煤的蒸汽动力推动了工业革命，石油的大规模应用开启了汽车时代，氢能和太阳能是太空时代的能源保障。

在支撑未来科技梦想的能源中，氢能将占据非常重要的地位。这是氢的化学特性决定的。氢是最小的原子，氢分子或者高含氢的其他分子能够提供最大的质量能量密度，同时它也是最环保的能源形式。因此无论是在宇航经济还是地面的交通经济中它都是最优的选项之一。传统上关于化石能源的批评中，其实忽略了很多化石能源同时也是高含氢的能量载体。

2014年6月13日，习近平总书记主持召开中央财经领导小组第六次会议发表重要讲话强调，能源安全是关系国家经济社会发展的全局性、战略性问题，对国家繁荣发展、人民生活改善、社会长治久安至关重要。面对能源供需格局新变化、国际能源发展新趋势，保障国家能源安全，必须推动能源生产和消费革命，并提出了能源生产革命、消费革命、体制革命、科技革命与国际合作五点要求。

发展氢能是能源生产革命、消费革命、技术革命、体制革命和国际合作的重要组成部分，也将有助于改善中国的整体能源安全。氢能源发展将成为世界能源安全的中国方案的一个重要组成部分。2022年12月，习近平主席在首届中国-海湾阿拉伯国家合作委员会峰会上的主旨讲话中提出，要加强氢能等清洁低碳能源技术合作和新能源设备本地化生产合作。

当前，应对全球气候变化，实现温室气体减排已经成为国际社会的普遍共识。中国作为负责任的大国，提出了二氧化碳排放力争于2030年前达到峰值、努力争取2060年前实现碳中和的减排计划。在“双碳”战略中，氢能被寄予厚望，已经成为应对气候变化、建设脱碳社会的重要能源。

我国具有良好的制氢基础与大规模的应用市场，发展氢能优势显著。加快氢能产业发展是助力我国实现碳达峰、碳中和目标的重要路径。氢能的开发与利用正在引发一场深刻的能源革命，氢能成为破解能源危机，构建清洁低碳、安全高效现代能源体系的新密码。

氢能成为各国推动经济绿色复苏与能源转型的核心领域，欧、美、日、韩等发达国家纷纷制定氢能路线图，加快推进氢能产业技术研发和产业化布局。截至2021年初，已有30多个经济体发布氢能路线图，相关政府承诺的公共资金支持已超1万亿美元。国际可再生能源署（IRENA）发布的《世界能源转型展望：1.5℃路径》将氢能作为实现1.5℃温控目标的主要解决方案之一，提出到2050年氢能可以提供全世界所需减排量的10%，可以满足全球12%的终端用能需求。世界能源理事会预计，到2050年，氢能在全球终端能源消费量中的占比将达到25%。

全球氢能产业投资规模持续攀升。2019年以来，氢能全球商品化趋势凸显，多国致力于推进绿氢和民用液氢的全球贸易与标准化进程。欧盟、日本、韩国、澳大利亚等经济体均将发展氢贸易体系作为重塑全球竞争力的突破口，财政金融协同支持政策逐渐明确。氢能产业呈现出前所未有的蓬勃发展趋势，仅2021年2月至7月，全球已公示的氢能产业项目就多达359个，其中大型项目达131个，预计投资额为1300亿美元。根据国际氢能委员会的预计，到2050年氢能市场规模可能超过2.5万亿美元，将成为与汽油、柴油并列的终端能源体系消费主体。

近年来，我国对氢能行业的重视不断提高。2019年3月，氢能首次被写入《政府工作报告》，在公共领域加快充电、加氢等设施建设；2020年4月，《中华人民共和国能源法（征求意见稿）》拟将氢能列入能源范畴；2020年9月，财政部、工业和信息化部等五部门联合开展燃料电池汽车示范应用，对符合条件的城市群开展燃料电池汽车关键核心技术产业化攻关和示范应用给予奖励；2021年10月，中共中央、国务院印发《关于完整准确全面贯彻新发展理念 做好碳达峰碳中和工作的意见》，统筹推进氢能“制、储、输、用”全链条发展；2022年3月，国家发展改革委、国家能源局联合印发《氢能产业发展中长期规划（2021—2035年）》，氢能被确定为未来国家能源体系的重要组成部分和用能终端实现绿色低碳转型的重要载体，氢能产业被确定为战略性新兴产业和未来产业重点发展方向。

中国是一个产氢大国。2020年，全球氢气年产量约为7200万吨。2019年，中国的氢气产量约为2000万吨。其中，可再生能源氢气仅占不到1%，其余氢气均由化石能源（70% ~ 80%）和工业副产品（超过20%）制成。根据《氢能产业发展中长期规划（2021—2035年）》，到2025年，燃料电池车辆保有量约5万辆，部署建设一批加氢站。可再生能源制氢量达到10万 ~ 20万吨/年；到2030年，形成较为完备的氢能产业技术创新体系、清洁能源制氢及供应体系，产业布局合理有序，可再生能源制氢广泛应用，有力支撑碳达峰目标实现。到2035年，形成氢能产业体系，构建涵盖交通、储能、工业等领域的多元氢能应用生态。可再生能源制氢在终端能源消费中的比重明显提升，对能源绿色转型发展起到重要支撑作用。

目前，氢能多场景应用尚未实现，市场基础设施与技术标准仍缺乏。一是尚未制定面向民用的产业安全标准，氢气的制取与储运、加氢站的建设与运营等多个产业链细分领域缺乏安全管理细则。二是缺乏绿氢的国家标准及溯源机制，综合考虑氢能产业全周期的碳排放核算方法学与统计制度需要完善。三是氢能商品化、金融化交易平台有待发展。支持绿氢市场盘查、核算、认证核证的机构和专业化的市场研究机构还很缺乏。

在氢能产业蓬勃发展的推动下，氢经济这一愿景正在逐步走近。氢能作为未来能源，预计将为实现中国式现代化、加强我国能源产业链安全与总体能源安全方面作出重要贡献。在这一背景下，受化学工业出版社之邀，中国社会科学院数量经济与技术经济研究所能源安全与新能源研究团队，与中国电动汽车百人会合作，邀请业内资深专业人士共同撰写《氢经济》一书，对氢经济相关问题包括技术经济性、技术进步前景、氢能示范、氢环境与气候效应、氢金融等进行总结与分析，为氢能发展提出政策建议，力争为中国氢能发展贡献力量。

本书为集体创作，由首要专业人士提供各章稿件，并在此基础上由刘强进行统稿。由于是各撰稿人分别撰稿，在氢经济这一快速发展、也尚未成熟的产业领域内各撰稿人提供的稿件难免有内容重复，因此统稿之后在内容上做了较多的调整，可以说，在各章中都有所有撰稿人的贡献，使得本书真正成为了一本集体创作的专业书籍。值得高兴的是，如此多的撰稿人，尽管内容上有重复，但是观点上却未出现冲突，对氢能未来发展都抱有一致的信心。这也说明，氢经济的发展前景是普遍认同与确定的。

本书第一章，氢经济学，由刘强撰写。本章从经济学理论角度，对氢经济前景和氢经济政策进行了学术性的理论分析，并提出政策框架与路径。

第二章，氢技术经济学，由陈刚和相艳撰写。从产业技术角度对氢产业做了科普性的介绍，并对产业链的重要组成部分进行了技术经济分析与评价。由于氢能也是一个复杂的长链条产业，因此本章为了解氢经济做了非常实用的导引。其中燃料电池部分由相艳执笔，其余部分为陈刚执笔。

第三章，氢产业，介绍了世界与中国的氢产业发展情况和氢国际贸易。从梳理我国氢能产业发展取得的新进展出发，分析氢能产业发展面临的各种挑战，并提出相关政策建议。国际贸易部分，从开展“绿氢”国际贸易出发，全面介绍了中国开展“绿氢”国际贸易的基础和优势。本章产业部分由张真、王恰、刘倩、史英哲、苗乃乾、云祉婷执笔，贸易部分由毛宗强、孟翔宇执笔。

第四章，氢能示范城市建设，对北京、上海、佛山三个燃料电池示范牵头城市进行案例分析，结合国内外发展现状和经验，针对中国国家层面和地方政府层面就推动清洁、低碳氢能产业发展提供若干建议，由中国电动汽车百人会氢能中心张真、黎妍执笔。

第五章，氢的环境与气候效应，内容包括中国绿氢生产优势和氢能在交通运输领域温室气体排放，分析燃料电池中11种制氢方式的全生命周期温室气体排放评估现状。内容由毛宗强、孟翔宇、张真、黎妍提供。

第六章，氢能产业风险管控以及过程安全管理，从氢安全案例出发，分析氢能产业的安全生产风险，以及现行相关法律法规和规范，论证了风险与安全管控方面的意见和建议，由必维国际检验集团李政执笔。

第七章，氢能发展政策，本章首先对世界先进国家的氢能政策进行了综述，然后对国内氢能发展政策进行了全面梳理，在分析行业面临挑战的基础上提出了中国发展氢能的全面政策建议。本章内容来自各撰稿人的相关论述，主要来自张真、云祉婷、王恰的相关研究成果。

第八章，构建与“双碳”目标相一致的氢金融体系，在各国金融政策方面对氢战略支持的基础上，从我国和各省级地区氢能目标出发，分析我国氢能全产业链的金融支持政策。以“双碳”目标论证我国氢金融体系的构建，由中国电动汽车百人会氢能中心张真、刘倩、史英哲、云祉婷执笔。

相信本书会为氢能相关管理、研究、技术、工程等方面的人员提供有益参考。限于时间和水平，不足之处还请指正。

刘 强

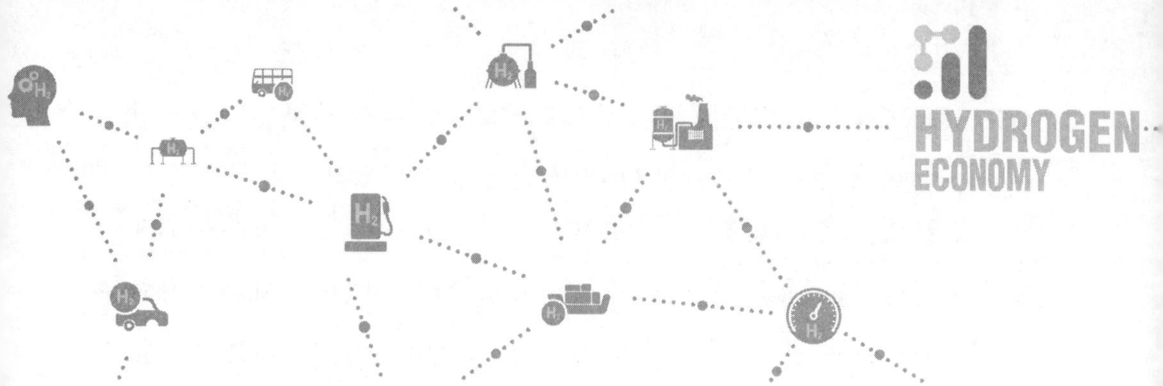

目录

CONTENTS

第一章

氢经济学

本书起始，有必要以经济学理论的视角对氢经济这一未来情景进行理论与价值分析，并在此基础上提出实现路径与政策路线。

一、概念与愿景

氢经济（hydrogen economy）是指设想以氢气（氢燃料）为主要能源的社会状态，最早于1970年由约翰·博克里斯在美国通用汽车公司技术中心的演讲所创。为应对当时发生的第一次石油危机，搭建以氢气取代石油支撑全球经济的未来市场运作体系，包含氢能源生产、配送、储存及使用的一整套产业生态。

（一）氢经济的科学原理：高能效与碳减排

氢气是一种极高能量密度与质量比值的能源。氢作为能源，一般不是通过化石燃料那样的燃烧过程来获取能量，而是通过燃料电池这种电化学形式，即非燃烧的方式获取电能形式的能量。燃料电池的效率高过诸多内燃机。内燃机效率顶多有20% ～ 30%，而最差的燃料电池也有35% ～ 45%的效率（通常都要高很多），再加上相关电动马达和控制器的耗损，最后纯输出能量最少也有24%，相比之下，内燃机的则低得多。

氢可以通过广泛存在的水电解而来，并在燃烧后只生成水蒸气，没有二氧化碳排放，这是氢被选中作为未来能源的最核心原因。然而，由于氢很少有游离的氢分子，需要耗费能量来制取，是典型的二次能源。因此氢能的全生命周期碳排放不一定为零，它取决于制氢和输配过程中所用能源的综合碳排放情况。因此，为实现碳减排目标，要求所需能源尽量为绿色能源，或者能够实现碳捕捉或者碳循环。

（二）氢经济的经济学原理

到目前为止，氢经济仍然是一种设想的未来社会形态。既然称之为氢经济，而不是氢产业，它的涵义不仅仅包括氢的生产、储存、输配、利用，还包括了对经济生态、社会形态的改变。可以说，它的对照物是目前的以化石能源为主体支撑的工业经济体系和社会组织体系，我们也可以把后者称之为“化石能源经济”或“碳氢经济”。尽管现在非化石能源如核电、水电、风电、光伏等已经有了长足的发展，但是从总体上，我们仍然可以把当今社会称之为“碳氢经济”。因为，核电、水电的特性与化石能源非常相似，都具有资源垄断特性和大规模工厂模式。去除核电与水电的非化石能源比例还是比较低的。

因此，我们可以先看看碳氢经济和碳氢社会的特点：

第一，化石能源引起严重的环境问题。除了是温室气体排放的主要来源，也是全球气候变化的主要因素，化石能源在开采、燃烧、转换过程中，也存在地质破坏风险、有毒有害污染物排放、PM2.5 排放等问题；

第二，资源垄断特性，无论是化石能源还是水电、核电，都存在资源和控制权的稀缺性；

第三，大规模工厂式集中生产，存在明显的生产规模经济；

第四，输配网络的自然垄断特性，和随规模增长的成本分担即规模经济性；

第五，由于前面三个特点形成的垄断特性，即使按产业链进行分割阻止纵向一体化，也有巨大的纵向卡特尔或者合谋定价潜力，形成社会的能源利益集团；

第六，能源价格构成了宏观经济的价格基础，因此具备了对通货膨胀水平的宏观经济影响，并对社会利益格局的结构具有决定性影响；

第七，由于石油天然气的国际市场特性，以美元定价的全球统一定价模式，使得碳氢经济具有典型的全球化特性，并受到国际经济波动的传导。

对比以上七个特点，氢经济的提出者希望通过氢经济的不同特征来解决这些问题：

第一，寄予厚望的绿氢（基于绿色电力）燃烧后或者通过燃料电池的电化学反应形成水，没有温室气体的排放，也可以在钢铁工业中替代焦炭作为还原剂使用，同样也减少了温室气体的排放；

第二，氢没有资源垄断特性，寄予厚望的绿氢来自电解水，非电解水制氢可以来自煤炭、天然气和工业过程，来源几乎不受限制；

第三，由于资源的无限性，生产是可以分散进行的，既可以是大规模制氢，也可以分布式制氢，总体的生产能力同样可以是巨大的；

第四，通过分布式制氢和分布式利用，破解输配系统的自然垄断特性（虽然也可以进行规模化的输配）；

第五，因为来源不存在垄断性，所以也就不存在纵向一体化的垄断潜力，也就无法形成稳固的社会利益集团；

第六，因为资源和输配网络不具备垄断性，所以也不会形成垄断定价、卡特尔定价，也不会形成大范围的统一定价，而是更多地取决于本地市场的边际成本，因此切断了与宏观经济的传导机制；

第七，同样，氢市场不会形成全球统一市场和统一定价。

可以看出，氢经济是一个非常理想的远景，如果能实现，可以有效解决碳氢经济引起的相关问题。那么，为什么还没有实现呢？既然称之为“氢经济”，经济的核心问题就是成本。化石能源或者说碳氢能源引起大规模集中式生产和大规模输配网络，可以有效地分摊成本，因此每个消费者需承担的价格可以降到很低。当然这是“可以”降到很低，前提是具有垄断能力或者卡特尔倾向的碳氢能源企业主动选择不利用其垄断地位去定更高的价格来谋取超额利润。如果氢能源或者其他可再生能源的成本能够接近碳氢能源的平均成本，就会迫使碳氢能源企业放弃或部分放弃超额利润。如果氢能的成本降低到碳氢能源之下，氢经济的前景就会成为现实。这是氢经济情景得以实现的基本逻辑。

（三）氢经济的产业基础

1. 氢能产业链

氢能产业链主要包括上游制氢，中游氢储运、加氢站，以及下游多元化的应用场景。目前来看，其主要应用场景分布于交通、工业、发电以及建筑领域。

制氢：电解水制氢是目前众多氢气来源方案中碳排放最低的工艺，与全球低碳减排的能源发展趋势最为吻合。目前电解水制氢是最有发展潜力的绿色氢能生产方式，特别是利用可再生能源进行电解水制氢。电解水制氢主要有3种技术路线：碱性电解（AWE）、质子交换膜（PEM）电解和固体氧化物（SOEC）电解。其中碱性电解水制氢技术最为成熟、成本最低，更具经济性，已被大规模应用。PEM电解水制氢技术已实现小规模应用，且适应可再生能源发电的波动性，效率较高，发展前景好。固体氧化物电解水制氢目前以技术研究为主，尚未实现商业化。

储存和运输：高压气态储氢、低温液态储氢已进入商业应用阶段，而有机液态储氢、固体材料储氢尚处于技术研发阶段。其中，气态储氢是目前发展相对成熟、应用较广泛的储氢技术，但该方式仍然在储氢密度和安全性能方面存在瓶颈。长管拖车为主的气态运输，是当前较为成熟的运输方式。

加氢站：截至2022上半年，全国已建成加氢站超270座。从区域分布和规模来看，2021年中国新建100座加氢站，累计建成数量达218座，位居世界首位。当前我国加氢站可实现除西藏、青海、甘肃外的省级地区全覆盖，同时又具有一定的区域集中性特征，位列前4的省份依次为广东省、山东省、江苏省和浙江省。

应用场景：目前工业和交通为主要应用领域，建筑、发电等领域仍然处于探索阶段。根据中国氢能联盟的预测，到2060年工业领域和交通领域氢气使用量分别占比60%和31%，发电领域和建筑领域占比分别为5%和4%❶。

2. 氢能应用场景

交通领域：燃料电池汽车是交通领域主要应用场景，未来有望实现高速增长。2020年受到疫情等因素影响，我国燃料电池汽车产销量出现下降。2021年燃料电池汽车产量和销量分别同比增加49%和35%；2022年1—12月，中国氢燃料电池汽车产量累计3626辆，完成了2021年全年产量的2.04倍❷。我国《氢能产业发展中长期规划（2021—2035年）》显示，计划到2025年我国燃料电池车辆保有量达到5万辆。据此计算，未来几年我国燃料电池汽车保有量的年均增长率将超过50%。

工业领域：氢不仅作为工业燃料，也可以作为工业原料帮助工业减碳发展。在氢冶金、合成燃料、工业燃料等的带动下，2060年工业部门氢需求量将达到7794万吨，接近交通领域的两倍。例如，在钢铁领域，2020年国内钢铁行业碳排放总量约18亿吨，占全国碳排放总量的15%左右。按照2030年减碳30%目标，需减排5.4亿吨，面临巨大挑战。氢冶金是钢铁行业实现“双碳”目标的革命性技术，绿氢有望逐渐成为化工生产常规原料。就化工行业而言，氢气是合成氨、合成甲醇、石油精炼和煤化工行业中的重要原料。目前，工业用氢主要依赖化石能源制取。随着可再生能源发电价格持续下降，到2030年国内部分地区有望实现绿氢平价，绿氢将进入工业领域，逐渐成为化工生产常规原料。

发电领域：氢能发电主要有两种方式。一种是将氢能用于燃气轮机，带动电机产生电流输出，即“氢能发电机”。氢能发电机可以被整

---

❶ 前瞻网. 中国氢气应用分布与需求前景分析：未来工业领域用氢依旧占主导地位，2021-07-12. https://m.ofweek.com/hydrogen/2021-07/ART-180826-8420-30509108.html.

❷ 中汽协，中商产业研究院. 2022年中国氢燃料电池汽车产量及销量分析，https://www.sohu.com/a/647384640_350221.

合到电网电力输送线路中，以此实现电能的合理化应用，减少资源浪费。另一种是利用电解水的逆反应，氢气与氧气（或空气）发生电化学反应生成水并释放出电能，即“燃料电池技术”。燃料电池可应用于固定或移动式电站、备用峰值电站、备用电源、热电联供系统等发电设备。目前两种氢能发电均存在成本较高的问题。燃料电池发电成本大约2.5～3元/（kW·h），而其他技术发电成本基本低于1元/（kW·h）。降低成本是氢能在发电领域发展的关键。

建筑领域：氢能供热供暖技术在建筑中不占优势，初期在建筑中主要采用混合氢气。氢气在建筑中的应用相对有限，与天然气供热等比较，氢气供热在效率、成本、安全和基础设施的可得性等方面均有短板。初期氢气在建筑中的使用将主要是混合形式，预计未来纯氢在建筑中的使用有望超过混合氢气。

二、氢经济的路线图

（一）实现路径

氢经济的基础是氢产业，与相关产业链一起共同形成氢产业生态。氢经济的目标是取代现有的化石能源经济体系，并达成环保、经济与社会目标。然而，作为一项新兴技术，它从示范到形成覆盖全社会的大规模产业生态，是一个复杂的且不是必然实现的过程。这是一个典型的技术经济学问题，新兴技术在产业化过程中，随着应用规模的扩大，成本会逐步下降。然而，应用规模的扩大是一个至关重要的难题，就像电动汽车的发展过程一样，它需要基础设施网络的支撑，先有一个小范围内的充电设施，然后有电动汽车数量的增长，然后再有更多、更大范围的充电设施，然后再有更多的电动汽车，……，在这一过程的同时，电动汽车生产规模随之扩大，并且随着生产规模的扩大，“学习曲线”开始发挥作用，同时也有越来越多的边际性技术革新与颠覆性技术突破，使得电池性价比越来越高，续航里程越来越长，总体平均成本日益下降，从而形成产业发展与产业生态的良性循环。

氢经济是一个美好愿景，它的实现依托于氢产业的相关工业技术和从制氢到终端设备消费的一整个产业生态，或者说产业链。氢产业生态包括以下产业链：制氢-储氢-输氢-燃料电池-氢能汽车/氢能发电，以及相应的标准与安全设施，其中每一步又都需要从材料、设备到数字化运行的支撑体系，比如制氢对应着各种电力，电解和燃料电池都需要膜技术和关键金属催化剂技术，等等。

可以看出，要实现氢能经济的前景，比实现电动汽车普及的过程还要复杂。在电动汽车案例中，电力来自现有生产体系，能源成本明显低于燃油汽车，其关键突破点只有电池单次充电续航里程与充电桩网络普及性两个因素。对于氢能来说，氢燃料电池方面，在汽车领域目前成本还远高于燃油汽车和电动汽车，在发电领域还远高于其他的发电形式；在基础设施网络方面，输氢网络也远比充电桩网络复杂，因为它需要从制氢开始新建输配网络，无论是管线输氢、液体输氢还是衍生品输氢，都不像充电桩那样只要从电力线路里再拉出一根线就可以了，它需要建设新的输配能力，而且都需要巨大的投资。目前情况下，在发展的初始阶段，氢经济在制备（制氢）、输配、利用三个环节，都存在与替代品的不经济性，都不具备大规模推广的条件。

如果想在所有环节同时取得进步，来实现氢经济尤其是基于绿氢的氢经济，几乎是不可能完成的任务。比较可行的办法是，无论是绿氢还是非绿氢，先结合现有的工业产能与传输网络，扩大氢在工业、能源电力、民用方面的市场需求，以需求扩张带动氢基础设施的建设，同时利用特定的产业扶持政策支持不同生产技术路径的氢生产，最终带动关键氢经济相关技术的突破和产业化，实现绿氢（包括制氢、储氢、输氢、用氢）成本相比于非氢燃料的经济性。

（二）未来成本下降的来源

氢经济前景能否实现，取决于全产业链的综合成本能否下降到与替代产品相比有竞争力的水平上。这是一个经济学中典型的技术进步议题。产业技术进步或者说成本下降的来源主要来自以下方面：

① 由市场需求扩大带来产量增长后固定成本被更多的产量平均后带来的规模经济效应；

② 学习曲线效应，随着生产时间延长、生产产品数量的增加，工艺管理和工人熟练水平提高，生产效率提高，次品率下降；

③ 革命性的生产技术和生产工艺改进，重构产品生产工艺与供应链，带来成本的大幅度下降；

④ 边际性的技术创新与技术改进。

虽然氢经济前景看起来很美，然而氢作为主要能源的氢经济或者氢能社会，有一个先天性的弱点，就是在自然界很少存在分子氢。只有在地壳深层，才可能由于地球化学的作用，像天然气一样储存有少量的分子氢。在实际应用中它是被制造出来的，如果作为能源它就和火电一样是二次能源。只要是二次能源，由于能源转换过程的能量损失，它的能源效率必然低于一次能源。但是这一先天弱点并不绝对，因为氢和它的竞争者电力、液体燃料、非氢气体燃料在进入到终端利用时也即做功时，它们还都需要传输和二次转换即做功的过程。如果在传输和二次转换的过程中，这两步的总体效率上氢能够大幅度占优的话，就可以抵消它在第一次转换时的劣势。

此外，氢作为清洁燃料，燃烧或电化学反应后只生成水，是最少排放温室气体的燃料。如果把减排效益折算成经济成本的降低，那么就会带来第二个成本优势来源。

结合以上论述，氢经济前景的实现依赖于下面突破点：

（1）更廉价的非化石能源电力生产。目前制氢主要通过煤炭和天然气，即灰氢，如果结合碳储存技术，则称之为蓝氢。这两种技术路线中，灰氢因为不符合温室气体减排目标并不受到鼓励，而蓝氢因为加上了碳捕集和碳储存成本，并不具备经济性。因此，氢经济前景的实现还是要依赖非化石能源电力来制取，可以是核电，也可以是水电、风电、光伏等可再生能源电力。目前受到鼓励的是风、光等可再生能源电力制氢技术路线。在沙漠戈壁地区尤其鼓励风电和太阳能光伏制氢，来利用不能上网的风电和光伏电力发电能力。虽然风、光电力的成本总体平均仍然不算低，但是如果仅对不能上网的发电能力来计算，其电力边际成本可以视为零，因为不利用这部分电力，它只能白白浪费，成为弃风或者弃光（电力）。这时的制氢成本就可能具有一定的经济性。当然，它是否足够低还取决于制氢的技术。

（2）制氢技术成本的下降。通过采用成本更低的设备、关键材料和催化剂，改进制氢工艺，提高制氢的转换效率，降低制氢成本。如果有可能实现地质技术突破，未来实现地质氢储量突破和开采、储运技术提升，那么就可以把氢从二次能源变为一次能源，减掉制氢成本。

（3）储氢、输氢技术的安全与效率提升带来的成本下降。氢作为最小分子量的物质，它独特的性质即非常容易从各种储存介质（哪怕是金属介质）中逸出，使得其储存、运输的技术要求很高。已有储存运输形式有：气态、液态、金属吸附、有机化工产品化学反应等。储存与运输在形式上密切相关，目前最主要的形式仍是气态运输，即通过储罐和管线形式储存和输送。如果进行大规模氢能利用，基础设施建设的成本是首要的问题。通过已有天然气基础设施同时输送氢，是一个分担基础设施建设成本的有效途径。各种储运形式的经济性，都需要认真的评估，并且依赖未来可能出现的新技术。

（4）加氢站效率与可及性建设。加氢站在作用上与加油站、充电站类似，都是为汽车提供燃料。然而，加氢站比前二者要复杂一些，这是因为储氢的难度高于汽柴油和电力。类似电动汽车开始市场化时，加氢站建设与氢能汽车的推广也存在一个“先有蛋还是先有鸡”的难题，需要逐步递进。

（5）燃料电池的能源效率与经济性。提高氢燃料电池的电化学转换效率，采用更低成本的膜技术和催化剂技术等，都有助于提高能源效率，改变这一技术路线的经济性。这需要颠覆性的技术创新，这种创新需要一定的运气，也需要基础研究的进展。

（6）氢燃料电池储能电站/应急电站的经济性问题。氢作为能源不仅可以用于交通运输行业，也可以作为储能电站的电化学燃料。这一领域是氢能源可以首先发挥作用的地方，因为作为应急电力供应，应急能力是首要目标，可以承受较高的成本。氢燃料电池作为应急电力，在应急能力和安全性上都优于锂电池储能电站和柴油发电机。因此，有条件的地方，可以试点在医院和要害部门建设氢燃料电池应急电站，作为推广氢能的一个示范。

三、市场创设与政策

氢在工业领域作为原料的应用和在医疗领域的应用，都已经比较成熟，存在氢应用的市场。但是氢作为能源的应用，除了以液氢形式的火箭燃料之外，尚没有自发的不依赖补贴的氢能源市场。在美国、日本、欧洲、中国的氢能发电和氢能汽车，基本上还是需要政府的补贴来维持项目的经济性。

（一）市场创设

氢能社会的建设，涉及一个经济学的命题“市场创设”。其涵义是，在没有外来干预的情况下，是不存在这一市场的。因为所涉及的商品生产成本远高于替代商品，或者不考虑外部条件和政府强制的情况下不存在对这一商品的需求。前者如早期的绿色电力，后者如碳排放的权利。早期的绿色电力，没有政府强制的配额制，没有对绿电进行补贴强行压低其生产成本，市场上就不会有对绿色电力的普遍需求，除非在海岛或者空间站这些特殊环境。在碳排放权案例中，市场本身并没有这种需求，只有在政府强行规定了排放上限之后，这一需求才会产生。这种无中生有地创造市场需求和相应产业的行为称为“市场创设”。

市场创设的关键在于创造需求，可以分为直接创设和间接创设两种。直接创设，相当于政府直接投资购买产品和服务，或者通过设定强制配额，要求交通部门或电力部门，必须达到一定比例的氢能应用，就像发展可再生能源过程中的强制配额。比如在2022年冬奥会的交通服务中建设氢交通体系，包括加氢站、接驳车等。间接创设，是通过税收、碳交易、财政补贴等手段，人为改变氢能与其替代能源之间的经济性比例，也就是提高氢能的经济性，降低其替代能源的经济性。

在现实中，我们可以看到，不论是在可再生能源的发展中，还是在氢能的发展中，上述这些直接创设和间接创设都是经常被各国采用的政策选项。

（二）适度激励与退出机制

对绿色能源的市场创设政策，都是公共经济学的范畴，本质上都是通过政府政策改变新产品与替代产品的成本对比。由于都是使用了财政资源，人为扭曲市场资源配置，就需要设计一定的退出机制，因为长期的资源配置扭曲会损失经济效率。美国先后出台的生物乙醇政策和页岩油气政策就提供了一个鲜明的对比。生物乙醇忽略了其生产技术成本下降潜力不足的特点，使得补贴长期化，而乙醇产量无法大幅度增长，最终形成了一个依赖于政府补贴却无助于从根本上改善能源安全的产业利益群体；而页岩油气只在开始阶段利用很少量的政府补贴，突破技术瓶颈后成本快速下降，并且把美国从一个油气进口国变成了一个出口国，从根本上改善了美国的能源安全，实现了能源独立。这二者的区别就在于是否正确地评价了产业技术突破的潜力。

氢能产业技术从本质上类似页岩油气，而不类似生物乙醇，它们本质上都是工业化技术。因此在政策设计上，都应着力于产业技术发展的瓶颈，即是否能够实现效率的大幅提升和成本的大幅下降，同时都要在实现突破后进行补贴政策的有序退出。

由于产业技术创新有一定的随机性，在具体技术路线选择上有一定的不确定性，因此产业政策设计应有一定的包容性，应“只问效果，不问手段”，不应指向具体的技术路线，而应指向最终的结果，把具体的技术路线问题交给企业去选择。

对应新兴产业技术的生命周期，政策的目的是产业培育和市场创设，发挥其作用的最佳时期是在产业培育阶段的中后期，即走出实验室进入到项目试点之后，通过政府产业基金引导试点项目，采取强制配额制、生产与研发补贴等形式，引导市场接受新产品并逐步扩大消纳能力，当基础设施网络逐渐形成并接近盈亏平衡之后，产业扶持政策即可以逐步退出（见图1-1）。

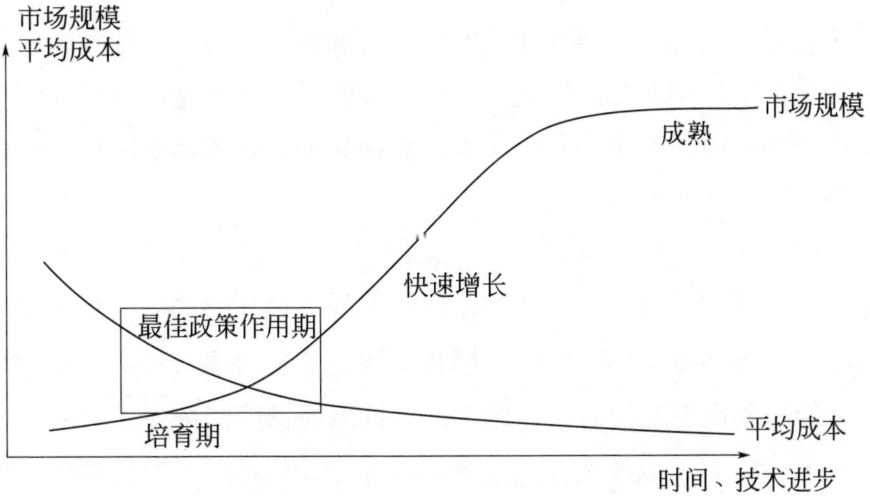

图1-1　新兴产业技术进步与产业发展生命周期

政府财政性政策退出之后，仍然可以有政府非财政性政策和市场机构的倾向性政策用于支持新兴产业如氢能产业的发展和氢经济愿景的实现。在可再生能源具备成本竞争力后，与非技术成本相关的经济政策或机制更显重要。如阿联酋的光伏发电项目中标电价在3年前即为2.42美分/（kW·h），直接得益于其免土地税政策、免消费税政策、长期限低利率贷款、夏季奖励电价政策等。

四、总结

氢能是一种来源丰富、绿色低碳、应用广泛的二次能源，正逐步成为全球能源转型发展的重要载体之一。为助力实现碳达峰、碳中和目标，深入推进能源生产和消费革命，构建清洁低碳、安全高效的能源体系，中国需要促进氢能产业高质量发展。

当今世界正经历百年未有之大变局，新一轮科技革命和产业变革同我国经济高质量发展要求形成历史性交汇。以燃料电池为代表的氢能开发利用技术取得重大突破，为实现零排放的能源利用提供重要解决方案，需要牢牢把握全球能源变革发展大势和机遇，加快培育发展氢能产业，加速推进我国能源清洁低碳转型。同时，发展氢能产业不仅仅是解决碳达峰、碳中和工作的一个抓手，更是我国紧跟国际前沿产业科技发展，培育新兴产业的重要领域。

从国际上看，全球主要发达国家高度重视氢能产业发展，氢能已成为加快能源转型升级、培育经济新增长点的重要战略选择。全球氢能全产业链关键核心技术趋于成熟，燃料电池出货量快速增长、成本持续下降，氢能基础设施建设明显提速，区域性氢能供应网络正在形成。

从国内来看，我国是世界上最大的制氢国，年制氢产量约3300万吨，其中达到工业氢气质量标准的约1200万吨。可再生能源装机量全球第一，在清洁低碳的氢能供给上具有巨大潜力。国内氢能产业呈现积极发展态势，已初步掌握氢能制备、储运、加氢、燃料电池和系统集成等主要技术和生产工艺，在部分区域实现燃料电池汽车小规模示范应用。但总体看，我国氢能产业仍处于发展初期，相较于国际先进水平，仍存在产业创新能力不强、技术装备水平不高、支撑产业发展的基础性制度滞后、产业发展形态和发展路径尚需进一步探索等问题和挑战。面对新形势、新机遇、新挑战，亟须加强顶层设计和统筹谋划，进一步提升氢能产业创新能力，不断拓展市场应用新空间，引导产业健康有序发展。

第二章

氢技术经济学

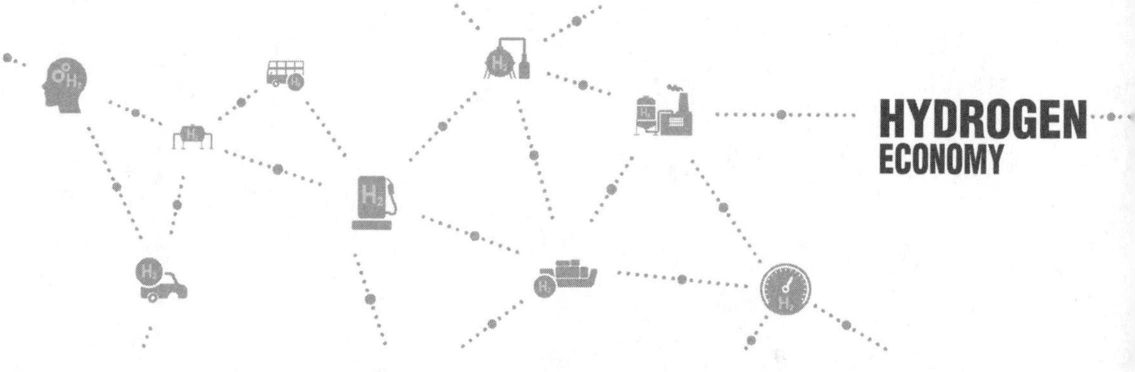

一、氢能关键技术

（一）氢的化学特性

氢作为一个单独的化学元素，最早对其进行系统研究的是英国化学家卡文迪什（Henry Cavendish）。他在18世纪70年代就在前人通过各种金属与酸反应生成气体的基础上，对氢气的产生、收集进行了系统研究，最后将氢气燃烧，反应物确定为纯水，从而推定出这种通过金属和酸反应产生的氢，和金属种类以及酸的类型的组合无关，应该是一种独立的物质。当时卡文迪什将其命名为“可燃烧的空气”，给氢气命名为今天大家公认的名称，是法国化学家拉瓦锡（Antoine Laurent Lavoisier），他选择了拉丁文*hydrogenium*。而在希腊语中，*hydrogéne*（英文*hydrogen*）本意是指“形成水的”，氢是“由水而得的气体”。

氢逐步走进人们的生活，主要是基于煤的工业革命。瓦特开启了蒸汽机时代，机器替代人力和畜力，固态的煤被燃烧产生热量，水被加热成为蒸汽，产生高压，可以推动机械。在优化燃烧的过程中，水煤气被发现并得到深入研究。水煤气，又名合成气的反应方程式为：$C+H_2O=CO+H_2$，铁钴镍铜锌这几类金属作为催化剂，分别在不同的温度和压力区间具有最佳的催化效果。工业煤气，曾一度被作为城市照明用的“路灯”的能量源：通过在马路边铺设管道，在夜间可以点燃城市煤气（CO和H_2的混合气体），从而达到照明的效果。城市居民用的取暖设备、炉灶等，都曾一度是由H_2和CO的混合气体来作燃料的。后来出现的甲烷为主的天然气逐步形成替代优势，以至于现在的城市管网里基本仅剩天然气。相比CO，天然气无毒，且密度比空气密度低，如泄漏会浮在空中。相比氢气，天然气更为温和，不容易爆炸。

20世纪初，德国化学家哈伯（F. Haber）提出了N_2和H_2合成氨的新工艺并申请了专利，一直到现在，用他名字命名的哈伯法都是氢合成氨的主要路径。氨的早期用途主要集中在军火火药方面，第一次世界大战以后，渐渐地氨开始被应用于农业等，一直到今天，氢气的主要用途之一就是合成氨，占据年氢气用量的25%左右。

比合成氨消耗了更多氢的产业是石油工业的炼油工艺，占到氢气用途的30%以上。在炼油的过程中，不论是催化裂解还是热裂化，都是把长链的烃类化合物裂解为短链的烃类化合物，同时把裂解过程中的不饱和烃类加氢转变为饱和烃。在催化裂解工艺中，催化剂的用途很广泛，但是不少催化剂容易被硫、氮、氧、砷等污染，通常也会在原料中加入高纯氢来对催化剂进行保护。

比石油加氢和合成氨略低一些的氢气消耗是合成甲醇，大约占到10%。甲醇作为化工原料、溶剂等，用途广泛。黏结剂、涂料的重要工业原料中常用的甲醛也往往由甲醇制备而成。

其他领域中，氢气的应用也很广泛，但是由于产业的规模有限，总的氢用量并不是太多，这些领域中比较常见的是：半导体材料提纯（氢作为保护气体），大型发电机（氢作为冷却剂），冶金工业（氢作为还原剂或保护气），食品加工（氢作为还原剂）等。

（二）氢制取、储运、加注技术

1. 氢制取技术

目前，氢的制取主要有以下三种比较成熟的技术路线：（1）以煤炭、天然气为代表的化石能源制氢；（2）以焦炉煤气、氯碱尾气、丙烷脱氢为代表的工业副产气制氢；（3）以电解水制氢为代表的可再生能源制氢。此外，还有一些尚处于实验开发阶段的氢制取技术。例如，核能热化学制氢、太阳能热化学制氢、光电化学制氢、光催化制氢、人工光合作用制氢、生物质气化制氢、微生物催化脱氢等，不同制氢技术的优缺点比较见表2-1。

化石能源制氢是当前最主要的制氢技术路线，主要有煤制氢与天然气制氢两大类，其他还包括石油、甲醇、页岩气和可燃冰等化石能源制氢。煤制氢技术成熟，通过气化技术将煤炭转化为合成气，再经水煤气变换分离处理以提取高纯度的氢气。这种工艺可满足大规模、高稳定性的制氢要求，是当前成本最低的制氢方式，也是我国最主要的制氢方式。天然气制氢主要利用蒸汽转化法、部分氧化法以及天然气催化裂解制氢。其中，蒸汽转化法最为常用，其原理是让甲烷和水蒸气在催化剂以及高温的条件下发生化学反应。部分氧化法是由甲烷等烃类与氧气进行不完全氧化生成合成气，需要配置空分装置或变压吸附制氧装置。天然气催化裂解制氢则主要是天然气在催化剂表面发生催化裂解反应生成氢气和一氧化碳。

工业副产气制氢主要分布在钢铁、焦化、化工等行业，将富含氢气的工业尾气作为原料，采用变压吸附法（PSA法），回收提纯制氢。目前主要来源有：烧碱（氢氧化钠）行业副产氢气、钢铁高炉煤气可分离回收副产氢气、焦炭生产过程中的焦炉煤气可分离回收氢气、石化工业中的乙烯和丙烯生产装置可回收氢气。工业副产气制氢的最大优势在于几乎无需额外的资本投入和化石能源投入，并且制氢流程短、能耗低与工业生产结合紧密，是目前较为理想的氢气来源。另外，通过引入碳捕集、利用与封存技术，可以使工业副产氢成为真正的“蓝氢”，这不仅提高了资源利用效率和工业产品经济附加值，还可以有效减少高耗能行业的碳排放和污染气体排放水平。

电解水制氢是在直流电下将水分子分解为氢气和氧气，分别在阴、阳极析出，所产生的氢气纯度高（可以达到99%以上），是目前各类制氢技术中碳排放最低的工艺。电解水制氢主要有以下四类不同技术：碱性水电解（ALK）、质子交换膜水电解（PEM）、阴离子交换膜水电解（AEM）、固体氧化物水电解（SOE）。碱性水电解技术已经实现工业规模化产氢，是技术最为成熟、生产成本相对较低的电解水制氢技术，适用于电网电解制氢。质子交换膜水电解技术则在欧美地区推进较快，该技术制得的氢气纯度高、能效高于碱性水电解技术、装置运行灵活性更高，对电力变化反应更快，与波动性和随机性较大的风电和光伏发电具有良好的匹配性，但由于需要使用铂、铱、钌等贵金属催化剂等材料导致成本较高（稀有金属大约占电解系统整体成本的10% ～ 15%）。阴离子交换膜水电解技术将传统碱性水电解技术与质子交换膜水电解技术的优点结合起来，目前国内外尚处于研发完善阶段，研发主要集中于碱性固体聚合物阴离子交换膜与高活性非贵金属催化剂。固体氧化物水电解技术的电耗低于碱性水电解技术和质子交换膜水电解技术，但尚未广泛商业化，国内仅在实验室规模上完成验证示范。由于需要高温环境，所以该技术较为适合产生高温、高压蒸汽的核电或光热发电等系统。

表2-1　不同制氢技术的优缺点比较

制氢技术		优点	缺点
化石能源制氢	煤制氢	技术成熟、现阶段成本最低	碳排放水平较高
	天然气制氢	技术成熟，系统效率高，适合规模化生产	存在一定的碳排放。大规模发展将进一步提升天然气对外依赖度
工业副产气制氢	焦炉气制氢	成本低	空气污染，建设地点受原料供应限制
	氯碱制氢	成本低、纯度高	建设地点受原料供应限制
电解水制氢	碱性水电解	技术成熟、成本较低，碳排放几乎为零	氢气还需进行脱碱处理，需要稳定的电力供给
	质子交换膜水电解	装备尺寸小，可以快速启停，适用于波动性的可再生能源发电，碳排放几乎为零，制氢纯度高	需要使用稀有金属作为催化剂，成本较高

续表

制氢技术		优点	缺点
电解水制氢	阴离子交换膜水电解	无需贵金属催化剂，系统成本较低	实验室阶段
	固体氧化物水电解	转化效率高，碳排放几乎为零	实验室阶段
光解水等制氢		对资源依赖度低	技术不成熟，氢气纯度低

电解水制氢的装置和燃料电池的装置在结构上很相似，尤其是PEM型电解水和PEM型氢燃料电池，两者所使用的质子交换膜都可以是同一类全氟磺酸膜（PFSA），区别主要在于厚度不同。

PEM电解水制氢在阳极发生氧化反应，水中的氧离子被氧化，生成氧气，放出质子和电子：

$$H_2O = \frac{1}{2}O_2 + 2H^+ + 2e^-$$

参与反应变成氧气的水只是输入到电解槽中的一小部分，因此需要一个水循环系统，电解水产生的氧气会和水一起通过气水分离器，氧气被分离出去，水通过外部循环再次回到电堆中参与反应。

在电堆的阴极，发生的是阴极还原反应：

$$2H^+ + 2e^- = H_2$$

此处的质子是由阳极的质子穿透过来，而电子则是由下一个电解水单元的极板传导过来。生成的氢气通过阴极的气体扩散层（通常为了耐腐蚀，采用钛材料），集流板，管路输送出去，氢气中往往含有一部分水蒸气，需要对其进行脱除。

图2-1是西门子公司的电解水系统：电解水的能量由电堆中间的铜排输入，输入电流达数千安培。单个电解水单元的面积约600cm^2。电

堆结构紧凑，两侧压力差微小，可以多个模块并联叠加。

图2-1　西门子MW级PEM电解槽并联运行

根据后端的不同用途，制氢系统往往会对氢气进行加压。如果要省却后面的加压装置，就需要对电解槽进行耐压设计，在阴极气体高压力的情况下，系统的电解水的效率会略有下降，但是因为省却了后面加压的装置和相应的能耗，所以总体效率有所提升，并且占地面积也会减少。图2-2是本田公司的电解槽特性图。使用这一类电解槽，可以省去后面的加压装置。

2. 氢存储技术

在氢气被制备出来以后，需要对其进行中间存储。由于氢气本身分子体积小，在高压下比较容易穿透其周边的物质，所以一般的材料做成的容器，不能完全对氢气分子进行密封。常见的储氢容器的材料是钢材和特种塑料。

在制作输送氢气的管路或储存氢气的容器时，由于氢气分子会在钢材中聚集，形成小白点，导致普通钢材发生“氢脆”现象，降低钢材的强度，所以需要选择特殊的钢材，这样会导致成本的增加和推广困难。

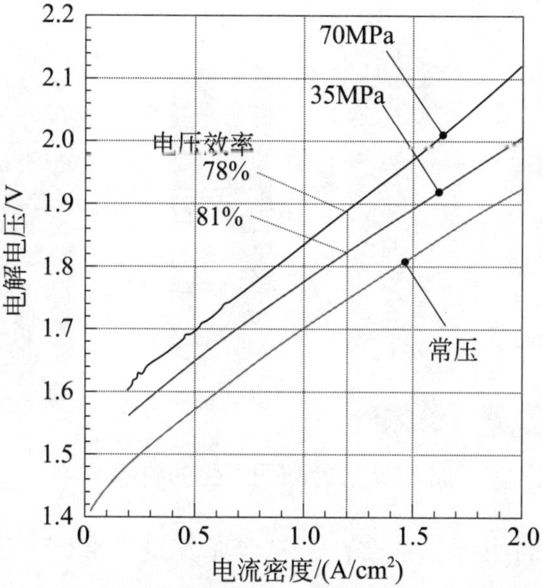

图2-2　本田公司高压PEM电解槽电压电流曲线

此外，根据需要储存氢气的总重量，综合考虑场地大小、能耗需求、设备装置等多方面的因素来确定氢气的存储方式。

氢的储存，主要分为以下三类：

（1）气态加压　高压氢气瓶是常见的工业氢气存储方式，一般由专用的气体配送车辆运送到客户处，以集装格的形式进行气瓶并联，或通过阀门的连接来进行控制。

由于气瓶的材质和封装形式的不同，气瓶所能承受的压力也不一样，通常将氢气瓶分为四类（图2-3）：

Ⅰ型瓶为普通的钢瓶，外部无缠绕，能承受的压力一般为200bar（表压，1bar=10^5Pa）。Ⅱ型瓶外部瓶身有纤维缠绕，其缠绕的方式比较简单，位置也比较居中，能承受的压力更高，一般用于固体储氢，压力范围在300bar（表压）左右。Ⅲ型瓶会有全瓶体的纤维缠绕，内胆瓶体是金属。Ⅳ型瓶和Ⅲ型瓶的区别在于，内胆瓶体的材料是塑料，这样相比于Ⅲ型瓶，Ⅳ型瓶的重量可以更轻。Ⅲ型瓶和Ⅳ型瓶都可以做到

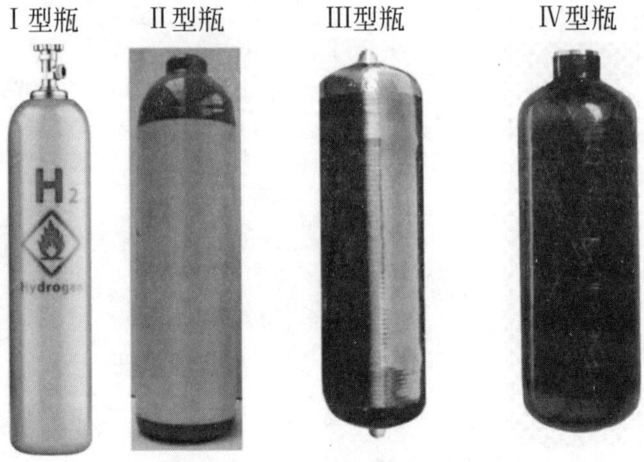

图2-3 四种不同类型的储氢瓶

700bar（表压）的耐压，主要在于材料尤其是外部碳纤维的选择。

目前大型商用车，如客车或火车，一般选用Ⅲ型瓶，因为要加注的氢气的容量比较大，而在加氢的过程中，由于压力的增加，会产生热量，相比之下金属导热性能强于塑料，对于散热有一定的优势。而且相对而言，在商用车领域，对重量的敏感度不如乘用车。

目前的趋势是企业在积累技术，开发Ⅳ型瓶，等待Ⅳ型瓶的商业市场的到来。

评估高压氢气瓶储氢能力的一个重要指标是载氢比，即所能装载的氢气质量和钢瓶及氢的总质量的比值。以Ⅰ型瓶为例，40L氢气，42kg左右的自重。40L氢气在200bar压力下折算成纯氢的质量为$40L \times 200 \times 0.0899kg/m^3=0.72kg$，载氢比为$0.72kg/42.72kg = 1.7\%$。而在丰田Mirai上使用的Ⅳ型瓶，60L的瓶，自重为62kg，可以承受700bar的压力，对应的氢气装载量为$60L \times 700 \times 0.0899kg/m^3=3.775kg$，对应的载氢比为3.775kg/63.775kg=5.74%。

（2）氢液化　液态氢主要优势在于对体积的优化。氢气液化以后，体积可以缩小845倍，即在不考虑外部容器的情况下，氢气液化，相当于对气体加压845倍。

天然气行业中，压缩天然气（CNG）的压力一般为250bar（表压），而液化天然气（LNG）对应的体积比为625，同等体积下，液化天然气相比于压缩天然气约有2.5倍的能量密度提升。对于氢燃料电池卡车而言，如果采用350bar（表压）气瓶同等体积的液氢，前者可以续航500km，采用液氢，即可将续航拓展到845/350 × 500km ≈ 1200km。

在考虑外部容器的情况下，高压氢瓶和液体氢瓶的形状均为圆柱罐形。两者均为两层结构。700bar（表压）的高压瓶，缠绕层和内胆紧密接触，内胆的厚度为2 ～ 3cm，而液氢因为保持液态的温度是−253℃，需要用中空真空类型的方式来形成绝热，防止热量从环境传到液氢，引起蒸发，进而引起内容器的压力增加，为避免压力超出限定的上限，需要启动安全阀，将氢气排出。

（3）与储氢介质结合　对于氢的储存，尤其是在非固定式的应用场景下，有不少的尝试。

其中有一定的商业化应用的，主要包括金属储氢及有机液态储氢（LOHC储氢）两大类。金属储氢，主要是AB2以及AB5系列，一般为“常温常压”下储氢。AB2主要是基于钛和铁，而AB5主要是基于镧镍系的金属。其中A金属是吸氢元素，决定储氢的容量，一般是钛、锌、镁、镧等金属，B是放氢元素，调控着放热与分解压力，一般是铁、钴、镍、铜、锌等金属。这些金属外层轨道电子可以与氢原子轨道上的电子交融，形成一个非稳态的金属氢键，将气体分子固定在金属的表面。

而在获得外部的热量或者瓶内的压力下降时，这种平衡会被打破，氢气从金属氢化物上分解出来，以气态的形式重新排到气瓶之外。

金属储氢瓶的外瓶往往采用金属，一方面可以承受10bar以内的压力，另一方面也便于传导热量，在储氢放热和加热放氢的过程中，通过瓶体把热量传到储氢介质当中。金属储氢的载氢比，在潜艇中大约为2%，在自行车和通信基站中，一般在1% ～ 1.5%之间。有一些材料的理论载氢比可达7%以上，但是其吸氢的时间较长，放氢的条件也比较苛刻，需要较高的温度。

随着氢燃料电池自行车的逐步推广，有望在金属储氢的方向先实现各类应用创新。

另一类已经获得批量应用示范的技术是“有机物储氢”。不饱和液体有机物可以在催化剂的作用下，吸收氢气并放热。在加热和催化剂的作用下，氢又能被释放出来。相比于金属储氢介质，有机物储氢的载氢比很高，比如苯和甲苯的理论储氢量分别是7.2%和6.2%。

鉴于此类储氢的有机物和汽柴油比较类似，其主要作用又是对氢进行储存、运输及释放，所以被形象地称为“氢油”。储存了氢的氢油特性比较温和，储存和运输均可参照汽柴油的方式，但是在释放时，需要提供比较高的温度，而且要设计相应的反应器。氢油目前吸引了科学界的关注，其循环次数（使用寿命）和放氢时的氢气纯度是研究的重点。

科学家们还对其他一些储氢的材料进行了研究，其中纳米储氢材料、碳质材料（比如活性炭，碳纳米管等）、水合物储氢等备受关注。

总而言之，以太阳能或风能等可再生能源这些“绿电”作为源头，可以通过电解水的方式制备氢气。根据电解水设备的不同，氢气的纯度和压力各不一样，对氢气进行提纯/加压以后，又有多种可能性将氢气进行存储。将存储氢的容器连同内装的氢气进行物理空间的转移，形成氢“运”的环节，在需要用氢时，再将氢“释放”出来。制、储、运不同的技术组合，可以有数十种解决方案。

因地制宜，结合能源的源头和消费的终端，在不同的应用场景下，找出氢能的相对优势，是目前各从业人员的当务之急，单纯依靠政府补贴做氢燃料电池大巴或卡车的示范项目，可持续性差，不利于行业的健康发展。

就氢存储技术来看，目前技术较为成熟、前景较好的氢存储技术主要有四种：高压气态储氢、低温液态储氢、有机液态储氢、固态合金储氢（见表2-2）。其中，高压气态氢气储运是目前应用最成熟的方式，但是仍然存在储气结构改进、密封性以及快速装卸载等技术问题。低温液态储氢是先将氢气液化，然后存储在低温绝热容器中，该技术的制冷成本较高，目前主要应用在航空领域。有机液态储氢的存储介质与汽油、柴油相近，可以利用已有基础设施进行氢存储，从而降低应用成本。不过，这种技术会产生杂质气体，不适于对于氢气纯度有较高要求的应用场景。固态合金储氢在储氢密度和安全性能方面的优势突出，在深圳市、常州市等地已经开展以固态合金储氢为能源供应的电动自行车试验。

除上述技术之外，储氢技术还包括一些尚未成熟、有待探索开发的技术，如：低温压缩储存、活性炭吸附储存、碳纤维和碳纳米管储存、无机物储氢、玻璃微球储氢、高压及液氢复合技术、储氢合金与高压复合技术以及地下岩洞储氢等。

表2-2　不同氢存储技术的优缺点比较

存储方式	优点	缺点
高压气态储氢	技术成熟，成本较低，常温操作，储氢能耗低，充放氢速度快	储氢密度小，储存容器体积大，存在氢气泄漏和容器爆炸风险
低温液态储氢	技术成熟，能量密度大，体积密度大，加注时间短	成本较高，制冷能耗大，绝热要求高
有机液态储氢	储氢密度大，稳定性高，安全性好，运输便利，储氢介质可多次循环使用	成本较高，脱氢温度高，能耗大，氢气纯度不高
固态合金储氢	安全性好，储氢密度大，可以提纯氢气，运输便利，可以快速充放	技术不够成熟，成本高，热交换较困难，放氢需在较高温度下进行

3. 氢运输方式

目前氢运输的方式主要有气态运输、液态运输、固态运输三种。气态运输是指将氢气以高压气体形式注入特定储氢容器或管道中进行运输，主要包括长管拖车运输和管道运输两种形式。长管拖车运输技术成熟度相对较高，并且对市场价格敏感性低，不会因市场变化而发生较大波动，目前是我国应用最广泛的输氢方式。但是，长管拖车运输仅适用于短距离、小规模运输。管道输送可以从根本上解决氢长距离输送问题，但是前期投资较大。气态氢管道输送有两种不同的输送方式，一种是输气管道掺氢输送，另一种是纯氢管道输送。掺氢输送是将氢气以一定的比例掺入天然气中（掺杂15%～20%的氢），利用现有的天然气管道或管网进行输送，目的地可以直接燃烧这种混合气体，也可以采用膜技术分离出纯氢。需要注意，掺氢输送对于管网材质有一定要求，塑料管道不能用于输氢，低碳钢更适合输送纯氢。

液态运输是指通过物理或化学方式将氢从气态变为液态进行运输，主要有液氢槽罐车运输和管道运输两种形式。目前，液氢槽罐车运输仅应用于航天和军事领域，尚未实现民用。液氢管道输送也有两种方式，一种是通过化学反应把氢气加入有机液体中形成液体“氢油”后经管道输送，另一种是氢气液化后经管道输送。

固态运输是指使用物理吸附性质和微格网孔的材料吸附氢气或镁、铁等化学氢化物进行储氢。镁基等储氢材料不仅轻质而且安全性较高，但目前仍处于研发试验阶段，如表2-3所示。

除此之外，氨作为氢能载体和零碳燃料，以氨供氢、以氨代氢有望成为破解氢运输经济性与安全性难题的另一种关键技术路径。基于现有的海上航运网络，未来国际氨进出口贸易将可能发展成为重要的新兴市场。

我国现阶段氢能应用主要围绕工业副产氢和可再生能源制氢地附近，因而氢运输方式主要以高压气态长管拖车运输为主，通常为20MPa钢制储氢罐，单车运氢量约300kg（国外已经实现45MPa纤维全缠绕氢瓶长管拖车运氢，单车运氢量可达700kg以上）。根据中国氢能联盟的统计，2021年气态运输占比98%，液态运输占比2%。

表2-3　不同氢运输方式的优缺点比较

储运方式	运输工具	经济距离	适用场景
气态储运	长管拖车	≤200km	城市内配送
	管道	≥500km	国际、跨城市与城市内配送
液态储运	液氢槽罐车	≥200km	国际、规模化、长距离
	液氢运输船	≥200km	国际、规模化、长距离
	管道	≥500km	国际、跨城市与城市内配送
固态储运	货车	≤150km	实验研究阶段

4. 氢加注技术

我国已建成的加氢站主要为外供氢加氢站（即将氢气运至加氢站后在站内进行压缩、存储和加注）。当前制氢加氢一体站建设也逐渐受到地方政府的重视，正在有序推进。现有加氢站以35MPa气态加氢站为主，70MPa高压气态加氢站占比小，液氢加氢站仍然缺乏足够经验。从规模来看，我国现有加氢站的日加注能力主要分布于500～1000kg的区间，大于1000kg的规模化加氢站仍有待进一步建设布局。

加氢站主要设备包括压缩机、加氢枪及其软管、流量计、安全阀、氢气管道和阀件等。然而，加氢站部分核心设备依赖进口，例如压缩机。在外供氢式加氢站的建设成本中，压缩机成本占比约30%。国内加氢站主要采用美国PDC隔膜压缩机，PDC隔膜压缩机占据着全球氢气隔膜压缩机市场份额的70%～75%。但是近年，随着国内厂商的研发进展，氢气压缩机国产化进程加快，已有国产厂商推出符合要求的90MPa压缩机和70MPa压缩机。储氢装置加注设备、站控系统等设备也出现国产替代加速的趋势。伴随着规模化生产的推进，加氢站核心设备的成本有望进一步下降。

（三）中国绿氢制取关键装备与技术现状

电解水制氢纯度等级高，杂质气体少，易与可再生能源结合，被认为是未来最具发展潜力的绿色氢能供应方式。根据电解质系统的差别，可将电解水制氢分为碱性电解水（ALK）、质子交换膜（PEM）电解水和固体氧化物电解水（SOEC）、阴离子交换膜电解水（AEM）4种。目前可以实际应用的电解水制氢技术主要有ALK和PEM，SOEC、AEM仍处于实验室开发阶段。我国ALK制氢设备量全球占有率排名第一，随着可再生能源电解水制氢有望成为未来主流制氢方式，碱性电解水制氢技术逐步向大容量（单体设备产氢量大于或等于1000m^3/h）方向发展。MW级PEM制氢设备目前正处于研发状态，有望在1～2年内投放市场。国内电解槽技术指标与国际先进水平的对标如表2-4所示。

表2-4　不同制氢技术的国内国际对标

电解槽种类	国别	电堆能耗/（kW·h/m^3）	电流密度	设备成本/（元/kW）	国产化率	波动工况性能
碱性电解槽（ALK）	国内	4.3～4.8	0.3A/cm^2@1.84V	1400	95%	缺乏数据验证
	挪威NEL	4.2～4.5	0.4A/cm^2@1.84V	2600	—	—
质子交换膜电解槽（PEM）	国内	4.8～5.0	1.1A/cm^2@1.92V	10000	80%	缺乏示范验证
	美国Hydrogenics	4.4～4.8	1.5A/cm^2@1.92V	8000	—	—
	挪威NEL	4.4～4.8	1.5A/cm^2@1.92V	11000	—	—

由表2-4可知，在设备成本方面，我国ALK制氢设备成本优势明显，仅为国外价格的53.8%。在设备寿命方面，我国设备与国外设备的寿命目前均可达80000h以上。在制氢效率与电流密度方面，目前我国工业用碱性电解槽的电流密度约为0.3A/cm^2@1.84V，欧美国家电解槽的电流密度为0.4A/cm^2@1.8V左右。整体而言，我国碱性电解槽性能处于领先水平。

我国企业对电解槽的产业化十分投入，据势银（TrendBank）整理相关公开信息显示，2022年，我国用于制备绿氢的电解槽约有25款新产品（含正式发布、投用、亮相、通过验收等）。25款电解槽新产品中有18款新产品采用的是ALK电解槽，占比72%；有5款新产品采用的是PEM电解槽，占比为20%；还有1款新产品采用的是SOEC电解槽，以及1款新产品未表明采用哪种技术路线。在ALK电解槽新产品中，明确产氢量在1000m³/h以上的电解槽新产品有11款，其中产氢量1500m³/h的电解槽新产品有3款。我国可再生能源装机容量和电解槽的快速发展，保证了我国绿氢产能的国际领先地位。

（四）燃料电池技术[1]

早在1839年，英国科学家葛洛夫William Robert Grove在试验时发现氢气和氧气在不同的电极处，通过电解液，会相互反应并发电。20世纪50年代，GE公司和NASA开始研究在太空中使用氢和氧发电，同时生成水，供宇航员饮用。在这类特殊应用的驱动下，科学家们开发出了固体电解质（也即隔膜）。比较有名的是GE公司的磺化聚苯乙烯膜（sulfonated polystyrene）以及杜邦公司的全氟磺酸。尤其是全氟磺酸膜的出现，大力推动了燃料电池的发展，燃料电池的电堆由此可以变得很紧凑，作为一个发电装置，开始逐步进入航天、汽车、潜艇等应用领域。

氢作为燃料电池阳极的原料，在阳极的铂催化剂上生成质子和电子，质子通过质子交换膜，到达膜的另一侧阴极。在阴极，质子会和阴极存在的氧气以及从外部电路导入的电子一起在催化剂的作用下生成水：

---

[1] 北京市科技计划No. Z221100007522006“高温质子膜燃料电池发电系统的开发与示范应用”。

阳极的半化学反应式为：$H_2 = 2H^+ + 2e^-$

阴极的半化学反应式为：$2H^+ + 2e^- + \frac{1}{2}O_2 = H_2O$

氢燃料电池系统作为发电机系统而言，燃料电池的电堆输出的是直流电。对于应用来说，电压和电流，以及两者的乘积功率：$P=UI$，是氢燃料电池的重要技术指标。

要提高单个燃料电池电堆的功率，通过将多个电池电源串联的方法，可以提高整个电堆的电压。而扩大电流的途径主要是：①在单位面积不变的前提下，增大电流密度（常用单位：A/cm^2）；②在电流密度不变的情况下，增大燃料电池电堆的反应面积。

由于燃料电池是电化学反应发电，所以电压和电流并非线性的关系，燃料电池单元中影响电压的变量包括：（1）膜、催化剂、极板等阻抗损失 $U=E-IR$，电流愈大，电压越低，阻抗越大，电压损失越大，系统输出电压越低。（2）活化极化损失，主要由电化学反应动力学参数来决定。要克服相关的反应势垒，需要损失一些电压。此外反应物的浓度、温度、反应场的数目，都对活化极化有影响。（3）浓差损失。主要是在燃料电池大电流发电时，会有越来越多的水作为产物生成，此时对流道和流场的优化，就成为改善损失的主要方式。图2-4是氢燃料电池典型的电压、电流曲线。

可以看到，在电流比较小的时候，主要的电压损失体现在活化极化方面，在正常工作区间，电流的增大会带来电流与电阻的乘积（也就是电压损失）增加，输出电压会按照一定的斜率平滑地随着电流的增加而减少。在更大电流阶段，生成的水无法被及时地疏导出去，形成传质损失。

比较常见的燃料电池单元的工作电压是0.6～0.7V。评价燃料电池电堆性能，可以以单元电压0.7V为基准，评估此时的电流密度，电流密度越大，相应的燃料电池单元性能越好。

在评价燃料电池系统的工作效率时，通常以输出电压与理论电

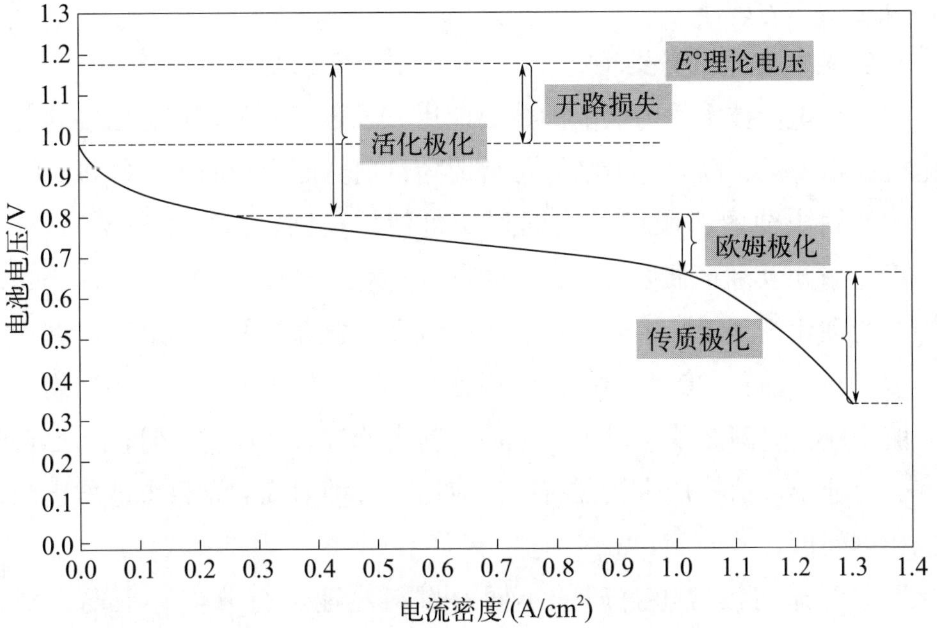

图2-4　燃料电池单元典型电压、电流曲线

压1.23V之间的比值来计算。比如系统的单元电压为0.7V，对应的效率为0.7V/1.23V=56.9%，而单元电压为0.65V的系统效率则相应地为0.65V/1.23V=52.8%。

相比于内燃机的功率，在转速以及扭矩曲线方面，燃料电池发电机和电动机相结合的系统效率更高，对机械部件的要求更低，制造相对简便，所以基于氢燃料电池发电系统、锂电池以及电控电机系统的传动系统越来越受到重视，发展潜力非常巨大。

此外，对于电机的控制，多以电力电子技术为基础，通过可控功率器件，如IGBT（insulated gate bipolar transistor）、MOSFET（metal-oxide-semiconductor field-effect transistor）等，控制电路的导通和关断，从而形成所需的输出波形，进而驱动电机。这类控制往往基于功能强大的微型中央处理器，这些处理器自带通信功能，能结合应用，将大数据上传，为控制器进行智能控制提供支持。所以近年来，新能源远程车辆往往以电动车为载体。

1. 燃料电池的分类

燃料电池技术作为氢能的重要应用方式之一，可以将化学能转化为电能，以安全、高效、清洁等优势成为目前氢能应用的重点领域。

燃料电池的起源可以追溯到19世纪的英国。1839年科学家Grove在做电解水实验时提出第一个燃料电池模型；1889年Mond和Lange以铂作为催化剂，组装了第一个利用空气和工业煤气的发电装置，并命名为“燃料电池”；20世纪60年代，燃料电池首次作为辅助电源应用在美国航空航天局阿波罗飞船上；随后燃料电池进入快速发展阶段，已在航空、交通及通信等众多领域有广泛应用，各种形式的燃料电池发电装置也相继问世。

国际通用按照电解质的不同对燃料电池进行分类，主要为聚合物电解质膜燃料电池（PEMFC）、磷酸燃料电池（PAFC）、碱性燃料电池（AFC）、固体氧化物燃料电池（SOFC）及熔融碳酸盐燃料电池（MCFC）等。不同种类燃料电池的工作特性和适用范围具有明显差异，且处于不同的发展阶段，如表2-5所示。

表2-5 燃料电池的分类

类型	PEMFC	AFC	PAFC	MCFC	SOFC
电解质	聚合物电解质膜	氢氧化钾	浓磷酸	熔融锂-钾或锂-钠碳酸盐	氧离子导体固体氧化物
燃料	H_2、CH_3OH	H_2、CH_3OH	H_2	H_2、CH_3OH、CH_4	H_2、CH_4、CO
阳极催化剂	Pt	Pt、Pd、Au	Pt	Ni-Cr、Ni-Al	Ni、Fe、Co、Pt
阴极催化剂	Pt	Pt、Pd、Ag	Pt	$LiCoO_2$、$LiMnO_2$等	$La_{1-x}Sr_xMnO_3$(LSM)
工作温度/℃	−40～200	25～200	180～220	600～700	800～1000

续表

类型	PEMFC	AFC	PAFC	MCFC	SOFC
发电效率/%	40 ～ 60	40 ～ 60	35 ～ 60	45 ～ 60	50 ～ 60
输出功率	<250kW	10 ～ 100kW	50kW ～ 1MW	<1MW	5kW ～ 3MW
寿命/10^3h	10 ～ 100	3 ～ 10	30 ～ 40	10 ～ 40	8 ～ 40
应用	车辆、移动电源、备用电源、小型分布式发电	太空、军事、潜水器	备用电源、分布式发电	电力公司、大型分布式发电	辅助电源、电力公司、大型分布式发电
优点	启动快、功率密度高、寿命长且运行可靠	成本低、启动快、性能可靠	寿命长、可余热回收、技术成熟	燃料适应性广、余热回收价值高	无材料及电解液腐蚀问题、余热回收价值高
缺点	成本高	寿命短、催化剂易中毒	启动慢、材料贵	电解质有腐蚀性、寿命短	高温下材料选择苛刻、成本高
代表公司	Ballard、Plug Power、亿华通	AFC Energy、Toshiba	UTC Power、斗山、富士电机	Fuel Cell Energy	Bloom Energy、Atrex Energy

2. 聚合物电解质膜燃料电池

聚合物电解质膜燃料电池（PEMFC）技术是目前发展最快、应用场景最广的一类技术，因启动快、便携、结构模块化、能量转换效率高等优势被广泛应用于便携电源、航空、航天及交通等众多领域。根据工作温度的不同，聚合物电解质膜燃料电池可分为高温聚合物电解质膜燃料电池（High Temperature Polymer Electrolyte Membrane Fuel Cell，HT-

PEMFC，工作温度120～200℃）和低温聚合物电解质膜燃料电池（Low Temperature Polymer Electrolyte Membrane Fuel Cell，LT-PEMFC，工作温度<100℃）；按照电解质膜类型的差异，可分为阴离子交换膜燃料电池（Anion Exchange Membrane Fuel Cell，AEMFC）及质子交换膜燃料电池（Proton Exchange Membrane Fuel Cell，PEMFC）。不同类型的聚合物电解质膜燃料电池的电极反应有所不同，但其工作原理类似，下面以PEMFC为例介绍燃料电池的工作原理。

质子交换膜燃料电池的结构如图2-5所示，主要由膜电极、石墨板和金属双极板构成。其中，膜电极是PEMFC的核心部件，主要由质子交换膜（PEM）及气体扩散电极组成。PEM可作为质子传输通道，提供良好的质子传导率；也可以作为隔膜分隔阴阳两极的反应气体，保证较低的气体渗透性；同时，PEM还可以作为催化剂的支撑体，具有优异的热力学和化学稳定性。气体扩散电极主要由催化层、集流层及扩散层构成。催化层主要为电化学反应提供场所；集流层主要起到支撑催化层和收集电流的作用；扩散层可以传导反应物，扩散气体。

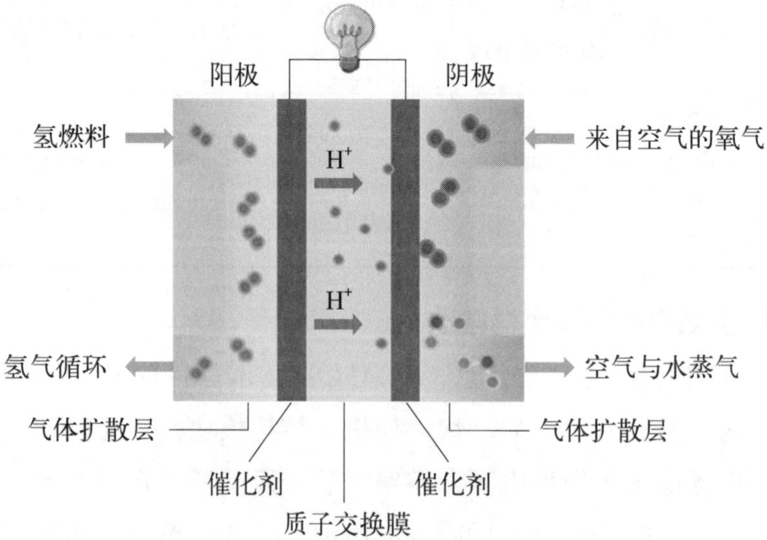

图2-5　质子交换膜燃料电池结构示意图

具体来看，氢气泵入阳极流经气体扩散层（GDL）进入催化层，在催化剂的作用下，H_2在阳极发生氧化反应（HOR），生成氢离子并释放出电子，阳极反应如式（2-1）：

$$H_2 \longrightarrow 2H^+ + 2e^- \tag{2-1}$$

氢离子进一步通过PEM转移到阴极，电子经外电路到达阴极。在阴极侧泵入的氧气（或空气）在催化剂作用下，与氢离子及形成电流回路的电子发生还原反应生成水，阴极反应如式（2-2）：

$$\frac{1}{2}O_2 + 2H^+ + 2e^- \longrightarrow H_2O \tag{2-2}$$

综合来看，这个过程实际为水解反应的逆反应，电池总反应如式（2-3）：

$$H_2 + \frac{1}{2}O_2 \longrightarrow H_2O \tag{2-3}$$

继20世纪60年代美国通用公司首先将PEMFC作为Gemini宇宙飞船电源后，2022年11月12日，我国的天舟五号货运飞船也首次实现了燃料电池发电系统的应用。以氢气为燃料的聚合物电解质膜燃料电池已成为目前发展最快、技术最为成熟的一类燃料电池，广泛应用于电动汽车等众多领域。

虽然聚合物电解质膜燃料电池技术与产业化近年已经取得很大进展，但由于离子交换膜、催化剂等关键材料的成本较高，且存在卡脖子的技术壁垒，特别是目前的低温PEMFC对氢源纯度要求极高，储运与加氢设施投入大，其大规模应用依旧任重道远。

3. 高温膜燃料电池技术

高温膜燃料电池（HT-PEMFC）是一类工作温度通常在130～200℃之间的燃料电池技术。该类燃料电池通常使用液态强酸为电解质，被固定于碳化硅基质或者碱性聚合物膜介质中。相较于低温质子交换膜燃料电池和碱性燃料电池技术，HT-PEMFC工作温度略高，其阳极和阴极上的电化学反应原理与质子交换膜燃料电池相同，依然需铂催化剂来加速电化学反应。由于其较高的工作温度，该技术具有以下突出优势：

（1）抗燃料/空气中杂质毒化能力强：200℃工作温度下可以耐受高达2%～7% CO杂质气体，因此可直接使用富氢燃料（如液体燃料重整气、工业副产氢等）。

（2）系统简化综合效率高：由于高温下产物水为气态，简化了质子交换膜燃料电池的水/热管理组件。不需要额外附加氢气纯化技术，整机效率提高45%，热电综合利用效率可达90%以上。

（3）运行成本低：可使用工业副产氢、天然气、甲醇、氨等燃料；高温下反应动力学加快，有望实现非贵金属催化剂的应用，大幅降低制造成本。

（4）宽温域应用场景：环境温度要求宽泛，可适用于−50～50℃的工作环境。

因此，高温膜燃料电池技术作为一类前瞻性燃料电池技术，有望解决目前低温质子交换膜燃料电池所面临的高纯氢气制备成本高、储运加注难和安全管理复杂等挑战，在车（船）载电源、紧急备用电源、分布式固定电站和热电联供等民用与军事领域具有极为广泛的应用前景。

HT-PEMFC是从磷酸燃料电池（PAFC）演变与发展起来的。美国联合技术公司（UTC）在1965年开始研发PAFC，并在接下来的35年中继续对PAFC的电池设计、材料、性能和催化剂用量方面进行优化，致力于提高电池的耐久性，降低制造成本。20世纪70年代和80年代初，分别对65台12.5kW的PAFC（PC-11）和53台40kW的PAFC（PC-18）进行测试。吸取之前的实验和测试经验后，UTC在1991年推出世界上首个200kW商业化PAFC（PC-25），并连接到公共电网中使用，在接下来的四年间（1991—1995）商业化PC-25经历了三代技术改进，1991至1993年PC-25A适度调整改进后推出第二代型号的PC-25B。1995年底，

PC-25C又将新技术纳入了电池装置的所有部件中。从1988年至1995年的七年期间，质量和体积都减少了50%。截止到2002年，PC-25已经交付超245台，总运行时间5万小时以上，可在需要不间断供电的设备中使用。

除美国之外，日本在20世纪70年代也开始对PAFC进行研发。在研发阶段，富士电机曾预想用5MW和11MW的PAFC来替代火力发电。然而，考虑到电池运行的可靠性以及经济可行性，并没有投入到实际生产应用中。1998年，富士电机销售第一种商用型100kW的PAFC（FP-100E），运行过程中提高了可靠性。2001年10月，富士电机销售第二种商用型100kW的PAFC（FP-100F），具有更高的可靠性和容量利用率，成本仅为先前型号的三分之二。截至2002年3月，富士电机PAFC总装机数量达113台，容量约为14000kW。韩国紧随其后，2017年，韩国斗山集团在全罗北道益山市建立了PAFC工厂，年产168台440kW燃料电池。迄今为止，斗山已供应韩国987个燃料电池，相当于438.66MW。

PAFC具有电解质稳定、磷酸可浓缩、水蒸气气压低和阳极催化剂不易被CO毒化等优点，但同时也具有无机隔膜脆性大、加工与密封难度大、电堆体积大、仅适合固定式发电场景、不适用于中小型移动式场景等缺点。自1995年Wainright等人首次提出将聚苯并咪唑（PBI）应用于PAFC以来，HT-PEMFC由此诞生，并成为高温路线的主流研发方向。

HT-PEMFC的电池整体结构与低温PEMFC基本相同，均由膜电极与双极板构成，但由于电解质的物性特点与工作温度不同，其在膜材料、催化剂、双极板、封装材料均有特殊的设计要求。目前的研发与产业化重点主要集中在膜、膜电极、电堆与发电系统等方面，此外，对该技术的测试与表征平台也在发展与完善中。

（1）高温膜（HT-PEM） HT-PEM除了要满足一般聚合物电解质膜（polymer electrolyte membrane，PEM）的质子传导与阻隔两极气体的功能要求以外，还应在高温无水的环境下保持良好的热稳定性、化学稳定性和尺寸稳定性。

碱性聚合物是开发HT-PEM的首选材料。聚苯并咪唑（polybenzimidazole，PBI）是一类主链含有咪唑基团的线型缩聚物，是最早应用于HT-PEMFC的聚合物材料，一直沿用至今，并且形成了批量化商用产品。

PBI基聚合物在高温聚合物电解质的成功应用，引发了对各种含氮功能基团的非PBI类碱性聚合物电解质膜的大量研究。这些新型含氮杂环结构的质子交换膜通常以具有较高热稳定性（>300℃）和化学稳定性的高分子聚合物（如聚砜，聚芳醚等）作为基底，通过引入具有弱碱性官能团，如吡啶、三唑环、噁唑、苯并[*b*]吡嗪、噁草酮或者苯并三唑等氮杂环基团，以期获得较高的吸酸率。

作为35项国外“卡脖子”的燃料电池关键材料之一，目前国际上可以量产的高温聚合物电解质膜产品主要包括德国Fumatech的聚苯并咪唑系列（Fumapem AP®和Fumapem AM®）、美国Advent Technologies的聚苯并咪唑系列和TPS®产品。国内高温聚合物电解质膜的供货商有中科嘉鸿和北京海得利兹新技术有限公司，海得利兹自主研发了非聚苯并咪唑基PPTec®系列高温质子交换膜。

（2）高温膜电极（HT-MEA） 与低温燃料电池膜电极类似，HT-MEA一般为对称结构，正中心为聚合物电解质膜（PEM），膜材料通常为聚苯并咪唑及其他聚合物材料，膜的两侧为HT-PEMFC的阴阳极，电极一般为覆盖着催化层（催化剂和载体材料）的微孔层和气体扩散层，催化层与掺杂磷酸的膜在接触区域共同构成催化活性反应发生的三相界面。

高温聚合物膜电极国外供应商目前包括Advent Technologies和Blue World Technologies（BWT，丹麦），两家公司开展膜电极产业化超过15年，膜电极实测积累数据较多，其中Advent PBI MEAs（BASF P1100W）的公开电导率0.10S/cm，稳态寿命≥4000h@TPS®；

20000h@Celtec®。目前的国内供货商有北京海得利兹和佛山中科嘉鸿。海得利兹PPtec®膜电极有活性面积为45cm^{2}和165cm^{2}的膜电极，在120～200℃宽温域内使用，抗CO与SO_2杂质气体能力强，输出功率与国外产品性能一致。

（3）高温电堆（HT-stack） 单个HT-PEMFC的输出电压范围通常在0.5～1.0V之间，为提升输出功率满足商业化的大功率需求，需要尽可能增加单电池有效反应面积，以及将多片单电池叠合组装成高温聚合物电解质膜燃料电池堆（PAFC stack）。

典型的电堆结构由膜电极（聚合物电解质膜、催化层和气体扩散层三合一）、双极板（刻有气体通道和冷却流道）、集流体、端板、密封圈和紧固件等部件组成。电堆由多片单电池串联而成，单个电池的输出性能是电堆输出性能的基础，电堆输出性能并不仅仅只是简单的等于各节单电池输出性能的加和，而且还遵从木桶原理/短板效应，即性能和稳定性最差的单节电池将直接限制电堆整体的输出性能、长期稳定性和使用寿命，因此，电堆中单电池的一致性至关重要。电堆运行过程中各节单电池输出性能、流量分配和温度分布等各项参数和指标的一致程度越高，电堆工作运行稳定性越好。另外，电堆的密封材料和热管理都十分重要，除了解决气密性和温度一致性之外，还需将电堆废热及时排出，以免出现电堆内部局部过热、加速膜和催化剂等关键材料老化和性能衰退。

北京海得利兹开发的系列商品化高温燃料电池堆，60片单池电堆和120片单池电堆实际器件如图2-6所示。60片和120片膜电极电堆的峰值功率分别达到2kW和5kW，并且具有良好的一致性（图2-7）。

（4）电源与热电联供系统（CHP system） HT-PEMFC最大的优势在于可以直接利用液体燃料（如甲醇）重整气或者工业副产氢，因此可以与燃料重整器进行耦合构建发电系统，如甲醇重整高温膜燃料电池系统，或直接与工业副产氢源相结合产电产热，如分布式热电联供系统。

图2-6　海得利兹高温聚合物电解质膜燃料电池堆实物图（左60片，右120片）

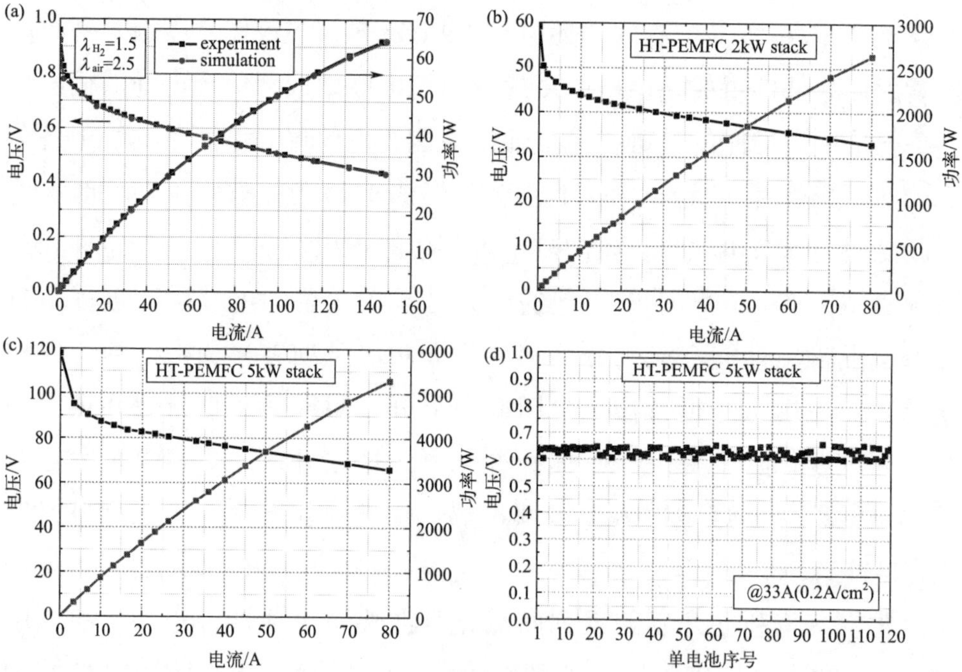

图2-7　海得利兹（a）单电池实验测试和模拟的放电曲线；（b）2kW电堆和（c）5kW电堆极化曲线和功率曲线，以及（d）5kW电堆实验测试的单池电压一致性

甲醇重整高温膜燃料电池系统可实现甲醇水溶液高效能量转换，0.9L甲醇水溶液可以产电1kW·h，转化效率～42%，如果进行余热回收利用，其综合能量效率高达90%，是理想的移动式或分布式电源与

热源。在该系统中，甲醇重整器（MSR）位于高温燃料电池电堆的外侧，主要包括燃料箱、汽化室、燃烧室和燃料电池堆等。燃料箱中的甲醇水溶液通过蒸发器变成甲醇蒸气，后进入重整器中经过甲醇蒸汽重整被分解为富H_2重整气，重整气通过热交换器冷却以达到燃料电池堆的工作温度后供电堆使用。汽化室从燃料电池堆的阴极废气和冷却剂中回收热量以蒸发甲醇溶液，而阳极废气经过催化燃烧器反应用于重整器的加热，从而提高系统总的能量效率。该系统由并联的高温（300℃）和低温（160～200℃）两个热循环子系统构成。高温热循环子系统包含MSR和热交换器，而低温热循环子系统包含甲醇蒸发器、高温电堆以及风冷机。开机时，燃烧器在电加热辅助作用下升温开始工作，之后燃烧器燃烧甲醇产热并将热传给两个热循环子系统以维持PAFC和MSR的温度，并通过调节两个热循环子系统中冷却液的流量从而优化整个系统的能量效率（图2-8）。

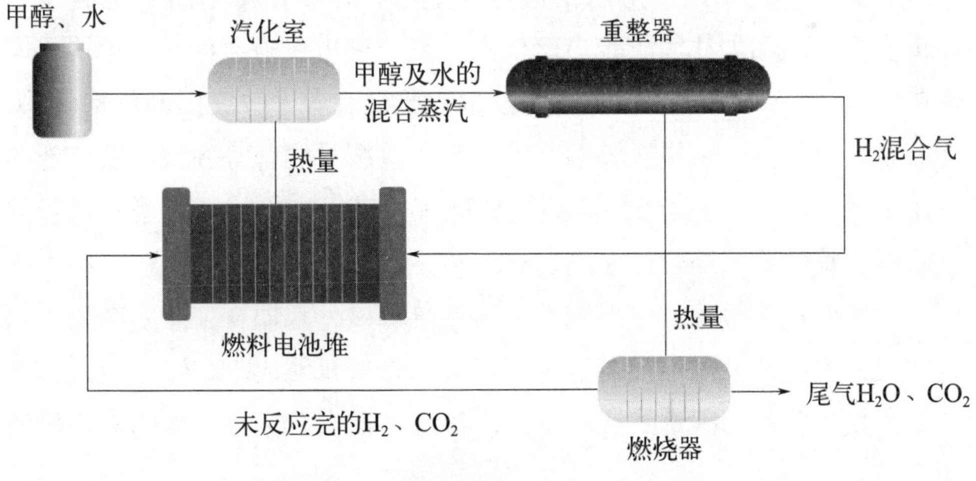

图2-8　甲醇重整高温膜燃料电池系统

甲醇重整高温膜燃料电池系统是一个非线性和复杂的系统，挑战在于控制策略的建立与各组件的自适应，比如在电堆负载降低时，燃料的供给必须紧随电堆负载的变化而变化，否则燃烧器会因输入的电堆阳极氢气尾气含量的升高而过热，即会导致催化剂熔化或者MSR损毁。同时，为了维持系统的良好运行以及保护电堆，需要在系统的不同运行阶段采取不同的控制策略，包括系统的启动、稳态运行和停机，以及出现意外时的处置策略等。

甲醇重整高温质子交换膜燃料发电系统供应商目前国外有Advent Technologies和Blue World Technologies（丹麦）两家公司，最优产品SereneU-5的额定功率为3.75kW，最大功率5kW，净发电效率41%，输出电压48～58V。国内上海博氢的5kW电源系统已经研发成功。海得利兹自主产品PPtec-5000发电系统具有相同的额定功率和最大功率，净发电效率～41%，系统综合效率85%，输出电压48～52V。

目前大功率固定式电源方面，BWT和博氢10kW、15kW和20kW的产品近期相继推出。此外，在百瓦级便携式电源上，Advent Technologies和上海博氢300W均有在售产品。

该类系统均采用甲醇水溶液作为燃料，由于甲醇水溶液的含氢量高，安全低碳和加注简单等显著优点，发一度电仅需要0.9L，电价成本在0.4～1.2元，跟低温燃料电池技术相比，有着十分突出的价格优势，在家庭热电联供、氢电互补混合动力和零碳智慧能源等领域具有广泛的应用前景。此外，其160℃高品位热尾气，可以连接热交换设备进行热电联产，整体系统综合效率高达90%以上。

除了内置式甲醇重整系统外，该系统可以外部耦合工业副产氢、氨重整气、固态储氢气等现场氢源，可大幅降低氢能成本和储运投入，在分布式热电联产、固定式或移动式电源等方面有着十分重要的应用价值和广阔的市场前景。

（5）燃料的选择　HT-PEMFC的燃料选择范围较广，如表2-6所示，理论含氢量是非常重要的一个指标。遗憾的是，一些拥有高含氢量的燃料，如氨水、二甲醚等，氧化活性较低，直接用作电池燃料往往性能不佳，重整反应又需要较高的温度和贵金属催化剂，成本较高。硼氢化钠、肼类化合物则有相对更高的氧化活性，具有高理论开路电压，但直接硼氢化钠燃料电池（DBFC）的应用一直受限于成本、阳极液迁移和原料水解的困扰。水合肼也由于自身毒性及氧化产物NH_3对质子交换膜和催化剂的毒化作用，实际应用并不广泛。在碳氢燃料中，对乙醇的研究较为集中，这主要是考虑到乙醇可以大规模工业生产且已在现有燃料体系中大量应用（如乙醇汽油），然而，目前从纤维素制造乙醇的工艺尚不成熟，传统的乙醇生产工艺往往会消耗大量粮食而加剧世界粮食紧张局面。另外，虽然乙醇具有高理论能量密度，但其C—C键难以活化，断裂较为困难，氧化机理复杂，不完全氧化产生多种中间产物，相对而言，化学结构更为简单的一碳燃料拥有更高的电化学活性，如甲酸、甲醇等。相比之下，甲醇具有来源广、可再生、价格低廉、高H/C比（4∶1）和高能量密度（质量能量密度：6100W·h/kg，体积能量密度：4897W·h/L）等优点，成为最有市场价值和发展前景的液体燃料。

表2-6　燃料电池燃料的含氢量、理论开路电压及能量密度对比

燃料	含氢量（质量）/%	E_0/V	能量密度/（W·h/L）
氢气（70MPa）	100	1.23	1300
氨水	17.6	1.17	1704（35%，质量含量）
二甲醚	13	1.4	1750
硼氢化钠	10.7	1.64	2940（30%，质量含量）
水合肼	8	1.6	4269
乙醇	13	1.14	6307
甲酸	4.3	1.45	2103
甲醇	12.5	1.17	5897

传统的甲醇制氢技术包括甲醇分解制氢（DE）、部分氧化制氢（POX）、甲醇水蒸气重整制氢（MSR）和自热重整制氢（ATR）等。其中POX和ATR为放热反应，无需额外的加热、反应即可实现快速启动

和动态响应，但需要昂贵的氧气分离装置来避免产物被稀释。相对而言，MSR作为吸热反应，可以将电池所产生的废热加以利用，同时阳极含氢废气燃烧也能提供必要的热量输入，实现系统高达90%的热效率。因此，MSR是HT-PEMFC最常用的甲醇重整方法，工艺与催化剂市场方面都十分成熟，但在微型化和小型化设计，以及催化剂成本上有待于进一步优化（见表2-7）。

表2-7　甲醇制氢反应路径与焓变比较

重整反应类型	反应式	焓变，ΔH/(kJ/mol)
甲醇分解制氢（DE）	$CH_3OH+H_2 \longrightarrow 3H_2+CO$	90.5
部分氧化制氢（POX）	$CH_3OH+\frac{1}{2}O_2 \longrightarrow 2H_2+CO_2$	−192.2
自热重整制氢（ATR）	$4CH_4O+3H_2O+\frac{1}{2}O_2 = 11H_2+4CO_2$	0
甲醇水蒸气重整（MSR）	$CH_3OH+H_2O \longrightarrow 3H_2+CO_2$	49.4

在甲醇作为燃料的使用成本上，以东风的7m物流车为例，使用甲醇重整高温膜燃料电池作为动力电源可以将燃料能耗降低到约0.20～0.40元/km（甲醇市场价格按照2000元/t计算），是纯氢体系的1/6～1/10，是柴油的1/2。以甲醇作为储氢载体，在运输成本上，相较于35MPa的储氢罐运输，在500km范围之内和相同的载力下，运输成本仅为氢气的1/300，液氢的1/20。运输半径越大，价格优势与安全优势就越发显著。

作为成熟的工业产品，我国甲醇储运体系已经十分的成熟与完善，可直接借助现有的加油站设施进行分布式加注，相较于加氢管道与加氢站的建设，基础设施总投入在三百分之一左右，甚至更低。此外，我国在甲醇的能源和交通领域应用方面已经做了大量的示范工作，在甲醇制氢等低碳高附加值应用等方面的宣传与示范不断加强，市场与大众对甲醇作为替代燃料的接受度普遍较高。

对大家所关心的甲醇作为氢燃料会有碳排放的问题，事实上，所有的生命活动都无时无刻不在碳排放，包括人类生命活动本身。计算碳排放的基本要求是从材料或者器件的整个生命周期（生产、使用、循环再利用）的CO_2排放量来计算。相较于锂电池的0.84kg/（kW·h）的二氧化碳排放量，甲醇只有0.53kg，更加的低碳环保。液态阳光技术的实现，可将排出的CO_2进行收集，与绿氢再次合成甲醇，从而形成完整的碳循环与甲醇的再生。

综上，无论是从国家利益的能源安全角度，还是从双碳目标的零碳要求出发，结合氢能市场发展的紧迫需求，甲醇将是未来我国能源发展的重要战略方向。

（6）应用场景　HT-PEMFC作为动力装置使用，综合燃料电池的功率密度、启动时间等特性，更适合作为氢电互补增程器的解决方案。氢电互补的主要架构如图2-9所示：在该系统中，动力电池作为交通运输工具的主驱动力，高温膜燃料电池作为在线实时充电单元为动力电池充电和控温提升续航里程。该解决方案一方面燃料电池在稳定的充电工况中工作，有利于燃料电池有较长的运行寿命。另一方面动力电池的减少也利于车体、船体、机体的减重。在提升交通运输工具的动力电池续航能力的同时，兼具保温和减重以及经济的使用成本。

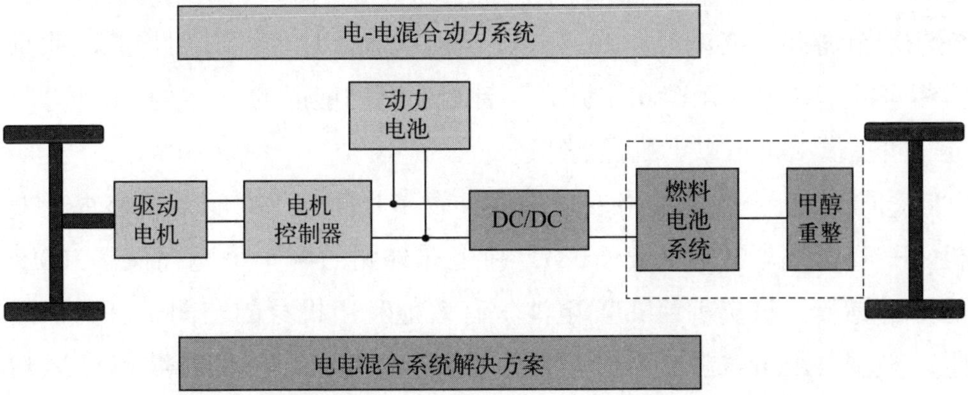

图2-9　高温膜燃料电池技术氢电互补增程系统解决方案

① 在车用领域，结合HT-PEMFC电电混合模式已经有相应的示范样车在运行。德国大众早在2010年发布了一款HT-PEMFC燃料电池汽车；2019年搭载丹麦蓝界科技核心部件燃料电池的全球首款甲醇重整高温膜燃料电池Nathalie超跑亮相，该车搭配5kW的HT-PEMFC增程式混动系统，燃料电池为底板上电池充电，甲醇的加注过程只需3min，若采用Eco模式，其续航力可达1199km。2020年12月上海博氢首辆30kW甲醇重整氢燃料电池厢式运输车亮相第17届中国-东盟博览会。近日，美国Los Alamos国家实验室、Brookhaven国家实验室和国家NREL实验室组成团队进行PAFC重卡动力研制。

② 船用领域：2022年交通运输部发布了《氢燃料电池动力船舶技术与检验暂行规则》，推广甲醇高温燃料电池符合中国能源结构和双碳目标的国情。交通运输部在发布的《绿色交通“十四五”发展规划》中也提出了要积极探索甲醇动力船舶的应用。在船用领域除了作为动力电源外，也可以作为辅助电源，给船上提供生活用电同时进行热电的联供，为船提供热水，整体燃料综合利用效率可以达到90%以上。德国FST公司首艘安装HT-PEMFC的“AIDAnova”号大型客船将在2023年交付。FischerEcoSolutions在“e4ships”的子项目“Pa-X-ell”中合作生产了一款30kW甲醇HT-PEMFC发电系统，产生的电能将储存在船载的电力系统中。中科嘉鸿（佛山市）新能源科技有限公司研制的甲醇燃料电池示范游船“嘉鸿01”2021年在佛山南海丹灶仙湖成功首航。北京海得利兹新技术有限公司也开发了针对小型功能船的15kW船用动力单元，可提供400km以上航程需求。

③ 无人机：德国兰格安塔瑞斯开发了HT-PEMFC驱动的监视无人机——安塔瑞斯E2(Antares E2)，利用翼外侧的两个吊舱存储了300kg的甲醇燃料。机翼前缘布置电池，有效地利用机身的空间，有利于减阻。美国HyPoint提出了电动垂直起降（eVTOL）飞机和城市空运载具的涡轮风冷概念原型，利用压缩空气进行冷却和供氧，以满足HT-

PEMFC电源系统的运行需求。

结合应用场景需求来看，体积紧凑、模块化、移动性强、串并联组网方便的甲醇重整高温膜燃料电池系统，在汽车增程、船舶动力、无人机上形成氢电混合系统，车载辅助动力系统（APU）输出动力的同时也可对外输出电力，有效地解决应急发电、救援救灾、抢险抢修等领域需求。

④ 重装备。内置甲醇重整HT-PEMFC具有能量密度高的特点，主要应用于民用小型动力系统及军用电子设备等便携式电源系统。丹麦Serenergy公司开发的甲醇重整HT-PEMFC系统（H3-350）和上海博氢的300W便携式电源系统已步入商业化阶段，其额定输出功率为350W，21V时的额定输出电流为16.5A，1L液态甲醇/水混合燃料的消耗大约能提供1kW·h的电能，与目前应用的直接甲醇燃料电池技术相比，该系统质量比功率（W/kg）和体积比功率（W/L）分别提升了2倍和3倍。该系统可以集成在现有的应用设计中或通用的外部发电机柜中，通过嵌入式充电控制器可为所有应用的电池类型提供稳压直流电源，能有效地替代离网或移动设备中的发电机组或蓄电池组。另外还有两种离网电池充电器系统（H3-700和H3-5000），分别能够提供高达0.7及5kW的电力输出。

2013年，UltraCell公司推出的XX55型便携式甲醇重整高温燃料电池系统，额定功率达50W（峰值功率可达85W），使用寿命长达2500h；该系统还可通过“堆积木”的方式将模块化的XX55电池组装成再充电系统，从而提供50～225W的连续电力输出，并通过了新西兰国防军战斗实验室在野外演习部署的评估。美国Advent研发的Honey Badger 50™是军用便携式长时甲醇重整高温燃料电池系统电源，可供遥控与移动设备，以及军用电脑的供电需求。我国也于2016年开发了30kW的重整甲醇HT-PEMFC静默移动发电车MFC30，具有低红外辐射的强隐蔽性突出特征，用于满足军事防护等需求。另外，2018年德国兰格航空公司联合丹麦Serenergy公司开发的世界上第一架使用甲醇HT-PEMFC系统为动力的无人机Antares DLR-H2，输出功率达25kW，从甲醇燃料箱到动力总成（包括螺旋桨）的驱动系统的总效率在44%左右，其效率是基于燃烧过程的传统推进技术的两倍。

需要指出的是，甲醇重整HT-PEMFC系统因其工作温度高，需要一定时间的预热达到工作温度范围，需要对启动时间做优化。另外，当外界功率需求改变时，电池能量转换过程达到新的平衡需要对甲醇流量、电堆供氧量等做出调整，需要较快的动态响应时间。为解决该问题，往往需要搭配超级电容或锂离子动力电池与甲醇重整系统进行并联使用，以满足快速启动的应用需求。

必须强调，作为氢能的一种前瞻性的技术路线，高温膜燃料电池技术与低温燃料电池和动力电池路线不仅不冲突，并各有独特的优势领域与特殊应用场景，而且可以优势互补，强强联合。在商业化过程中，尽管目前现有的HT-PEMFC技术并不完美，尚有很多需要解决的技术难题与需要完善的产业链，但随着科学研究与企业的不断努力，相信在较短的时间内会实现商业模式的突破与技术普及，助力氢能经济的发展与碳中和目标的实现。

二、成本分析

（一）氢制取成本

化石能源制氢成本较低，主要受煤炭、天然气价格波动的影响。煤炭价格在450～950元/t时，煤制氢价格为9.73～13.70元/kg，考虑碳捕集后的成本为16～20元/kg。从成本构成来看，煤炭成本占37%，氧气成本占26%，制造及财务成本占23%，燃料成本占8%，其他成本占6%。当天然气价格在1.67～2.74元/m^3时，天然气制氢价格介于

9.81 ～ 13.65元/kg。从成本构成来看，天然气成本占73%，燃料气占14%，制造及财务成本占9%，其他成本占4%。

工业副产制氢兼具减排和经济性优势。工业副产气体中除了氢气外可能还含有其他杂质，除去杂质、提纯得到氢气是工业副产制氢的关键工艺流程，所以提纯成本是除生产成本外较为重要的一项成本。焦炉煤气副产氢成本在9 ～ 15元/kg，氯碱化工、轻烃利用、合成氨等工艺综合成本在13 ～ 22元/kg。从焦炉煤气副产氢的成本构成来看，焦炉煤气成本占70%，电费占16%，其他成本占11%，设备折旧占3%。

碱性电解水制氢是各类电解水制氢技术中成本最低的。假设工业用电价格为0.4元/（kW・h），碱性电解水制氢成本大约30元/kg。其中，电耗成本是碱性电解水制氢的第一大成本，大约占到75%左右。当电价降至0.15元/（kW・h）[某些地区可再生能源发电成本已经实现0.15元/（kW・h）]，碱性电解水制氢成本大约是16元/kg，与蓝氢成本大致相当。电解槽成本是碱性电解水制氢的第二大成本。目前，我国是全球碱性电解槽最大的市场，其价格也远低于其他国家和地区[1]，国产碱性电解槽价格一般在2000 ～ 3000元/kW，而西方国家的价格是1200美元/kW。彭博新能源财经预测，在2025—2030年间中国碱性电解槽将进入国际市场，电解槽行业未来可能会复制太阳能行业的历史，西方制造企业在市场上的主导地位将随着中国产品的大量涌入而迅速消失。

质子交换膜制氢成本要高于碱性电解水制氢成本。当电价为0.4元/（kW・h），质子交换膜制氢成本大约是40元/kg。其中，电耗成本占比约50%，同样也是总成本支出中最大的部分。设备成本方面，质子交换膜电解槽价格普遍较高，在7000 ～ 12000元/（kW・h）。

从成本构成来看，绿氢成本由能源成本（可再生能源电价），水电解设备等设备成本，土地成本，建安成本，人工费，维修费，水

---

[1] 主要是由于我国电解槽上游市场价格和人力成本均比较低。

费等多种因素决定。能源成本在绿氢生产成本中的占比最大，其次是设备成本。因而，提高绿氢生产经济性的关键因素是降低电价、降低电解槽成本；并且，还要重视技术进步，不断降低电解电耗、提升效能。

国际可再生能源署（IRENA）的报告显示，对于中国市场而言，当制氢成本降至20元/kg以下时，相比于化石能源制氢，电解制氢才具有一定的竞争优势，此时可再生能源电价需降低至0.3元/（kW·h）以下。报告预测，电解槽的学习率与光伏类似，可以达到16%～21%。基于这一学习率水平，到2030年电解槽成本可降低40%以上，到2050年降低80%以上。预计2050年可使绿氢生产成本降低85%，降至0.7～1.1美元/kg，中国将成为生产绿色氢的成本最低的国家。报告还指出，相比风力发电而言，太阳能发电更适合作为中国绿氢制取的绿色电源。预计2050年，中国75%的绿氢来自太阳能发电制氢，24%来自风电制氢。届时，中国光伏发电制氢成本将从2020年的1.24美元/kg下降至2050年的0.7美元/kg；陆上风电制氢成本将从2020年的1.24美元/kg下降至2050年的0.85美元/kg。

（二）氢储运成本

我国氢储运主要采取长管拖车运输，长管拖车的运输成本随距离增加大幅上升。当运输距离为50km时，氢气的运输成本5.43元/kg。当运输距离为100km时，氢气的运输成本8.66元/kg。当距离500km时，运输成本达到20.18元/kg。当输送距离为100km时，气态管道输送的成本大约是1.20元/kg。

IRENA在一份研究报告中对比了压缩气态氢气与氨、液氢和液态有机氢载体等不同的氢运输方式对成本产生的影响，并对未来氢运输的技术路线作出预判。报告指出：就目前情况来看，氨气和现有的管道运输氢气是最好的方式。运输液氢的主要缺点是具有低温要求

（−253° C）。这意味着液化的高能源消耗（目前相当于氢气中所含能量的30%～36%）和所有设备的高成本，因为它需要为低温条件而设计。这使得液氢在相对较短的距离上具有吸引力，因为较长的航线将需要更多的船只来保持连续的流量。未来，运氨船可以运输更远的距离，且适合各种规模大小的项目。目前，全球超过120个港口已经拥有氨基础设施，10%的产量已经被交易。一旦可再生氨生产出来，它可以以任何比例与化石氨混合，而不改变任何性质，使氢气的初始交易变得更容易。氨的现有市场为1.83亿吨/年，预计到2050年将增长到6亿吨/年。这意味着它不需要再转化为氢气，可以直接使用。

（三）氢加注成本

当前，我国加氢站加注成本大约11元/kg。假设35MPa日加氢量500kg的加氢站满负荷运行，则加注成本约11.33元/kg。

目前，加氢站的建设投资成本还相对较高。据中国氢能联盟数据显示，我国建设一座日加氢能力500kg、加注压力为35MPa的加氢站投资成本接近1200万元（不含土地费用），大约相当于传统加油站的3倍。其中，设备成本占投资成本（不含土地费用）的80%以上。随着规模化建设或加油/加氢/加气站合建，单位加注成本有望下降。上海、重庆、广东、浙江在内的多省市都明确提出对加氢站建设和运营进行补贴，补贴期限一般到2023年或2025年，并逐步退坡。补贴金额从数百万到一千万不等，具有高压强的固定式加氢站、混合加氢站可以获得更高补贴。但政策往往对最高补贴比例有所限定，如30%～50%。政策一般明确土地费用不计入补贴范围，有效避免跑马圈地行为。运营过程中一般对不超过限定售价的氢气进行补贴，同样具有补贴上限。

根据氢云链的预测，未来几年国内加氢站建站成本每年至少按照20%～30%的速度下降。我们假设2022—2025年加氢站建设成本年均降幅20%，预计到2025年加注成本有望降至8.73元/kg。

三、氢能与汽车

有鉴于氢燃料电池发电机为车辆提供动力时的优点，对于氢燃料电池应用在车辆上的研发工作，已经进行了30多年。戴姆勒早在1995年就开始启动燃料电池车的研究项目。当时系列车型被称为NeCar系列（new energy car），其中第一代NeCar1由奔驰中巴车类型的车辆进行改装，整个车厢用来搭载燃料电池和氢罐。第二代NeCar2由奔驰V系列的商务车进行改装，保留了后面一排座位，在后部放置行李处放置了燃料电池系统。第三代NeCar3以甲醇为氢的载体，通过车载制氢的方式来获得氢；以一辆A级轿车为原型车，将后排座椅拆除，把整个系统集成在车内。第四代NeCar4则同时有了三个系列，分别是高压储氢、液体储氢以及金属氢化物车载制氢的模式。

通过不同类型的示范，将各类储氢技术进行了对比，对于后期战略规划做了充分的论证测试。NeCar5则依旧以甲醇重整制氢为储氢的技术路线，相比上一代占满后座的原型车，新一代的NeCar5可以将整套甲醇重整制氢装置及燃料电池系统集成在底板之下（见图2-10）。2001年，奔驰公司组织了从旧金山大桥出发，横贯美洲到达华盛顿

图2-10　横贯美洲的甲醇制氢燃料电池车NeCar5

特区的NeCar5示范活动，达到了第一个历史高峰。这一时期，奔驰公司的燃料电池系统的合作伙伴和投资对象是加拿大的巴拉德公司（Ballard Power）。

同一时期对氢燃料电池进行投入的汽车公司还有福特、通用、欧宝、丰田、本田、尼桑等公司，分别有一些不同类型的样车。

中国的氢燃料电池汽车起步较晚，虽然在北京奥运会时期组织过一次各类氢燃料电池车集体秀，上汽、东风均有车辆展出，但中国的氢燃料电池产业的真正“启动”，还是受到2014年丰田公司推出未来Mirai乘用车的刺激（见图2-11）。

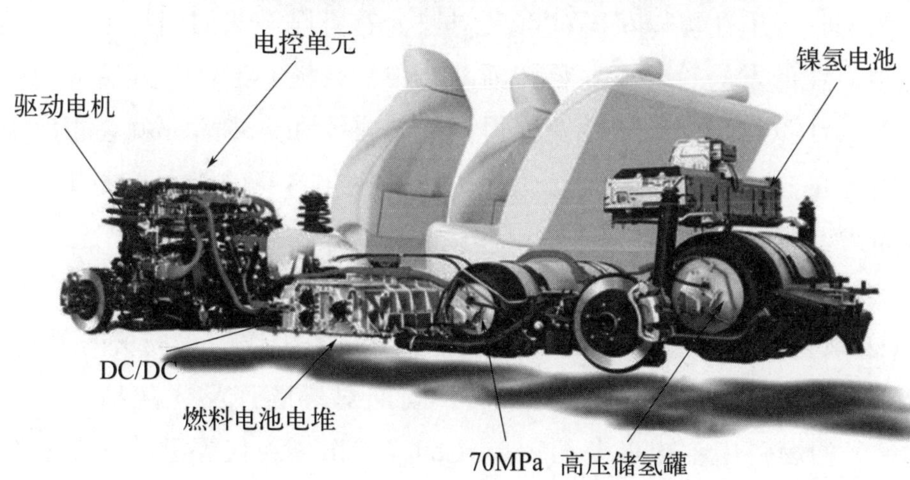

图2-11　丰田Mirai未来燃料电池车

这台搭载114kW燃料电池系统的乘用车，自带两个70MPa压力的氢气罐，储氢容量达到5.65kg，官宣续航在500km以上，其售价甚至远低于同期同等续航里程的特斯拉Model S，补贴完以后大约5.7万美元。上市后迅速引起了轰动和业界的震撼，从此引起了新一轮对燃料电池的重视。

由于加氢站的建设投资大，在没有补贴的情况下，企业很难有动力去推动加氢站的建设，所以氢燃料电池车的销量一直不高，远没有达到丰田公司推出这款未来氢燃料电池车所期待的到2020年年销售量10000台的数目。截至2022年12月31日，全世界各类氢燃料电池车的销售总量不到6万台，其中韩国现代后来居上，乘用车的销售额超过3万台。

中国的氢燃料电池公司和汽车公司分别以巴拉德公司和丰田为对标对象，一直努力追赶，通过各种方式在提升。标志性的事件包括大洋电机2016年成为巴拉德占比9.9%的最大股东，以及2018年潍柴投资11亿元成为巴拉德19.9%的新的最大股东。

2017年中国的新能源车补贴中开始在纯电动之外增加燃料电池补贴的内容，搭载30kW以上功率的燃料电池系统的商用车，可以获得国家补贴以及地方补贴，总额可达一百万元。乘用车搭载10～30kW之间的系统，每千瓦可以获得6000元补贴。在补贴政策的引导下，氢燃料电池产业的发展拉开了序幕，渐渐地“八大核心部件”开始成为行业内的关注重点。每一年企业取得相关的成绩和进步后，就会相应地提高补贴的技术门槛，从而促进企业不断优化自身的能力，提高产品的竞争力。

燃料电池在中国的产业化，最早起步于对加拿大巴拉德公司的车载9SSL系列的国产化。该系列的电堆采用石墨板作为双极板的材料，有极其细长的流道，系统压力不高。同期对标的产品还包括沃尔沃（Volvo）的燃料电池电堆公司PowerCell，丰田，现代等已经发布的车型的电堆。

（一）八大核心零部件之：电堆

电堆是指由多个燃料电池单元串联叠加起来的整体，包含端板、进气出气口、电极端板、单片电压检测单元、紧固件等。对于电堆的考核指标最常见的是功率密度（kW/L），强调电堆要在尽量小的体积下，有最大的功率输出能力。巴拉德水冷9SSL型电堆见图2-12。2014年丰田推出的Mirai，当时的功率密度是3.1kW/L，目前产品功率密度超过5kW/L的中国公司已经不少。提升功率密度的主要出发点包括但不限于以下几个方面：

1. 缩小体积：电堆的物理组成部分包括两个端板及多个由双极板和膜电极组成的重复单元。对它们进行体积压缩，是减少系统总体积的重要方向。其中端板用于氢气和氧气的进出，还包括冷却液的进出通道，将端板进行优化主要在结构方面。而多个重复单元的厚度主要是双极板的厚度以及膜电极的厚度。双极板如果选用石墨材料，因为其加工的难度较高，很难做得比较薄，经过若干年的努力，从普遍2mm的厚度已经可以降到0.7mm左右。相比之下金属板的厚度，已经从0.3mm降为0.1mm以下。膜电极当中，膜的厚度从80μm逐步将为10μm以下，碳纸的厚度也从220μm逐步降到120μm左右。

2. 提升MEA的功率密度。经过多年的努力，技术指标已经从0.6W/cm^{2}提升到目前主流的1W/cm^{2}的水平（相当于0.7V时的电流密度接近1.5A/cm^2）。

3. 提高电堆的工作压力：电堆的氢气进气端通常是高压的气瓶。气瓶内的氢气压力在700bar或350bar，在进入到电堆之前需要两级减压，进入电堆的压力要求在2bar以下，而氧气的进气端对接空气压缩机。需要对电堆的机械结构，密封件等着力，确保电堆的长期稳定性。

4. 提高电堆的工作温度：随着膜的性能的逐步提升，使用越来越薄的膜，可以进一步降低接触电阻，减少欧姆损耗。同时，进一步地提高工作温度，可以提升系统的效率。但是要充分考虑由此带来的散热问题，需要做相应的平衡。

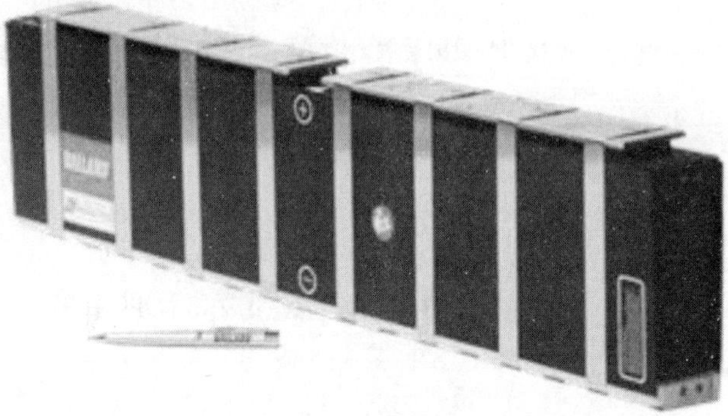

图2-12　巴拉德水冷9SSL型电堆

（二）八大核心零部件之：双极板

双极板，顾名思义，是一块板，这块板由“两个极：阳极和阴极”组成。阳极是氢气进入电堆的通道。在电堆的端板上会有一个导流槽道，将氢气通过双极板的阳极侧的流场引入到气体扩散层（gas diffusion layer，GDL），再进一步到达膜电极（catalyst coated membrane，CCM）的催化剂上，生成质子和电子。质子会通过质子交换膜到达阴极。但是电子会通过气体扩散层返回，借助双极板从双极板的阳极这一侧传递到双极板的阴极那一侧，再通过阴极那一侧所贴合的气体扩散层到达阴极，在那里和空气中的氧气，以及相邻那一侧阳极透过质子交换膜过来的质子一起生成水（见图2-13）。对于双极板的要求因此体现在以下几个方面：

1. 物理加工性要好，机械强度要好，要便于布置各种槽道。其主要功能是对气体、液体进行分配和导流。不同的燃料电池设计，由多种流道流场组成，板本身的材料、壁厚、槽的深度等都会影响系统的性能。

图2-13　上海治臻金属双极板示例

2. 导电性能要好，因为电子会通过双极板进行传导。材料本身的导电性要求高，同时还要求双极板上凸起部分和气体扩散层的接触良好，方便电子的传输。

3. 导热性能要好，在发电的过程中，有接近50%的能量被转换为电力，另一半则是“废热”，这些热量要及时通过双极板中间的导热流体输送到系统外部去。

4. 气密性要好。无论是氢气侧还是空气侧，气体的流量和压力都在不断变化，各种持续变化的压力，要求双极板的材料有长久的致密性。尤其是对于以石墨为材料的双极板而言，需要通过碳粉和树脂按照一定的比例混合来压制；如果碳粉的比例太高，则无法保证板的机械强度；如果太低，则有可能造成一定的空隙或薄弱的地方，在设备运行过程中产生不期望发生的窜漏。

5. 耐腐蚀。燃料电池发电的过程是电化学反应过程。电化学反应和化学反应的最主要的区别是，电化学的反应是由两个“半反应”组成，每个半反应发生的空间位置是不同的。常见的PEM质子交换膜类型的燃料电池，其电解质是固体的质子交换膜，它是全氟磺酸PFSA、是有一定酸性的材料，会对金属极板带来一定的腐蚀作用。电堆系统要求使用寿命通常在数万个小时，石墨板的耐腐蚀性能略强，而金属板的耐腐蚀涂层一直是业界的一大难题。镀碳、镀金等工艺是目前主流的工艺，但是镀层工艺往往对设备要求比较高，难实现低成本的批量生产。基于预涂好的金属薄板再进行冲压加工槽道的工艺方向目前是业界期待的低成本方案之一。此外基于钛合金的薄板和碳涂层的工艺也是丰田验证过行之有效的方案之一。

（三）八大核心零部件之：膜电极

在电堆中，一块双极板和一块膜电极构成一个燃料电池单元。膜电极由外而内由密封层，碳纸，CCM等组成。对于膜电极，通常有“三合一”“五合一”“七合一”（见图2-14），甚至“九合一”的说法。所谓三合一，通常是指涂好了催化剂的膜（CCM），膜有正反面，一个面对应阳极，一个面对应阴极，两边都需要涂上催化剂。早期一般阴极和阳极会被涂上不同的催化剂，但后期为了降低生产成本和优化工艺，有不少企业开始将阴极和阳极的催化剂做成一样的。这种三合一的CCM可以卷对卷收放，涂好催化剂的膜可以依旧以卷的形式存在，便于转运。

如果将三合一的CCM两侧用碳纸附着在一起，比如通过热压的方式，在三合一的基础上两侧各加上碳纸层，就形成了五合一的膜电极。

如果在五合一的膜电极的基础上，再将整个CCM的反应区和碳纸覆盖区域两侧用中间掏空的“回”型密封膜热压在一起，就形成了七合一的膜电极。

考虑到膜电极和双极板之间要密封，一个新的趋势是在MEA两侧将密封层也集成在一起，形成九合一的膜电极。

对于膜电极而言，最重要的指标就是“功率密度”和催化剂的载量及耐久性。对于功率密度的指标评价，采用确定电压，比如燃料电池单元的电压设定为0.7V，测量此电压下电流密度，通常1.5A/cm^2代表主流水平。或者设定电流1.5A/cm^2，测量电压。该测量方法也被用来测量膜电极的寿命。膜电极衰减的机理中催化剂失效和膜失效是两大关键点，对于燃料电池的寿命，通常是测量燃料电池运行一段时间后电压的变化率。目前优秀的膜电极电压变化率已达20μV/h。

制作膜电极的方法通常以直接喷涂，狭缝涂敷，转印等几种方式为主。直接喷涂的方式，来源于实验室技术的扩大化和工业化，相对而言效率依旧比较低，需要对所喷涂的面进行多次往复喷涂，在边角处损耗也比较高。狭缝涂敷的技术从锂电池涂敷工艺中发展过来，效率很高，但面临的挑战是要对软而薄的膜精准地双面涂敷。转印法对于薄膜的双面涂敷有独特的优势，可以把要涂敷到膜上的催化剂先涂敷在厚一些或硬一些的中转膜上，再精准定位涂敷膜。

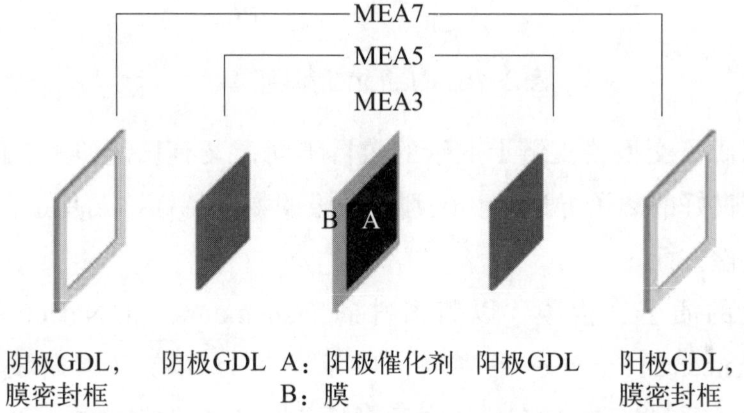

图2-14　七合一的膜电极示意图

（四）八大核心零部件之：质子交换膜

质子交换膜从字面上理解，是能够进行阳离子（质子）交换的膜，即质子可以通过某种形式从膜的一侧穿透到另一侧，与此同时，尽可能没有其他的物质同时穿透过来。

仅仅通过物理结构的形式，显然无法达到类似的“过滤”效果，因此需要化学键的作用参与其中。某一种物质能够暂态地获得一个质子，然后在另一种情况下释放质子，从而完成质子的传输。

如图2-15所示，全氟磺酸膜是高分子材料，其主链是聚四氟乙烯（PTFE），在主链上分出一个支链，支链的末端是一个“磺酸根”，质子及水一起以H_3O^+暂稳态和磺酸根结合，在膜的另一侧，又可以将质子释放出来。

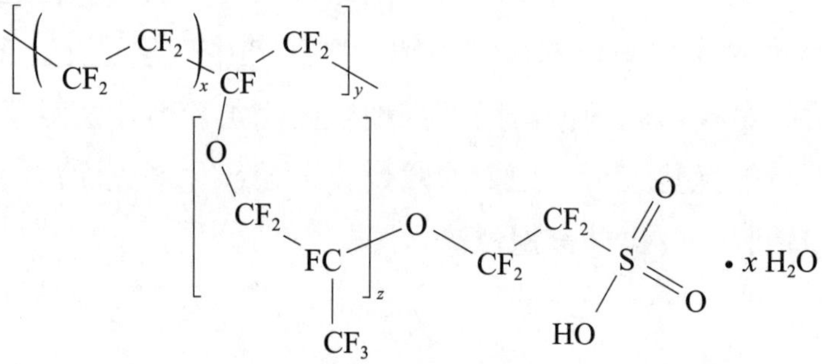

图2-15　Nafion全氟磺酸膜

根据质子交换膜支链上的碳的数目不同，又有长链和短链的区别，两者均有良好的离子导通性，区别在于膜的物理特性，尤其是在吸水以后的延展性方面。

长链的质子交换膜，以美国科慕（Chemours）的Nafion系列膜，德国Fumatech的Fumasep系列膜，以及戈尔公司在日本研发生产的Gore Select系列膜为主流，其中后者后来居上，占据了燃料电池膜市场的一半以上。国内的质子交换膜企业主要有山东东岳，江苏科润等企业。

对于膜的性能指标考核，最主要的参数是离子导通能力（ion exchange capacity，IEC），即单位面积、单位质量下，膜能置换出来的离子数量的多少。

在燃料电池的应用当中，膜的以下几个方面需要优秀：

1. 化学稳定性好，要耐受酸性，以及抗氧化还原。

2. 热稳定性好，无论是工作温度70～90℃，还是热冲击、热循环下都要稳定。

3. 机械稳定性好，有一定的强度和柔韧性，耐受一定的压力。

4. 透气率和水渗透率低，确保无串气和串水出现对电堆产生影响。

（五）八大核心零部件之：催化剂

在化学反应中，催化剂的作用在于降低反应发生的势能，让反应在比较温和的条件下发生。对于氢燃料电池的化学反应而言，主要是阳极的氧化反应以及阴极的还原反应。阴极和阳极均需要催化剂。在阳极是氢气氧化反应，氢气被氧化成为氢离子，给出电子$H_2 = 2H^+ + 2e^-$。在阴极发生氧化还原反应，零价氧被还原成阴离子，$O_2 + 4H^+ + 4e^- = 2H_2O$。其中阳极的反应速度比阴极的反应速度要高出一个数量级。

在膜导通离子能力的上限确定后，催化剂本身的活性，以及催化剂与膜的接触面决定了MEA的电流密度。氢燃料电池中的催化剂以铂为主，铂的价格比较高，所以通常情况下会用小的铂颗粒附着在碳载体的形式来制作催化剂。此外，为了避免CO、S等离子对催化剂的毒化，会将铂与钌等金属做成合金颗粒，双合金、多合金的催化剂是很多科学家研究的方向。

在催化剂的研发道路上，减少贵金属，并逐步去掉贵金属，是一个发展的趋势。但是目前为止，没有取得明显的效果，主要体现在循环寿命方面，无铂贵金属尚未有长时间稳定性的商用案例。

（六）八大核心零部件之：空气压缩机

在燃料电池系统中，电堆内进行化学反应所需要的氢气通常由高压氢气瓶来提供，其供给速率可以很快，与之相对应的是反应过程中阴极所需要的氧气。通常情况下，会通过输入空气的方式来提供氧气。以100kW的电堆为例，按照0.7V@1.5A/cm^{2}的特性来算，其需要的氢气量大约为100kW/[33.33 (kW・h/kg) × 0.7V/1.23V]=5.27kg/h，相应地按照体积比2∶1来计算，对应质量比1∶8，空气中氧气的质量比取21%，空气密度为1.29kg/m^3，并且考虑空气的过量比为2，则对应的每小时的空气需求量为：5.27(kg/h) × 8/21%/1.29(kg/m^3) × 2=311m^3/h，或者折算成空气的质量311(m^3/h) × 1.29(kg/m^3)/3600(h/s)=111.44g/s。

除了流量以外，同时要考虑的还有空气的压力。压力更大，单位时间内输送的氧气的量就更多。同时也更有利于将反应所生成的水蒸气带出去。在膜的两侧，尽量做到压力平衡，避免在膜的两侧形成压差。

要实现高压力，大流量地对空气进行压缩，就需要提高转速。经过多年的发展，逐步倾向于使用透平式压缩机。其典型优势是：转速快，从而体积小、结构紧凑、效率高。而转速快带来的挑战是轴承要相应地匹配（见图2-16），在转速为10^{5}r/min的场景下，空气轴承以空气为润滑剂、冷却剂，避免了使用润滑油，规避了对电堆污染的风险，因此空气轴承成为透平式压缩机的标准配置。

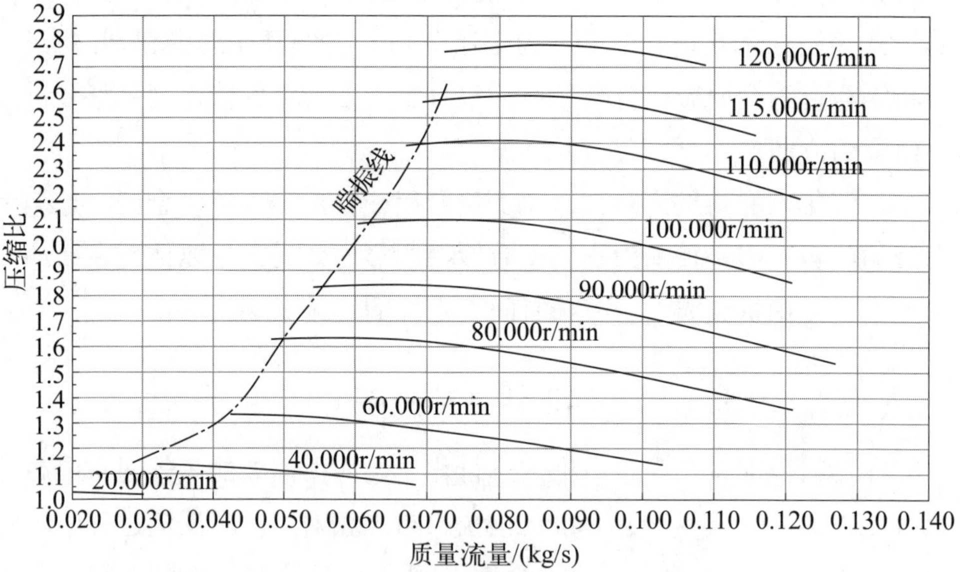

图2-16　典型高转速空气压缩机曲线图

空气轴承的设计，需要根据负载的情况，对轴承上的气道进行设计，需要比较多的计算、仿真及多次迭代试验。此外，如此高速的转动，电机的转速控制需要电子元器件有对应的更高的开关频率，近年来碳化硅器件的导入，极大地促进了电机控制器的发展。

（七）八大核心零部件之：气体扩散层

气体扩散层应用得比较多的形式和纸类似，所以常常被称为“碳纸”，与之相类似的另一种形式是“碳布”。由于碳布很软，在使用机械手进行抓取的时候难度比较大，所以在实验室到小试或中试的阶段，基本上都切换成为纸状的。

气体扩散层在燃料电池系统中，是构成MEA的核心部件。将CCM和气体扩散层热压在一起，气体扩散层的贴近双极板的一侧，极板槽道内的氢气或氧气会透过气体扩散层，来到有催化剂、贴近膜的这一侧。在催化剂的作用下，氢气在阳极会分解成为质子和电子，质子穿透质子膜，进入到氧气那一侧，电子需要沿着气体扩散层返回，再通过双极板输送到上一级的阴极侧，穿过气体扩散层，和上一单元的氧气以及质子结合生成水。

由此可见，气体扩散层的主要功能包括：导气（阳极氢气，阴极空气），导电（要将电子从阳极回传到上一级的阴极），导水（要将阴极生成的水带回到槽道中，和空气混合带出电堆之外），以及导热（将反应中产生的热带给双极板，由双极板中间的冷却液将热量带出电堆之外）。在不同功能需求下，要求气体扩散层有以下特征：

1. 耐腐蚀，化学稳定性好；

2. 孔隙率要分布合理，确保有足够的通道来满足不同工作情况下对气体、液体的输送；

3. 内阻要小，电流在流经碳纸时，其内阻和电流的乘积，就表现为电压降，并且会带来整体系统的效率下降。

（八）八大核心零部件之：氢循环系统

从燃料电池电堆的系统结构上可以看出来，系统的能量源头是储氢容器内的氢气。储氢容器内的氢气，进入到电堆的阳极，在电堆内进行反应，生成质子，质子穿透质子交换膜，到达阴极。在这个过程中，很难做到氢气被100%反应。

没有反应掉的氢气，如果直接排到空气当中，既造成了氢气的浪费，又给环境安全带来隐患。因此，对其进行回收再利用是最为可行的方式。

回收的装置主要是两种：氢气循环泵和氢气引射器。

增加氢气循环泵的模式是在阳极出口端设置一个水汽分离装置，将氢气中的水蒸气大部分分离出来，再将氢气导入循环泵的泵头，电机驱动泵头进行压缩，将氢气送回到阳极进气回路中去。

对于氢气循环泵而言，其输送的气体为潮湿的氢气，对气密性、运动部件的耐久性有较高的要求，同时在该循环系统中，不能导入其他可能的污染物，如润滑油等，所以可以选择的技术路线并不太多。另外，如果想要获得氢气回收利用的价值，那么在回收循环的过程中，能量消耗不能太多，否则会得不偿失，不如将氢气排出前用催化氧化的方式变成水。

一种不依赖额外的泵的循环方式是借助氢气瓶内氢气流经引射器，产生吸力，将氢气带到循环系统中。这种方式相对而言更节约能源，但是在功率比较小、氢气流量比较小的时候，吸力不够大。

目前主流的方向是做混合式的解决方案，在大流量的时候借助引射器，而在小流量时使用氢气循环泵。

这八大核心零部件，是燃料电池系统降低成本、产业化的关键组成部分。究其深处，是材料学和装备能力的集中体现。膜所涉及的是化学材料合成，催化剂对应的是金属粉末颗粒，双极板是金属材料和表面涂层，空压机是空气轴承的材料和加工精度，氢循环泵是泵头材料，MEA是催化剂喷涂工艺。

整个燃料电池系统的性价比，随着核心部件系统的产业化过程不断提高。业界通常以美国能源部的50万台测算作为价格走向预测的基础。

从最近几年的实践来看，产业的发展步伐很快，随着投入的增加，可以预见更快的发展。

四、氢与储能

人类工业的发展历史和能源载体的选择密切相关。第一次工业革命用煤炭燃烧加热锅炉中的水产生蒸汽，用蒸汽推动曲轴往复运动、形成转动，带来了机械行业的迅速发展。第二次工业革命的到来是以电气化为特征的变革。分散生产的煤，被集中在火电厂发电，再通过电网输送到各个用电的节点，人类在修建大型电网的同时，也将石油作为分散生产的载体精选出来，形成遍布全球，标准相对统一的汽柴油体系。

太阳能产业，其发展轨迹在一开始，也和天然气比较相近，核心技术在西方科技巨头和大公司手中，他们择机选择技术授权、转让等方式，让技术落后的国家配合制造。但是由于各行各业对“太阳能是人类的终极能源”能够从直观上理解和接受，所以对太阳能的投入，不仅仅是资金、设备，同时还有大量的工程师和技术人员。通过微改进、微优化的方式，不断提升，从跟随到反超，将太阳能组件的价格在短短的二十年时间内变成原来的10%。

能源行业将石油，天然气等作为“化石燃料”，而化石燃料中总是含碳。从多碳向低碳的发展路径上，天然气CH_4曾经被宣传为清洁燃料，CNG、LNG的体系的兴建，带来了巨大的商机，但是LNG体系的建立，投入很大，技术要求高，推广普及的过程比预期要缓慢很多。在这个过程中，分布式的概念即流传开来，基于LNG的集装箱的方案也被提出并得到一定程度的推广应用。

同期发生的最大的技术发展是锂电池，十年左右的时间，由于亚洲公司的大力介入，电芯产品按照度电成本来算，已经是原来价格的三分之一到四分之一。而且相关的材料和制造技术亚洲有领先趋势。

按照十年前的光伏组件的价格和锂电池的价格来算，光伏电力和天然气发电相比，很难有竞争力，但是2019年起，光伏/光热发电的价格已经开始低于化石燃料的发电价格。2020年欧洲经历了一次长达数月的抗疫措施，在评估“后疫情时代”的能对经济带来巨大推动的技术和产业方向时，氢能的作用开始凸显。鉴于欧洲的主要工业国家都需要进口能源，能源减碳成为长久方针。在发展的路线图上是先发展蓝氢，同时为绿氢做准备。但是2022年2月以后，欧洲的地缘政治情况因为俄罗斯和乌克兰而发生巨变，以天然气为主要过渡方式的方案无法继续，经过近一年的全方位评估，发展氢能逻辑被梳理出来。

第一要素就是不能减少来自俄罗斯的天然气。天然气从能源的角度，很大一部分可以被替代，比如用户取暖的天然气，可以通过热泵来替代。用于工业原料的天然气，以LNG的形式继续保留。

而光伏企业发出的电力，可以通过电解水的方式变成氢，再通过对氢的传输而切入应用环节，实现能量的“搬运”，与电网和天然气管网的作用不尽相同。氢作为“太阳能”的储存介质，成为一种可以进行期货交易的物质。只要对初始装备进行了投资，氢气的产量就可以根据气象预报和人工智能的方式进行预测，供决策者做出决定。

以德国为例，每年的阳光光照时间在900 ～ 1200h之间，属于光伏能利用时间非常少的区域。在德国建光伏电站，人工安装成本贵，人工维护费用高，度电成本就高。与之对应，在德国绿氢的价格就相对较贵。

市场经济有其调节机理，既然在德国安装设备贵，光伏工作时间短，就需要考虑在海外光照时间长、人力成本比较低的国家，协助他们建成光伏发电，电解水制氢，氢加压或者液化，进而将氢作为可再生能源的载体。

储能电池在发电侧的削峰填谷功能，如果使用氢来实现，会比较困难，因为电解水会有一定的功率损耗，氢气再发电时的效率只有50%

左右，从系统层面来看，并非最佳选择。与燃料电池相接近的技术是液流电池（比如钒电池，钠流电池等）。

燃料电池系统的研究和推广，在过去几十年主要以汽车公司和相关的产业链上下游企业的推动为主，在50万台的价格目标下，通过示范项目，再缓慢推动。但是在推动氢燃料电池汽车的应用过程中，氢气的价格一直是一个阻碍氢燃料电池车推广的“拦路虎”。

氢气在大化工行业中，价格比较低，因为是集中生产，集中使用，所以价格可以在15～30元/kg的水平。但是在将氢气送到加氢站、再给车辆加氢的模式中，加氢站的建设和运维、每日送氢到加氢站所需要的槽车的摊销，各种因素造成按照5年折旧、加入车辆中的氢气成本为40～90元/kg，导致和柴油相比要高很多，在推广的过程中欠缺经济性。

使用电网的谷电来制氢，是燃料电池推广过程中新的尝试，但是由于电解水制氢本身系统效率在70%～80%之间，氢通过燃料电池转化为电的效率为50%左右，整个环节的效率仅35%～40%和锂电池的转化效率85%相比，明显不如后者。因此在商业化推广过程中，锂电池更加有优势。

此外峰谷电的存在，原因是工商业晚间用电少，不进行大量的生产活动，对电力的需求少，火电厂机组的最佳工作效率点往往按照最长工作时间来设计，如果调低功率输出，对效率有影响。火电的比例将来会逐步减少，谷电的来源也随之逐步减少。另外，目前有越来越多的电动车会在晚间充电，造成居民生活区的电力负载在晚间变大，进一步弱化谷电的价格优势。而且电力输配网络的硬件和基础设施配套、施工等方面的成本也非常高，峰谷电力的调节需要有大型的电力建设投入。

在此背景下，可再生能源的电解水制氢成为大家关注的对象，目前这类“绿电”开始备受关注，不少功率达到MW级别的电解水项目已经投入使用。

五、氢与衍生品

鉴于氢气本身的难以存储和运输，对于甲醇的研究，是先以甲醇重整制氢，为燃料电池系统提供氢气开始的。甲醇最初的使命是“氢的载体”，为需要氢的应用场景提供氢气。

甲醇的另一应用为直接甲醇燃料电池，这种技术也是电化学反应，也是使用全氟磺酸（PFSA）膜，在阳极发生甲醇氧化（MOR）反应：$CH_4O+H_2O = CO_2+6H^++6e^-$，阴极发生的反应是阴极还原ORR反应：$6H^++6e^-+(3/2)O_2 = 3H_2O$。相比于氢燃料电池的阳极氢氧化（HOR）反应$H_2 = 2H^++2e^-$，MOR的电势更低，电流密度也更小，于是0.4V@0.5A/cm^2成为主流水平，其较低的功率密度，相比之下是劣势。

关于甲醇制氢，工业上通常用裂解和水煤气变换的方式来获得氢气。

$CH_4O = CO+2H_2$，这是强吸热反应。

$CO+H_2O = CO_2+H_2$，这是一个弱放热反应。

连起来在一个装置里，可以理解为

$CH_4O+H_2O = 3H_2+CO_2$。

从裂解的反应式里，我们可以看出载氢比为4/32=12.5%。考虑到总反应，则载氢比达到6/32=18.75%，这与已知的其他技术相比是一定程度上的天花板，就连NH_3的3/17=17.6%也没法做到。

依托重整技术，可以将甲醇制氢，提纯或去除CO。而绿色甲醇的制造，被形象地称为“合成液态阳光”。基于太阳能提供的电力，在峰值（peak）时间段进行空气中的CO_2和H_2O的捕捉，同时做电解水制氢的工作。CO_2加氢制甲醇是一个放热反应：$CO_2+3H_2 = CH_4O+H_2O$，反应温度在220～300℃之间，压力在4MPa左右，需要多次的反应循环。

改进技术和装置小型化以后，每一个海上风机、陆地上的光伏电站，都可以进行就地捕获CO_2，就地制甲醇（图2-17）。

图2-17 液态阳光制氢加氢一体站

甲醇在−97.6℃至−64.7℃之间均保持液体状态，便于储存与运输。甲醇可以在内燃机内直接燃烧，可以制成直接甲醇燃料电池发电，可以制氢后与高温燃料电池或制氢去除CO后与低温燃料电池电堆配套。

第三章

氢产业

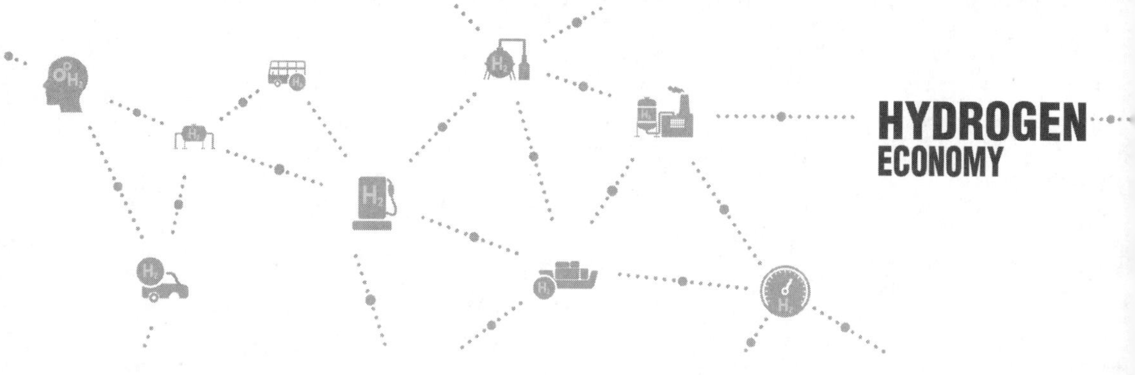

伴随各国碳达峰、碳中和目标的提出，氢能及其衍生产业也迎来了前所未有的发展机遇。氢能是未来碳中和能源体系的关键枢纽。当前全球已经有近30个国家和地区发布了氢能发展战略，美国、欧盟、日本等主要经济体都把氢能作为未来能源转型的重要突破口。据国际氢能委员会预测，到2030年全球氢能领域投资总额将达5000亿美元，到2050年氢能将满足全球18%的终端能源需求，氢能产业将创造3000万个工作岗位，减少60亿t二氧化碳排放并创造超过2.5万亿美元的市场价值，将为全球能源转型和减碳事业做出巨大贡献。

现阶段制氢路径主要包括化石能源制氢、可再生能源电解水制氢（以下称为“绿氢”）、化工过程副产制氢三种，其中绿氢被认为是最具潜力的氢能供应方式。将化石能源制氢与碳捕集封存（carbon capture and storage，CCS）技术结合（以下称为“蓝氢”）被视为另一种低碳制氢的方案。根据英国石油公司（BP）《2020世界能源展望》报道，在净零排放情景下，2050年超过95%的氢将采用低碳排放的方式制取，其中一半为绿氢，另一半为蓝氢。绿氢有望成为钢铁、化工、航运、重卡和航空等部分关键行业实现深度脱碳的最佳选择。

一、世界氢经济发展概况

与疫情冲击下全球经济增速放缓的趋势相比，氢经济呈现加速发展态势。到2021年年初，已有30多个经济体发布氢能路线图，欧盟、美国、日本、韩国、芬兰、法国、德国、意大利、波兰、西班牙、荷兰、英国、澳大利亚、新加坡等经济体均将绿氢作为其零碳战略的核心构成，推进产业全方位发展，部分国家提出“绿氢进口规划”。同时，具备大量未开发土地和丰富可再生能源的国家，也正在着手制定有关绿氢制取和出口的战略。氢能有望逐步成为与天然气同等地位的能源物质参与国际贸易。早在2019年，全球普氏能源资讯发布了全球首个绿氢价格指数，多个智库预见世界各地将陆续形成绿氢贸易中心，更多具有可再生能源优势的国家将参与到未来全球低碳能源版图的竞合格局之中。

随着全球经济绿色复苏，氢能产业发展全面提速，氢能已成为各国推动经济绿色复苏与能源转型的核心领域。截至2021年初，已有30多个经济体发布氢能路线图，相关政府承诺的公共资金支持已超1万亿美元。国际可再生能源署（IRENA）发布的《世界能源转型展望：1.5℃路径》将氢能作为实现1.5℃温控目标的主要解决方案之一，提出到2050年氢能可以提供全世界所需减排量的10%，可以满足全球12%的终端用能需求。

全球氢能产业投资规模持续攀升。2019年以来，氢能全球商品化趋势凸显，多国致力于推进绿氢和民用液氢的全球贸易与标准化进程。欧盟、日本、韩国、澳大利亚等经济体均将发展氢贸易体系作为重塑全球竞争力的突破口，财政金融协同支持政策逐渐明确。氢能产业呈现出前所未有的蓬勃发展趋势，仅2021年2月到7月，全球已公示的氢能产业项目就多达359个，其中大型项目达131个，预计投资额为1300亿美元。根据国际氢能委员会的预计，到2050年氢能市场规模可能超过2.5万亿美元，将成为与汽油、柴油并列的终端能源体系消费主体。

（一）制氢领域：绿氢备受关注，电解槽装机迅猛增长

2021年，受益于新能源的迅猛发展，绿氢受到前所未有的关注。全球已有约70个在建的绿氢项目，其中规模达吉瓦级的项目有22个，主要分布在欧洲（11个）和澳大利亚（7个）。从绿氢产能来看，全球规划中的吉瓦级绿氢项目产能合计144.1GW，其中欧洲和澳大利亚占了近93%，处于绝对领先。

过去五年，由于技术发展与规模部署，电解槽成本下降了40%。全球电解槽厂商在2021年交付了458MW的产品，而2022年出货量达到

1GW，中国的占比超过80%。由于可再生能源和电解槽装置的大规模部署，绿氢成本将有望持续下降。据国际氢能理事会预测，到2030年，绿氢生产成本可能降至每公斤1.4～2.3美元。这意味着不久的将来，在可再生能源资源富集地区，新建可再生能源制氢和化石能源制氢将基本实现平价，到2032年至2034年，二者将在全球主要地区实现平价。

（二）储运领域：持续多元探索，全球氢能贸易呈现雏形

2021年，全球氢能储运呈现出以高压气态为主，液氢、有机储氢等多种方式共同探索的发展格局。高压气态由于初始投入较低、对基础设施配套要求较低，未来一段时间内仍将是小规模短距离氢储运主要方式。液态储运可以实现大规模远距离的氢储运，如低温液态储氢、液氨储氢及有机液态储氢等，但仍存在成本高、技术难度高等问题，产业化应用尚需时日。

现阶段液氢、有机储氢等氢能储运技术已成为国际上的研发重点，多个国家和企业进行了许多有益的探索，收获了积极成效。一是液氢技术进一步发展、成本持续下降，日、美、德等国已将液氢的运输成本降低到高压氢气的八分之一左右。二是液氢加氢站成为新的选择，例如日本岩谷产业公司已建立液氢加氢站16座，美国液氢加氢站建设企业以Plug power、Air products公司为主，德国液氢加氢站建设企业主要是林德公司。三是液氢运输开创先河，2022年1月底，日本川崎重工业公司制造的第一艘液化氢运输船抵达澳大利亚黑斯廷斯港，将运送液氢返回到日本神户。这艘船能储存约75t液氢，这将是世界范围内第一次大规模装载并运送液氢，被认为是全球大规模氢贸易的开端，具有里程碑意义。此外，有机储氢实现商业化运行，2022年2月，日本千代田株式会社（Chiyoda Corporation）宣布，先进氢能链技术发展协会（AHEAD）在利用化学品运输船将甲基环己烷（MCH）运往海外方面取得了“世界首个”里程碑式的成就。

氢能有望成为继油气等传统能源之后的跨国能源贸易新角色，全球贸易体系正在逐步形成。由于全球各个国家和地区氢能供给和需求存在较大差异，随着氢能发展，跨国贸易成为必然。氢需求较大、但氢供应成本过高的国家和地区率先行动，采取从供应成本较低的国家和地区进口氢来满足自身需求，逐渐形成绿氢的买方（例如日本、韩国、德国）和卖方（智利、澳大利亚、沙特阿拉伯等）市场。其中，日本在亚太地区率先利用不同载体（氨、液态氢、液态有机储氢）进口，德国H_2 Global的项目正着眼于氢能生产、进口和承购合同的双重拍卖系统。不同储运技术的成本效益如图3-1所示。目前，已经有30多个国家和地区正在计划开展积极的商业活动，预示着跨境氢贸易的大幅增长，全球氢贸易比预期发展的还要快。据国际能源署预测，到2050年，超过三成的氢有望进行跨境交易。氢将改变能源贸易的地理格局，并使能源关系区域化，新的地缘政治影响中心将在氢生产和使用的基础上出现。

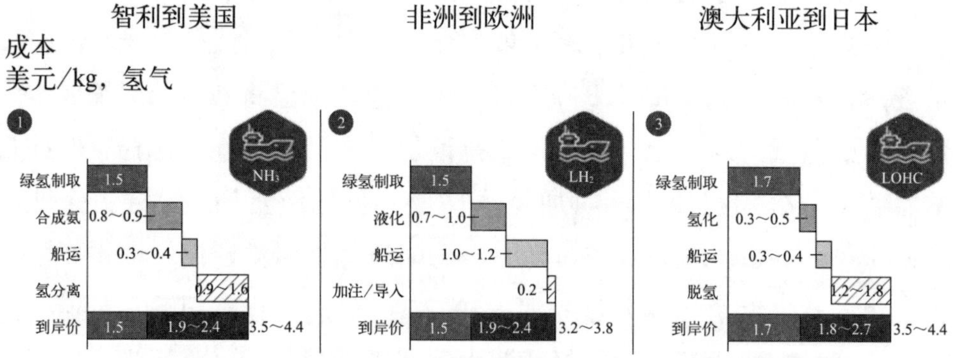

图3-1　全球特定运输路线的港口氢气到岸成本预测（国际氢能委员会）

（三）应用领域：推动多场景应用，竞争力逐步提升

许多国家和地区都对氢能发展寄予厚望，认为氢能将成为未来能源系统的重要组成部分，并帮助工业、交通等领域实现深度脱碳。在全球积极应对气候变化、控制碳排放的背景之下，绿氢将推动传统化工、炼

油等领域深度脱碳，氢能直接还原铁将为零碳钢材产品生产创造可能，随着燃料电池技术的改进升级，燃料电池汽车将与锂电池汽车共同掀起交通运输能源变革浪潮，此外氢能在建筑等分布式能源系统也有一定发展空间。

工业领域，从全球范围来看，绿氢在工业领域中的使用量将是汽车领域用量的数倍。在工业部门，尽管存在较多技术不确定性，绿氢仍然是工业脱碳的重要支柱之一。2021年，世界上第一个利用低碳氢生产无碳钢的示范项目在瑞典启动；第一个使用波动性可再生氢生产氨的试点项目于2021年底在西班牙启动；多个数万吨氢气产能规模的项目预计将在未来2～3年内投入使用。氢气作为替代燃料也取得了一定进展，水泥、陶瓷和玻璃制造等工业应用中使用氢燃料的示范项目也在开发中。英国玻璃企业皮尔金顿测试并证明氢气生产浮法（片）玻璃的可行性，预计到2030年每年将减少1000万吨碳排放，相当于减少400万辆汽车上路。此外，英国将在“HyNet工业燃料转换”框架下，对食品、饮料、电力和废物等领域开展大规模使用氢气的新项目。

交通领域，2021年全球燃料电池汽车总销量1.6万辆以上（图3-2），全球总投运车辆已接近5万辆。2017年，几乎所有的燃料电池汽车均为乘用车，而目前氢燃料电池汽车以氢燃料电池商用车为主，氢燃料电池乘用车占比不到0.1%。可见，氢燃料电池汽车已基本和锂电池汽车形

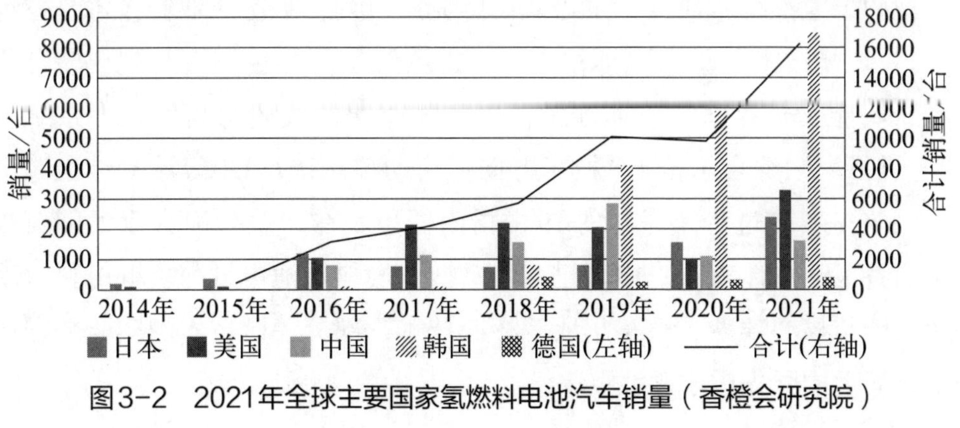

图3-2　2021年全球主要国家氢燃料电池汽车销量（香橙会研究院）

成错位发展。此外，铁路、航运等领域使用氢燃料的几个示范项目正在开发，预计将为创造氢需求开辟新的机会。

二、中国氢能发展概况

碳达峰、碳中和目标提出以来，我国政府将促进氢能等新能源发展放在更加迫切、更加重要的位置，相关政策法规与标准规范密集出台，氢能产业发展驶入“快车道”，氢能生产规模增长迅速。

绿氢产业将在我国实现“双碳”目标的进程中发挥关键作用，但当前整体仍处于早期发展阶段。绿氢作为零排放的二次能源，其在能源、交通、建筑、工业领域的广泛应用有望助力上述行业实现深度脱碳。目前，我国电解水制取的绿氢仅占氢气总产能的4%。

（一）氢产业

中国氢能产业链处于建设初期，所掌握的核心技术水平、综合研发能力与领先国家尚有较大差距。2021年，国家重点研发计划启动实施“氢能技术”重点专项，目标是以能源革命、交通强国等重大战略为指引，描绘出中国氢能产业发展技术路径的目标愿景，力争到2025年实现中国氢能技术研发水平进入国际先进行列，关键产业链技术自主可控。“氢能技术”重点专项指南中，拟围绕氢能绿色制取与规模转存体系、氢能安全存储与快速输配体系、氢能便携改质与高效动力系统及“氢进万家”综合示范4个技术方向，启动“光伏/风电等波动性电源电解制氢材料和过程基础”等19个指南任务。在一系列国家重大创新政策支持下，总体来看，中国已初步掌握了燃料电池电堆与关键材料、动力系统与核心部件、整车集成等核心技术，部分关键技术的实验数据水平已接近国际先进水平。

1. 氢的制取

当前，我国氢能产业还处在发展初期，产业整体规模还比较小。碳达峰、碳中和目标提出以来，我国制氢规模呈现出爆发式增长，2021年制氢产量突破3300万吨，成为全球第一大制氢国（见图3-3）。与此同时，氢能区域产业布局快速形成。截至目前，我国氢能全产业链规模以上工业企业超过300家，集中分布在京津冀鲁豫地区、长三角地区、粤港澳大湾区、内蒙古地区、川渝和云南地区。

从生产结构来看，煤制氢是我国氢能的主要来源，占我国氢能总产量的一半左右。2020年，煤制氢占我国氢能产量的62%，天然气制氢占比19%，工业副产制氢占比18%，电解水制氢占比仅为1%。2021年，化石能源制氢占比64%，工业副产制氢占比32%，电解水制氢占比4%（见图3-4）。我国煤炭资源丰富，化工和化肥行业一直使用煤制氢技术生产氨，因而煤制氢技术相对成熟、成本较低、目前占比较大。然而，煤制氢碳的排放水平非常高，大约是天然气制氢的4倍。只有煤制氢生产中加入碳捕集与封存（CCS）技术才能实现低碳生产（得到所谓“蓝氢”），但预计这将使成本增加130%以上。天然气制氢是北美、中东等地区普遍采用的制氢技术。但是对于我国来说，由于我国大约40%的

图3-3 2012～2021年中国氢能产量（毕马威会计师事务所《一文读懂氢能产业》）

天然气依赖进口，天然气制氢的成本目前还比较高，并且仍存在一些技术挑战。工业副产氢既可以减少碳排放，又可以提高资源利用率与经济效益，是氢能发展初期阶段的重要氢源。电解水制氢几乎不产生任何碳排放，尽管当前规模还比较小，但是被认为是制氢技术的发展方向，未来将有力支撑碳达峰、碳中和目标的实现。

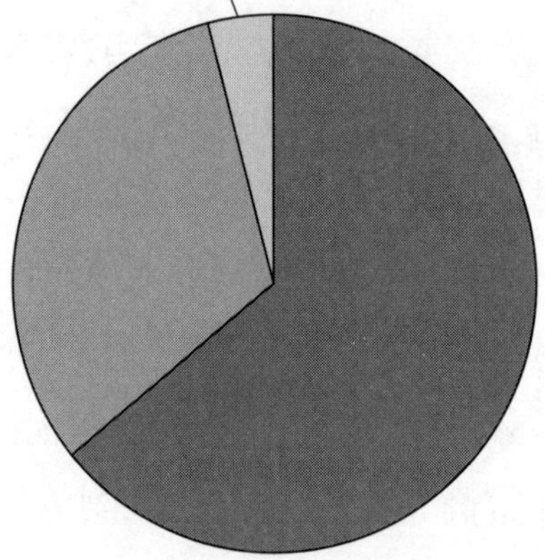

图3-4　2021年中国氢能生产结构

2. 燃料电池

（1）关键技术逐步自主可控　催化剂、质子交换膜和气体扩散层三大关键材料中，国产催化剂、质子交换膜均已实现小规模自主生产，为未来大规模商业化生产储备了技术基础条件，国产气体扩散层仍处于技术验证阶段。在催化剂方面，国产催化剂已经搭载在车辆上，据上海济平新能源科技有限公司相关人员介绍，济平新能源作为国内第一家实现公斤级量产催化剂的企业，目前拥有两条全自动燃料电池催化剂生产线，单条生产线生产效率高达5kg/d。2021年11月，济平新能源作为催化剂供应商参与清能股份与佛山南海区1000台渣土车项目。2021年12月，与加拿大巴拉德动力公司签署战略合作协议。截至2022年2月，搭载济平新能源燃料电池催化剂的车辆，累积过5万辆，总里程累积过

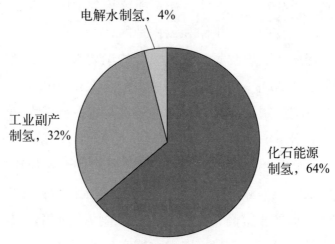

500万公里。国产催化剂方面虽然取得了比较大的技术进步，但总体来看，催化剂主流市场份额依然被外资企业占据。在质子交换膜方面，据山东东岳未来氢能材料股份有限公司公开信息披露，位于山东淄博的东岳未来氢能源有限公司150万米^2/年质子交换膜生产线一期已正式投产。据国家电投集团氢能公司消息，国家电投氢能公司旗下的武汉绿动年产能30万米^{2}的质子交换膜生产线在2021年12月初建成投产，该质子交换膜生产线是国内首条全自主可控质子交换膜生产线。在气体扩散层方面，由于国外技术封锁，我国碳纤维技术相对落后，同时原纸制备工艺和设备要求高，气体扩散层国产化进程相对较慢。据上海嘉资新材料有限公司人员介绍，上海嘉资气体扩散层全部采用国产原料、设备工艺独立开发、自主可控，真正实现国产化和自主化，根据公司产能规划，2022年实现气体扩散层产品年产能10万米^2，计划于2024年产能扩产至40万米^2。

膜电极、双极板等燃料电池核心零部件已具备国产化的能力，但生产规模较小。膜电极方面，国内膜电极生产企业主要有唐锋能源、武汉理工氢电、鸿基创能、上海捷氢科技、擎动科技等。据上海唐锋公司人员介绍，上海唐锋能源自主完成首条低铂合金膜电极规模化批量制造产线的建设，实现了由膜电极设计到全工艺链加工的交付能力，车用低铂高耐受膜电极Pt载量低至0.2g/kW以下，达到国际先进水平。上海捷氢科技具备膜电极、电堆、燃料电池系统等全产业链自主研发、自主生产能力，拥有全球首条万台级“卷对卷”膜电极生产线。双极板领域，上海治臻新能源股份有限公司是一家国家级“专精特新”小巨人企业，公司实现了金属双极板核心技术自主可控、具备了千万级别金属极板自动化生产能力；在PEM制氢领域，公司已自主开发两款电解槽产品，并已具备电解槽、电解槽极板的生产交付能力。

燃料电池电堆出货量翻番，性能基本达到国际先进水平。据高工氢电产业研究所调研数据，2021年中国氢燃料电池电堆出货量为757MW，同比增长128%，其中金属板电堆出货量354MW。国家电投氢能、捷氢科技、氢晨科技、氢璞创能等氢燃料电池电堆供应商的产品功率达到国际先进水平，建成了自动化生产线。据国家电投氢能公司人员介绍，国家电投氢能公司燃料电池电堆已实现最大额定功率150kW，功率密度超过4.0kW/L。据上海捷氢人员介绍，上海捷氢科技量产的PROME P3X金属双极板电堆产品实现与丰田Mirai一代燃料电池电堆的技术对标，耐久性高达10000h，远高于丰田Mirai的5000h，2022年发布的PROME M4H电堆，功率达到170kW，拥有超过15000h的超长寿命，体积功率密度达5.1kW/L，进一步保持与国际先进水平的对标。据氢璞创能公司人员分享，氢璞创能X1系列金属板电堆体积功率密度达到5.3kW/L，已经做了第三代产品的装配、验证。据上海氢晨公司人员介绍，上海氢晨科技开发了针对乘用车、公交车/大型客车、中/重型卡车用的系列化燃料电池电堆，具有更高的可靠性和更低的成本，2022年1月，氢晨科技发布了230kW电堆，功率密度达6.0kW/L。

燃料电池系统方面，国内一些企业掌握了研发技术，相关产品的冷启动、功率密度等性能显著提升。2021年1～12月燃料电池系统累计装机量173MW，同比去年增长119%。据国家电投氢能公司介绍，国家电投氢能公司完成了氢腾FCS65、FCS80和FCS120系统开发，并已通过国家强检认证，具有产业链自主可控的产品优势，2021年完成燃料电池系统中试线建设、调试（首期），达产产能大于1500台/年。捷氢科技燃料电池系统主要为PROME P4H、PROME P3X、PROME P390/P3H和PROME P3S，额定功率分别为130kW、117kW、92kW和25kW（见图3-5）。据上海捷氢公司人员介绍，捷氢科技燃料电池系统产品配套较为全面，主要车型有燃料电池牵引车、燃料电池轻卡、客车、乘用车、叉车等。

在氢燃料电池系统零部件中，DC/DC（直流/直流）转换器基本实现国产化，空压机已经较早地实现了全功率段国产化，目前国产化率接

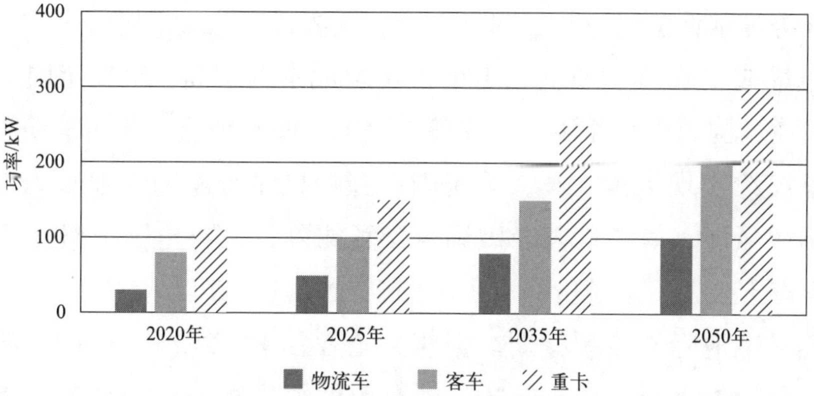

图3-5　不同车型燃料电池系统功率发展目标（中国电动汽车百人会氢能中心整理）

近100%。在空压机领域，据烟台东德实业公司人员介绍，烟台东德实业的空压机采用超高速无油离心压缩技术、冲击耐起停长寿命空气箔片轴承及其转子动力学匹配技术等，空压机内部件均实现国产化，自制率达到90%。氢气循环泵方面，据烟台东德实业公司人员介绍，烟台东德实业的氢气循环泵氢气带载运行30000多小时，通过了国内首台套的EMC（电磁兼容）测试，在中国第一台拥有完整知识产权的雪蜡车（黄河X7氢燃料电池雪蜡车，北京冬奥会雪蜡车）上应用。在氢气引射器方面，据烟台东德实业提供资料，烟台东德引射器（DY系列）具有结构简单、可靠性高、理论寿命较长的特点，采用纯机械结构，无需消耗功率，适合中大流量工况使用。同时，东德实业开发了氢气共轨系统，主要涵盖氢气循环泵、引射器、分水器、流量控制阀等，为氢循环系统的最终技术路线，氢气共轨系统集成了氢气循环泵和引射器二者的优点，循环泵重点解决小功率（≤10kW）氢循环问题，引射器解决中、大功率循环问题。

（2）规模和创新共促成本下降　国内膜电极、电堆、系统等市场竞争日益激烈，需求量的提升带动规模化降本，燃料电池每年降价20%以上。随着国家重视和资本加持，氢能及燃料电池自主技术进步明显，国产化进程加速，电堆功率及体积功率密度显著提升，电堆、系统及系统辅件等零部件价格也有了明显下降。从燃料电池成本构成来看，膜电极占电堆成本60%～70%，电堆占系统成本约60%，2021年国产电堆成为主流，国内唐锋能源、武汉理工氢电、鸿基创能、苏州擎动等膜电极产品纷纷实现批量上车，采用国产膜电极是降本的重要动力。2021年，国鸿氢能、氢璞创能、雄韬氢雄竞相降价，将电堆价格降至2000元/kW以下，使得系统价格有望下探至5000元/kW以内。

燃料电池降本或超预期。据相关企业预测，2025年燃料电池系统成本将低于1200元/kW，而实际则有望做得更好。到2025年，相关企业预测电堆将降至600元/kW，相比现在大约下降70%。规模上量和技术创新将是成本下降的主要推动因素。以金属板镀层为例，当需求达到年产100万片级别，加工费可由目前的百元级大幅下降至20元/片左右。但就目前的技术状态而言，需着力提升氢燃料电池电堆材料制备和部件制造技术，大幅度降低相关系统的生产成本。

到2025年，随着技术提高及规模效应，其他燃料电池核心材料及关键零部件成本也有不同程度的降低。同时，伴随我国研究机构与企业之间的深度协作而带来技术快速提升，预测到2035年氢燃料电池汽车成本将具有与内燃机汽车同等的竞争力并基本接近国外先进水平。

（二）氢能清洁高效供应网络

当前，即使在氢能产业发展领先的地区，也存在着氢能基础设施不完善的问题。随着产业发展的持续升温，构建完善的氢能供应保障体系将至关重要。各地应基于本地氢能的供需情况，健全氢能全产业链技术标准体系，合理布局氢能制、储、运、加基础设施，支持利用现有的能源供给场地和设施，打造油、气、电、氢综合能源供给的创新模式，持续提升氢能供应的清洁低碳、高效经济和安全便捷。氢能供应体系的建设并非一蹴而就，需要政府、企业和科研机构等形成合力、紧密协作、持续推进。

绿氢是可再生能源规模化高效利用的重要载体，具备大规模、长周期储能优势，还可以促进异质能源跨地域和跨季节优化配置，未来必将在多元互补融合的现代能源供应体系中发挥关键的枢纽作用。中国氢能产业联盟预计到2030年碳达峰期间，我国氢气的年需求量将达到约4000万吨，在终端能源消费中占比约为5%，其中可再生氢供给可达约770万吨。到2060年碳中和的情境下，氢气的年需求量将增至1.3亿吨左右，在终端能源消费中的占比约为20%，其中70%为可再生能源制氢。

2021年和2022年，伴随国内一些绿氢项目相继投产，电解槽市场进入爆发式增长阶段。截至2021年10月，我国已有9个氢能项目投入运行，其中陆上风电制氢2项（河北张家口海珀尔风电制氢项目一期工程，河北沽源风电制氢项目一期工程），光伏制氢2项（甘肃兰州新区精细化工园光伏制氢项目，辽宁大连同济-新源加氢站）。2022年6月，国内首座兆瓦级氢能综合利用示范站在安徽六安投运，项目采用的兆瓦级PEM纯水电解制氢系统及燃料电池系统设备均为具有自主知识产权的国内首台首套，标志着我国首次实现兆瓦级制氢-储氢-氢能发电的全链条技术贯通。2022年7月，国家电网浙江台州大陈岛氢能综合利用示范工程投运，预计每年可消纳岛上富余风电36.5×10^4kW · h，产出氢气73000m^3。2022年10月，国家电网浙江丽水缙云水光氢生物质近零碳示范工程投运。该工程创造性地利用绿氢提纯沼气，构建了“绿电-绿氢-生物质”等多种绿色能源一体化的能源综合利用系统，预计每年可产出生物天然气2万米^3，氢气18万米^3。2022年以来，各地区“十四五”氢能项目进入设计招标和开工建设阶段，第三季度更是呈现出爆发式的签约、开工状态。这些项目涵盖绿氢制取，氢气存储、加注，氢燃料电池重卡，氢燃料电池汽车，氢燃料电池热电联供，质子交换膜生产，氨现场制氢加氢等多个领域。2021年11月30日，我国首个万吨级光伏绿氢示范项目——中国石化新疆库车绿氢示范项目正式启动建设。

项目投产后，预计绿氢年产量2万吨以上，储氢规模约21万米^3，输氢能力$2.8\times10^4m^3/h$，是全球最大绿氢生产项目。近期，开工项目还有：包头市氢能产业与可再生能源一体化项目暨14兆瓦分散式风电与氢能项目、库尔勒绿氢制储加用一体化示范项目、江苏源氢新能源项目（位于重庆市礼嘉镇）、中国能建兰州新区氢能产业园项目、内蒙古风光制氢一体化示范项目、唐山迁安市氢能产业园项目等。

与此同时，加氢站、氢能管网等基础设施建设也在积极推进中。加氢站建设主要是把现有加油加气站的场地设施进行改扩建，尝试站内制氢、储氢和加氢一体化。根据《氢能产业发展中长期规划（2021—2035年）》，预计2035年我国加氢站数量将超过5000座，2022～2035年复合增长率将达到25.1%。另外，一些地区已经启动纯氢输送管道建设，同时尝试利用现有天然气管道进行掺氢输送。2022年7月4日，玉门油田建造的甘肃省首条中长距离输氢管道主线路全线贯通，该条输氢管道连接玉门炼厂氢气加注站，全长5.77km，直径200mm，设计输氢能力为$10000m^3/h$。

1. 氢源结构呈“稳灰增绿”

（1）灰氢仍是主体，发展空间有限　碳达峰碳中和目标下，发展氢能已成为能源行业减碳共识。中国氢气产量有望迎来快速增长阶段，氢气在终端能源消费中的占比也将逐年提升。目前，国内氢能需求仍以化工领域为主，其中合成氨行业对氢气的需求基本稳定在1000万吨左右，交通、冶金等行业氢气需求还有明显增长空间。预计到2030年、2050年，中国氢气的产量将分别达到3715万吨、6000万吨，在终端能源消费中的占比将分别达到5%、10%（图3-6）。

现阶段，全球96%左右的氢气来源于化石能源制氢，其中天然气制氢为主流制氢方式，电解水制氢占比较低，但呈现增长势态。中国受限于“富煤少气”的能源结构，天然气制氢成本较高。与之相比，中国煤制氢技术成熟，传统煤化工和焦炭行业已形成完整的制氢工艺体系

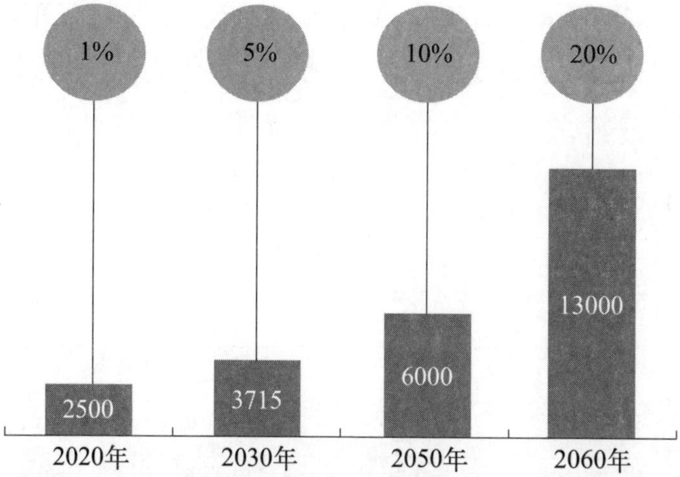

图3-6　中国氢气需求量及终端能源消费占比（万吨，德勤中国）

和完整的产业链条。尽管煤制氢过程排放强度较高，但原料煤炭来源稳定，经济性显著，目前已占全国氢气产量60%以上。由于基数较大，煤制氢在今后一段时期内仍将是中国氢能供应体系的重要组成部分，也是近期低成本氢气的主要来源。

中国电解水制氢仍处于发展初期，占全国氢气产量约1.5%，未来增长空间巨大。2021年，电解槽装机量快速增长，电解水制氢已成为资本布局的热点。据《全球氢能观察2021》数据分析，当前国内电解水制氢总产能约为70万吨，市场投资总额约38.5亿元。预计2025年国内电解水制氢总产量将达到300万吨，市场投资额约为1022亿元。据中国氢能联盟预测，2030年、2050年中国可再生能源电解水制氢占比将分别达到15%、70%。

低成本供应是氢能规模化应用的前提。尽管现阶段煤制氢成本较低，但考虑到将来加装碳捕集、利用与封存（CCUS）及碳价等因素，灰氢成本将逐渐提升，而绿氢受益于新能源发电的快速发展，制氢成本将不断降低。“十四五”期间，中国将积极利用工业副产氢，并大力开展可再生能源电解水制氢示范，氢气平均制备成本降至25元/kg；到

2030年，国内电解水制氢规模将达到75GW左右，氢气平均制备成本20元/kg左右；远期到2050年，中国将以可再生能源发电制氢为主，氢气平均制备成本降至10元/kg（图3-7）。

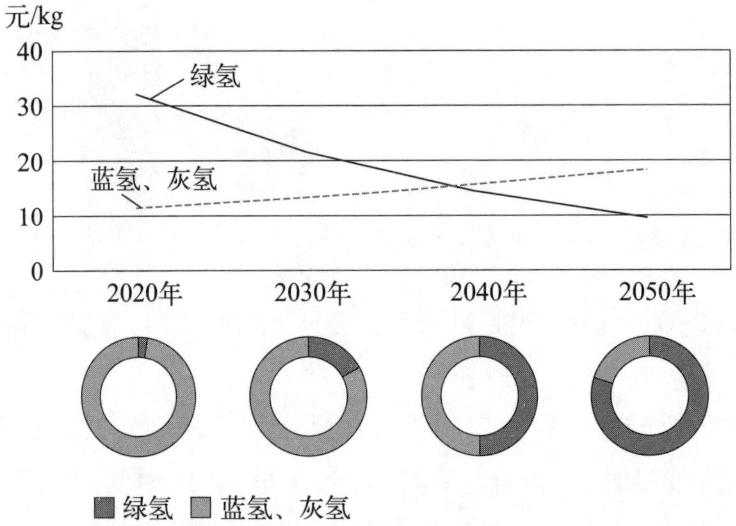

图3-7　中国各类制氢成本及供应结构预测（德勤中国）

（2）绿氢示范提速，多条路线并重　电解水制氢技术路线多样。根据电解质的不同，电解水制氢技术分为碱性（ALK）、质子交换膜（PEM）、固体氧化物（SOEC）和AEM阴离子交换膜四大类。

碱性水电解技术作为最成熟的电解技术在市场上占据主导地位。在中国碱性电解槽应用广泛，商业化程度高，但也存在能耗较高、电解效率偏低等弊端。目前碱性电解槽基本实现国产化，价格在1500元/kW左右。与碱性电解槽相比，PEM电解槽运行灵活，更适应波动性可再生能源电源，但国内PEM电解水技术仍与国际先进水平存在较大差距，电解槽关键材料仍需依赖进口，设备投资成本较高，整体处于研发示范阶段。SOEC电解水能量转换效率较高，但仍以实验室千瓦级为主，与商业运营有较大距离，现有示范项目主要布局在欧洲及日韩。目前用户对技术路线的选择仍存在分歧，国内多家电解槽厂商均推出了动态响应能力较高的碱性电解槽产品，极大地扩展了碱性电解槽的适用场景，有利于延续国内电解槽技术与产业的优势。

2021年以来，中国绿氢示范项目数量持续增长，电解水制氢进入大规模示范新阶段（表3-1）。随着大容量电解槽的出现，部分项目开始探索商业化运营模式。大规模示范有利于提高国内可再生能源制氢的工程能力，扩大绿氢生产规模，降低绿氢成本。预计到2025年，碱性和PEM电解槽成本将在目前的水平上降低35%～50%，从而推动氢能在下游多元场景的创新应用，加快绿氢对灰氢的替代进程。

宝丰能源建设的国家级太阳能电解水制氢综合示范项目包括2×10^5kW光伏发电装置、每小时产能为$2\times10^4m^3$氢气的电解水制氢装置，为全球已知单厂规模最大和单台产能最大的电解水制氢项目。河北省张家口绿色氢能一体化示范基地项目在冬季奥运会期间为张家口赛区的氢燃料电池汽车提供约50%的绿氢。2021年11月，中石化库车绿氢示范项目投建，投产后年产两万吨绿氢，是国内规模化光伏发电制氢的重大突破。

表3-1　近期我国绿氢示范项目[①]

时间	地区	项目建设主体	项目名称
2021年3月	河北	国家电投集团涞源东方新能源发电有限公司	国家电投3×10^5kW光伏+制氢应用示范项目
2021年5月	广西	华润电力	华润电力上思（风光储氢）1×10^6kW一体化基地项目
2021年5月	河北	国家电力投资集团河北电力有限公司张家口分公司	国家电投宣化风光储氢综合智慧能源示范项目
2021年5月	内蒙古	中石化新星内蒙古绿氢新能源有限公司	鄂尔多斯1万吨/年绿电制氢项目
2021年6月	甘肃	中国能建、甘肃院、葛洲坝装备公司	张掖市光储氢热综合应用示范项目

续表

时间	地区	项目建设主体	项目名称
2021年6月	浙江	浙江宁波供电公司	浙江宁波慈溪氢电耦合直流微网示范工程
2021年6月	河北	中智天工有限公司	涞源可再生能源制氢项目
2021年7月	山东	中国能源建设集团投资有限公司、中国葛洲坝集团三峡建设工程有限公司	风光储氢一体化项目
2021年7月	内蒙古	花店福新能源发展有限公司	达茂旗2×10^5kW新能源制氢工程示范项目
2021年8月	陕西	国家能源集团陕西电力有限公司	国家能源集团陕西电力有限公司光储氢综合应用一体化项目
2021年8月	河北	唐县电投新能源发电有限公司	国家电投2×10^5kW光伏+制氢应用示范项目
2021年9月	内蒙古	鄂尔多斯市京能新能源科技有限公司	鄂尔多斯市鄂托克前旗250兆瓦光伏电站及氢能综合利用示范项目
2021年9月	内蒙古	鄂尔多斯东润清能新能源有限公司	鄂尔多斯市达拉特旗光储氢车零碳生态链示范项目
2021年9月	内蒙古	深能北方能源控股有限公司	鄂尔多斯市鄂托克前旗上海庙经济开发区光伏制氢项目
2021年10月	浙江	国网杭州供电公司	杭州亚运低碳氢电耦合应用示范项目
2021年10月	安徽	中国三峡新能安徽分公司	淮南市潘集区光储氢基地
2021年10月	内蒙古	鄂尔多斯市瀚峡新能源有限公司	准格尔旗纳日松光伏制氢产业示范项目
2021年10月	山西	北京京能国际控股有限公司	800MW光伏制氢源网荷储一体化项目
2021年11月	新疆	中石化新星新疆绿氢新能源有限公司	新星石油公司新疆库车绿氢示范项目（氢工厂部分）

续表

时间	地区	项目建设主体	项目名称
2021年12月	河北	河北建投新能源有限公司	围场御道口牧场风电、光伏制氢示范项目
2021年12月	甘肃	中国石油	中国石油玉门东160兆瓦光伏制氢示范项目
2021年12月	内蒙古	北京京能清洁能源电力股份有限公司	京能清洁能源500兆瓦风能光伏发电制氢

① 氢云链数据库。

尽管近期绿氢示范持续升温，但应理性认识绿氢规模示范中存在的问题。中国风电、光伏发电制氢项目集中在西北、东北、华北北部等可再生能源资源富集地区，应妥善处理可再生能源发电与制氢的关系，积极开拓绿氢下游应用。宝丰能源与中石化库车项目也都提出了光伏制氢与大规模用氢化工项目的结合方案，为打通绿氢全产业链做出了有益探索。

2. 氢能储运呈“多点突破”

（1）立足高压气氢，探索多重方式　高压气态储运技术成熟、基础设施依赖度相对较小，是目前氢气运输的主要手段。但高压气态氢气储运能力较小，运输半径有限，难以适应长距离、大容量氢气运输需求。目前Ⅳ型储氢瓶质量小、储氢容量高，随着国内氢气储运标准的逐步完善以及国产化程度的不断提升，Ⅳ型瓶有望得到进一步推广。

管道输氢可实现大规模、常态化、低成本的氢气长途运输，是未来氢气储运体系的重要组成部分。但目前中国管道输氢仍处于起步阶段，氢气管网仅有300～400km，最长的输氢管线为“巴陵—长岭”氢气管道，全长约42km、压力为4MPa，已累计运行8年。2021年6月，中国石油天然气管道工程有限公司成功中标河北定州到高碑店长输氢管道可行性研究，项目规划全长145km，年输氢量10万吨，是国内目前规划建设最长输氢管道。2021年8月，中国标准化协会发布了《中国标准化协会关于公开征求〈天然气掺氢混气站技术规程〉意见的通知》，管道输氢标准取得一定突破。

液氢方面，2021年11月，国家市场监督管理总局国家标准化管理委员会批准发布的三项液氢国家标准：GB/T 40045—2021《氢能汽车用燃料 液氢》、GB/T 40060—2021《液氢贮存和运输技术要求》、GB/T 40061—2021《液氢生产系统技术规范》正式实施。2021年12月，浙江省石油股份有限公司旗下全国首座液氢油电综合供能服务站在浙江省平湖市正式启用。2021年2月，重塑集团、佛燃能源、国富氢能、泰极动力四方签约，推动建设三座液氢储氢型加注站，日加氢量最高可达2000kg/d。此外，以中科富海、国富氢能、鸿达兴业、航天六院101所为代表的企业和科研机构在液氢相关技术及项目上不断取得进展（表3-2）。随着工程项目建设的不断展开，液氢成本有望显著下降，预计到2050年液氢储运成本降幅有望超过50%。

表3-2 2021年国内液氢相关项目

时间	机构	事件	详情
2021年2月	重塑集团、佛燃能源、国富氢能、泰极动力	液氢储氢加氢站项目	推动建设三座液氢储氢型加注站，日加氢量最高可达2000kg/d；同时开展自主液氢与深冷高压技术和装备的开发
2021年5月	中科富海	定州液氢全产业链示范项目	提供液氢温区、液氦温区大型低温制冷装备等先进低温装备以及氢能应用系统解决方案等服务
2021年6月	久泰集团、空气产品公司	呼和浩特首个万吨级绿色液氢项目	建设年产1万吨绿色液氢能源项目，计划在呼和浩特市主城区和托克托县投资建设20座液态加氢站，构建绿色氢能物流和公共交通体系，实现闭环产业链

续表

时间	机构	事件	详情
2021年6月	鸿达兴业	年产五万吨氢能源项目	计划募集资金55亿元，主要用于投资年产五万吨氢能源项目，其中3万吨为液氢，经深冷液化后以液氢瓶或专用运输车辆向全国范围内销售
2021年6月	航天六院101所	定西液氢工厂项目	立足于航天六院在液氢领域的技术经验以及定西市丰富的可再生资源，双方将在液氢生产工厂、氢能应用示范区、生态科技创新城等领域推进务实合作
2021年9月	河北旭阳氢能	河北旭阳氢能综合项目	总投资1.9亿元，主要建设12000kg/d高纯氢生产装置、1000kg/d液氢示范装置以及高标准的氢能检测中心
2021年10月	航天六院101所	陇西液氢生产基地项目	总投资66.4亿元，计划建设2座液氢生产基地（预计年产6500t液氢），同步发展氢燃料电池车辆组装、医疗应急动力方舱等配套产业，全力打造氢能标准化产业园
2021年12月	奥扬科技	500L液氢供氢系统亮相	其独立研发、设计、制造的500L液氢供氢系统，储氢量达31.5kg，可用于燃料电池公交车、物流车、牵引车等车型
2021年12月	浙江省石油股份有限公司	建成全国首座液氢油电综合供能服务站	16辆氢能源公交车将投入到城市公交6路和7路两条线路进行示范运营。这是平湖市首次对于氢能源公交车的场景运用

目前有机液体储氢（LOHC）和固态储氢仍处于技术研发示范阶段。液态有机物载体具有储能质量密度大（6%以上）、常温常压下储运安全可靠、脱氢响应速度快等优点，但其技术操作条件较为苛刻，需要

催化加氢和脱氢装置，脱氢反应需低压高温非均相条件，否则影响脱氢纯度（冷启动脱氢时会燃烧少量有机化合物）。固态储氢材料体积储氢密度大（金属氢化物储氢达150g/L），是储氢技术研发的前沿方向。

（2）加氢设施猛增，逐渐形成网络　随着中石化等能源央企加大加氢基础设施的投资和建设力度，中国加氢站数量呈现快速增长趋势（图3-8）。2021年，中国新建近100座加氢站，累计建成数量达到218座，位居全球首位。国内加氢站主要分布在北京、山东、湖北、上海等燃料电池汽车产业发展较快的地区。2021年，氢枫能源、国富氢能、厚普股份、海德利森、上海舜华等一大批企业提出加氢站建设整体解决方案。“十四五”期间，随着全国“3+2”燃料电池汽车示范格局的正式形成，氢燃料电池汽车推广数量将快速增加，加氢站建设也将提速。预计到2025年，中国将建成1000座加氢站。

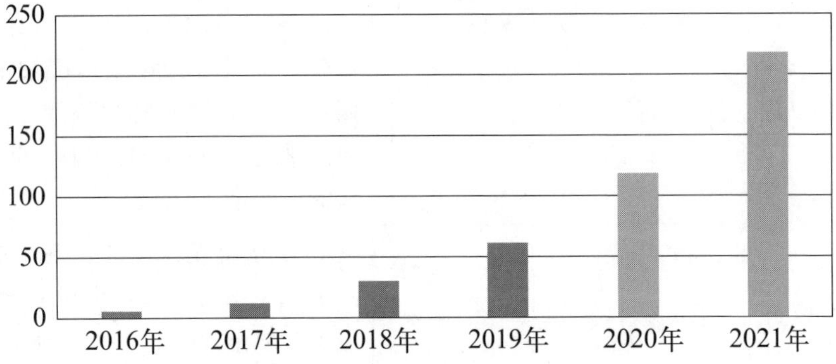

图3-8　中国加氢站历年建成数量

（单位：座。中国电动汽车百人会氢能中心根据公开数据整理）

中国加氢站建设参与主体呈现多样化趋势，氢能产业各环节的企业都有参与加氢站建设的案例，如上游的能源、化工和气体公司以及专业的加氢站建设运营商和设备供应商，中游的燃料电池电堆和系统企业，下游的整车企业和车辆运营企业。现阶段，加氢站技术趋于成熟，关键设备基本实现国产化。当前加氢站的建设成本较高，加注量1000kg/d

的35MPa加氢站建设成本高达1500万元，是加油站的数倍，其中氢气压缩机、储氢装置、加注机、站控系统等约占加氢站总投资的60%。补贴政策、技术进步与规模效应带来的加氢站成本下降是提升加氢站数量的主要驱动因素。目前示范城市大多按照加氢站设备投资额或整体投资额的一定比例给予补贴，并按照加氢能力设置补贴上限，最高补贴额200万～600万元/站不等，同时给予加氢站销售补贴和税收优惠等扶持政策。传统石化企业普遍通过打造油气电氢合建站来拓展加氢基础设施网络。展望未来，加氢站建设运营成本仍有一定下降空间。到2025年，加氢站投资有望下降30%左右，加氢站利用率的提升也将摊薄设备投资及运营成本。

3. 绿氢发展面临重大机遇

（1）需求驱动供给，未来潜力巨大　碳中和目标的提出为绿氢发展提供了重大契机。由于可再生能源发电出力置信水平低、转动惯量不足，实现高比例可再生能源电力系统的安全稳定运行仍面临较大挑战。氢储能具备大规模、长周期等优势，可实现可再生能源电力在不同时间、空间尺度上转移，有效提升能源供给质量和可再生能源消纳利用水平，将成为应对可再生能源随机波动、拓展电能利用场景的重要途径。

当前中国绿氢发展迎来前所未有的战略机遇期。受益于中国燃料电池汽车产业的发展，氢能在交通领域的消耗量将持续增加。钢铁行业将成为工业领域绿氢的主要增量用户。化工领域绿氢对灰氢的替代也有巨大发展空间。当前绿氢整体处于产业导入阶段，制约绿氢规模化发展的核心因素在于制氢成本。绿氢的规模化示范将有助于突破当前绿氢在制储运用等各环节面临的技术瓶颈，提升绿氢产业链规模效应，提高绿氢市场竞争力。特别是在“双碳”目标下，绿氢的发展已箭在弦上，中国更应通过规模化示范带动绿氢相关的技术研发和设备改进，建立健全绿氢相关标准，加大对绿氢的生产、分销及应用方面的投资，加强碳市场及碳税政策对绿氢的支持，积极探索绿氢商业运营模式，提高绿氢的公众认可度和市场接受度。

（2）降本预期乐观，竞争优势明显　2021年，在应对全球气候变化的大背景下，社会各界对绿氢成本下降有了更高预期。绿氢成本加速下降的主要因素包括可再生能源电价和电解槽设备两方面。可再生能源电价是绿氢成本的主要组成部分，占比达到60%～70%。目前可再生能源在全球范围逐步实现发电平价，未来发展潜力巨大。未来十年中国风电、光伏每年新增装机规模预计分别在5000万千瓦和7000万千瓦左右，进而带动可再生能源发电成本进一步下降。预计到2030年，光伏发电成本将下降至0.15元/（kW·h），陆上风电成本下降至0.2元/（kW·h），海上风电成本有望低于0.4元/（kW·h）。发电成本的不断降低使得电解水制氢逐步具备市场竞争力。在保证一定利用率的情况下，按可再生能源发电成本0.2元/（kW·h），电解水制氢能量转换效率60%计算，电解水制氢成本已接近化石能源制氢（不考虑碳价）。当电价降至0.15元/（kW·h），电解水制氢的经济性将开始优于化石能源制氢。随着可再生能源发电占比的提升，电力系统季节性调峰压力不断加大，接近零成本的弃风电、弃光电将成为未来电解水制氢的重要电源（图3-9）。

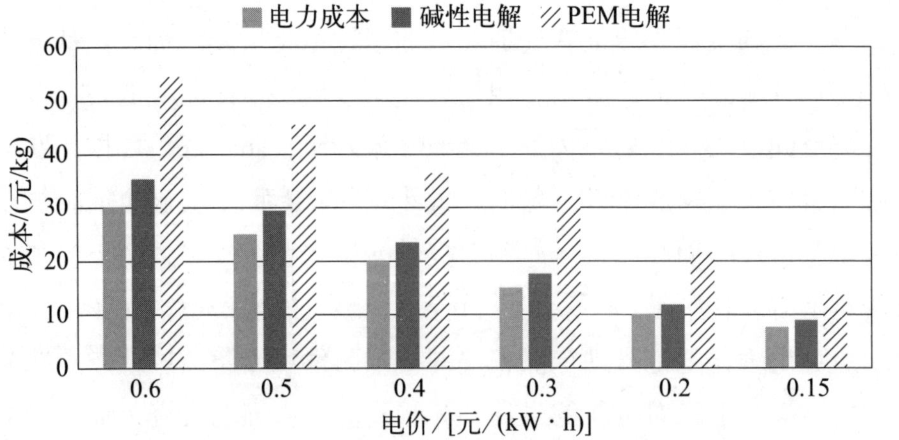

图3-9　不同电价对电解水制氢成本的影响（中国电动汽车百人会氢能中心）

除电价因素外，各类电解水设备也具有显著降本空间。随着产业规模不断扩大，单位产品生产成本随生产总量递减，单体规模的扩大可以使电力转换、气体处理等模块的单位成本摊薄，生产规模的扩大也将降低单台设备分摊的制造费用。如果电解槽设备产量从每年的50件增加至1000件（1MW/件），通过降低材料成本并提高制造的自动化和标准化，就可将制造碱性水电解槽设备的成本降低30%～40%，并将外围设备成本减少20%～30%。而对于PEM电解槽，设备成本将下降40%～50%，外围设备成本下降20%～30%。参照光伏、锂电池行业的发展历程，规模效应会形成成本下降的曲线。随着规模与产业化程度的提升，电解水制氢设备的成本有望进入快速下降通道。在1.5° C气候目标带动下，到2030年电解槽的成本有望降低40%以上，2050年有望下降60%以上（表3-3）。

表3-3 ALK、PEM及SOEC电解槽设备投资成本预测表①

项目	2020年	2030年	2050年
ALK投资成本	1500元/kW	1000元/kW	500元/kW
PEM投资成本	5000元/kW	2000元/kW	500元/kW
SOEC投资成本	>10000元/kW	5000元/kW	1000元/kW

① 中国电动汽车百人会氢能中心。

此外，效率进步也是绿氢成本下降的关键因素。当前电解水制氢效率约为55kW·h/kg（即生产1m³氢电耗5kW·h）。通过生产工艺和控制优化，辅以材料优化（如更薄的隔膜、更高效的催化剂等），未来电解水能量转换效率有望降低至40kW·h/kg（即生产1m³氢需要约3.57度电），从而进一步降低绿氢成本。

（三）氢能的应用

在推动氢能发展的过程中，各国政府根据自身资源禀赋、产业基础、现实诉求等因素，制定了分阶段分领域发展战略，并在实践经验中不断完善，逐步形成了各具特色的发展模式。特别在交通、工业、建筑、储能等多个领域，多个国家和地区已开展一系列实践探索，氢能已成为其能源战略的重要组成部分。

经过近几年的快速发展，中国的氢能产业已初具规模。2021年，中国碳达峰碳中和“1+N”相关文件的发布[1]、燃料电池汽车示范城市群的启动、各级利好政策密集出台以及大型央企积极布局、资本市场高度青睐等，都极大助推了中国氢能应用的发展。种种迹象表明，中国正在形成更为清晰的氢能发展定位，氢能浪潮逐渐席卷经济社会各领域。供给方面，制氢是2021年投资力度最大的环节，其中，可再生能源制氢备受关注，绿氢规模将持续扩大。应用方面，五大示范城市群超过3.8万辆燃料电池汽车的推广应用、“氢进万家”示范工程、宝武等钢铁企业积极开展的氢冶金示范和各地如火如荼的风光储氢一体化项目将进一步推动氢能在交通、建筑、工业、储能领域的应用。当前，在国家“双碳”战略的政策驱动下，应充分利用氢能全产业链优势，开展关键技术的联合攻关与创新，推动氢能产业取得进一步高质量发展，助力关联产业实现绿色转型升级。

氢能的多场景大规模应用对实现双碳目标至关重要。目前中国正处于氢能技术持续进步、成本快速下降、产业能力不断提升、基础设施瓶颈逐步缓解的阶段，这为氢能多元场景应用示范提供了条件。中国近九成的氢气产量应用在石油化工领域，且以化石能源制氢为代表的灰氢为主，为降低行业减碳压力，绿氢的增速发展势在必行。据中国氢能联盟预测，到2030年，中国氢气的年需求量将达到3715万吨，在终端能源

---

[1] “1+N”政策体系，“1”是指《中共中央 国务院关于完整准确全面贯彻新发展理念做好碳达峰碳中和工作的意见》，是总体和长远的目标，发挥统领作用；“N”是指国务院印发的《2030年前碳达峰行动方案》为首的政策文件，包括能源、工业、交通运输、城乡建设等分领域分行业碳达峰实施方案。目前，我国的碳达峰碳中和“1+N”政策体系已基本建立。

消费中占比约为5%；到2060年，中国氢气的年需求量将增至1.3亿吨左右，在终端能源消费中的占比约为20%。其中，工业领域用氢占比仍然最大，占总需求量的60%，其次分别为交通运输领域、新工业原料、工业燃料等。氢能在交通、工业、建筑、储能等多领域、多场景推广应用，将带动全产业链向规模化、商业化持续发展。

氢能是用能终端实现低碳化的重要能源载体。然而，从氢能的实际应用来看，目前工业和交通为氢能的主要应用领域，建筑、发电等领域仍然处于探索阶段。根据中国氢能联盟预测，到2060年工业领域和交通领域氢气使用量分别占比60%和31%，电力领域和建筑领域占比分别为5%和4%。

1. 交通运输领域

交通运输领域是我国碳排放主要终端部门之一，2020年，其碳排放量达到9.3亿吨，占全国终端碳排放的10%左右。因此，交通部门的脱碳情况影响着我国整个碳中和进程（中国电动汽车百人会，2020）。在《2030年前碳达峰行动方案》中明确提到，要推动运输工具装备低碳转型并积极扩大燃料氢等新能源、清洁能源在交通运输领域应用。未来，氢能替代燃油、天然气等高碳排放化石燃料，助力交通运输的低碳转型，将是中国交通运输行业的重要发展趋势之一。

《氢能产业发展中长期规划（2021—2035年）》提出，到2025年实现燃料电池汽车（FCV）保有量约5万辆的目标（国家发展和改革委员会，2022）。以氢燃料电池大型客车为基准，该规模预计可每年减少交通运输领域约三百万吨的碳排放。然而在2021年，中国燃料电池汽车保有量仅为8938辆（中国汽车工业协会，2022），整体规模偏小，与5万辆的目标还存在较大差距，因此需要更多的激励措施推动氢燃料电池汽车的规模化发展。

燃料氢可以由多种原材料、多种生产途径制得，包括电力、煤炭、天然气等等。各制氢方式的碳强度有所不同，因此选择真正低碳的燃料氢对交通部门低碳化发展至关重要。正因如此，中国正致力于推动绿氢的生产，也就是由可再生电力电解水制氢生产的氢气，具体目标是到2025年绿氢的年产量达到10万～20万吨（国家发展和改革委员会，2022）。同时，为了扩大燃料电池汽车的规模和低碳氢的使用，中国在2020年推出了燃料电池汽车示范城市群项目。

氢燃料电池汽车是一种重要的新能源汽车，也是氢能在人们生活领域的重要应用。相对于电动汽车，氢能源汽车能够更好地适应低温严寒环境，续航里程更长，并且加氢时间更短（只需5～10min）。氢能的能量密度是汽油的3倍，锂电池的150倍，氢燃料电池汽车的续航里程很容易达到甚至超过现有燃油汽车。2020年，部分城市率先推出氢能公交车，均价在200万～300万元/辆，价格偏高。2021年8月、12月，我国先后两批次启动燃料电池汽车城市群示范应用推广，目前已经形成“3+2”（京津冀、上海、广东、河北、河南）示范格局。2022年2月，北京冬奥会开创了国际奥运赛事大规模用氢的先例，不仅首次采用氢能作为全部火炬燃料，还投入运行超过1000辆氢燃料电池汽车，并配备30多个加氢站。2022年7月25日，国内首款量产氢燃料电池轿车——长安深蓝SL03正式上市。此外，2022年还有不少氢燃料电池重卡、牵引车、客车等订单完成交付。例如，一汽解放氢燃料重卡，上汽大通MAXUS MIFA氢燃料电池MPV，上汽红岩氢燃料电池重卡，上汽轻卡燃料电池冷链物流车，东风柳汽乘龙H7氢燃料电池牵引车，乘龙M3氢燃料电池卡车，中国重汽黄河品牌氢内燃机重卡、氢燃料电池重型牵引车，潍柴动力氢燃料电池汽车，北汽福田智蓝氢燃料电池自卸车、牵引车，安凯氢燃料电池客车，佛山飞驰商用车、重卡、牵引车，格罗夫49t氢能重卡，厦门金龙氢燃料电池客车，宇通集团氢燃料电池客车、环卫车、卡车，奇瑞氢燃料电池公交车，安徽合力氢能叉车，等等。如图3-11所示，2022年燃料电池汽车产销量均实现翻番增长。根据中国汽车工业协会的统计数据，2022年1—9月，燃料电池汽车产销量分别是2374辆和2092辆，同比分别增长170.7%和130.7%，发展明显提速（图3-10）。

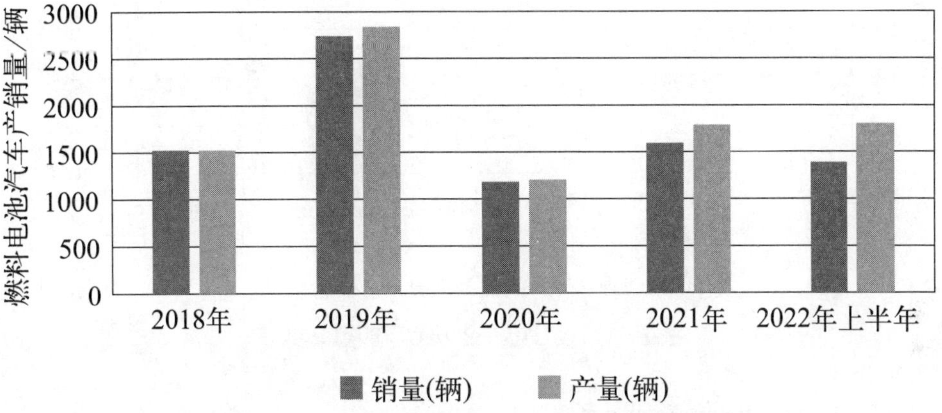

图3-10　2018—2022年燃料电池汽车产销量

加氢站是为燃料电池汽车充装氢气燃料的专门场所，是氢能源产业发展的重要基础设施。我国高度重视加氢站的建设，2014年国家首次发布针对加氢站的补贴政策，2019年推动加氢设施建设正式写入政府工作报告。2020年9月，财政部、工业和信息化部等五部门联合开展燃料电池汽车示范应用，将“运营至少2座加氢站且单站日加氢能力不低于500kg”作为示范城市群申报的基础条件，这项政策对于氢燃料电池汽车走入普通大众起到良好的带动作用。2021年中国新建100座加氢站，累计建成数量达218座，位居世界首位。仅2022上半年，已建成加氢站超270座（图3-11）。

氢动力火车其实就是使用氢燃料电池作为动力的火车。氢动力火车的优点在于不需要对现有铁路轨道进行改建，也无需配套建设普通电气化铁路的接触网、变电站，建设成本低，运维简单。氢动力火车使用氢燃料电池，输入能源为氢气，排放物为水，真正实现了零污染、零排放，并且具有噪声小、续航里程长、维护成本低等优点。2019年12月30日，世界首条氢能源有轨电车示范线项目在佛山高明正式投入商业

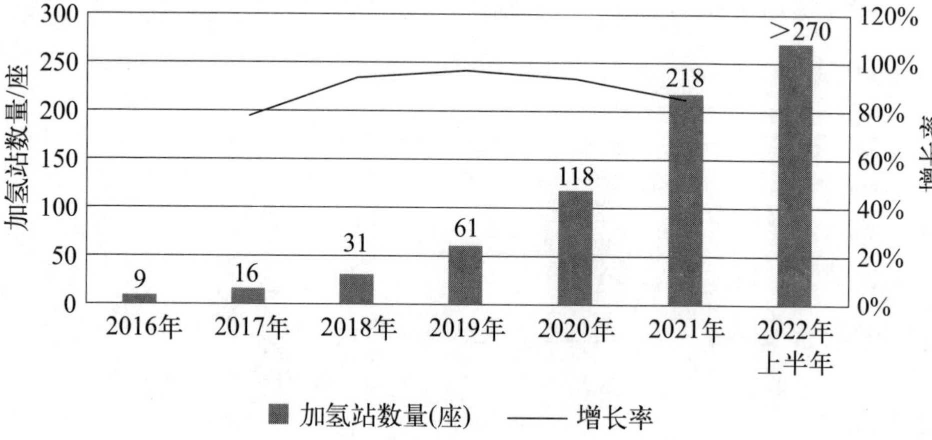

图3-11 2016—2022年加氢站数量

运营。该线路首期工程长约6.5km，设车站10座，其中换乘站1座。最高运行速率为70km/h，采用3节编组，最多可载客350人。该车加满一次氢气，可持续行驶约100km，加满一次氢气只需15min左右。2021年10月29日，全国首台氢燃料电池混合动力机车从国家电投锦州—白音华铁路（简称锦白铁路）大板东站成功驶出，开创国内氢能机车上线试运行的先例。这台机车设计速率达80km/h，满载氢气可单机连续运行24.5h，平直道最大牵引载重超过5000t，截至2022年11月25日已在锦白铁路线上安全运行2万公里以上。2022年4月30日，国家能源集团重载铁路加氢站科研示范项目正式建成，该加氢站主要给新朔铁路上的一台大功率氢能源动力调车机车和一台“氢燃料电池+锂电动力电池”为动力的接触网作业车供应氢能。这两台机车均系国内首创，但都属于协助铁路运转的作业机车，而非牵引重载货车的机车。区别于汽车加氢站，重载铁路加氢站加注容量更大、加注速度更快。通常来说，一辆燃料电池大巴的车载储氢量大约是20多公斤，而氢能源调车机车的储氢量需要100多公斤。

氢能源还为低碳化航运和航空提供了可能。我国部分企业和机构基于国产化氢燃料电池技术进步已经启动了氢动力船舶研制。2022年

6月，由三峡集团长江电力与中国船舶集团第七一二研究所合作研发建造的国内首艘内河氢燃料电池动力工作船——“三峡氢舟1号”，在广东省中山市正式开工建造。三峡氢舟1号是以氢燃料为主、辅以磷酸铁锂电池动力的双体交通船，采用钢铝复合结构、全回转舵桨推进，总长49.9m，型深3.2m，设计吃水1.85m。氢燃料电池额定输出功率为500kW，最高航速达28km/h，续航里程可达200km。建成后主要用于三峡库区及三峡大坝、葛洲坝之间交通、库区巡查、应急等工作。氢动力飞机将可能成为中短距离航空飞行的减碳方案，欧盟与英国计划在2030年前对此进行基础性技术研究，并开展航空试验。

（1）燃料电池汽车发展现状　氢燃料电池汽车适用于中长途、高载重、固定路线货运场景。其中，中长途指行驶里程在400～800km，燃料电池相比纯电动技术的续航优势更加明显；高载重指燃料电池及储氢系统质量能量密度远高于电动汽车动力电池，大幅提升了重型货车载货能力；固定路线指车辆运营路线相对固定，便于布局加氢站等配套基础设施。

2021年全国燃料电池汽车产量为1790辆，销售量为1596辆，同比分别增加49%和35%（见图3-12）。截至2021年底国内燃料电池汽车保有量约9000辆，共建成218座加氢站。现阶段氢燃料电池汽车处于起步阶段，以氢燃料电池商用汽车为主。随着5大示范城市群相继落地，

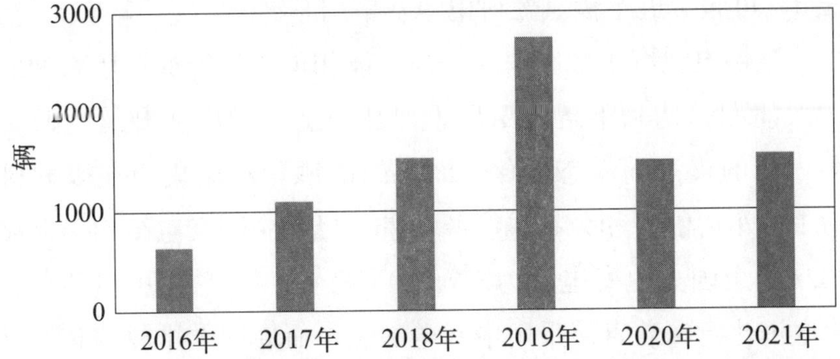

图3-12　燃料电池汽车历年销量（中国电动汽车百人会氢能中心根据公开资料整理）

“十四五”期间燃料电池车及加氢站有望迎来大面积推广。根据中国汽车工程学会组织编制的《节能与新能源汽车技术路线图2.0》，2025年中国氢燃料电池汽车保有量将达到10万辆左右，加氢站1000座，2030年燃料电池汽车将达到100万辆左右，加氢站5000座。预期2021—2025年中国氢燃料电池汽车年复合增长率有望达到68%，预期市场规模有望达到800亿元。

当前氢燃料电池汽车所处的发展阶段与2010年前后的纯电动汽车相似。在政策层面，国家级技术标准的制定，中央与地方的相关产业政策与规划的出台以及在试点城市实行的补贴政策，有力推动了产业的前期发展；在应用层面，优先推广商用车有效带动了乘用车领域市场需求。氢能在客车、轿车、卡车、物流车、工程车辆等商用车上的应用是行业趋势，尤其是在31t以上重型货车领域，燃料电池汽车技术应用前景广阔，发展潜力巨大。

2022年北京冬奥会开幕式上使用氢燃料点燃北京冬奥赛场的主火炬，示范运行超过1000辆氢燃料电池汽车，配备30多个加氢站，是全球规模最大的一次燃料电池汽车示范，包括来自丰田汽车、北汽集团、宇通客车、福田汽车等车企的氢燃料电池汽车均投入到此次冬奥会中。中石油、中石化、国电投等也都投入冬奥交通干路沿线加氢站建设，其中，中石油在北京冬奥赛区已建成4座加氢站，冬奥期间供氢能力达到5500kg/d，可服务近千辆氢燃料电池赛事用车。

（2）燃料电池汽车减碳作用　与电能相似，氢能的环境影响取决于上游一次能源结构和下游应用场景，其中上游一次能源结构随着可再生能源占比的提高而动态变化，而氢的能源化利用集中在以燃料电池发电为主的车用能源和分布式能源场景。目前中国发电结构仍以火电为主，2021年全国火电发电量为5.6×10^4kW·h，占总发电量的67%。较高的火电占比意味着直接采用电网电制氢生命周期碳排放偏高。以重卡为例，目前柴油重卡行驶每百公里（油耗45L/100km）生命周期碳排放约120kg CO_2；以当前全国平均发电碳排放强度，电动重卡行驶百公里（电耗140kW·h/100km）生命周期碳排放约90kg CO_2；而直接利用电网电制氢用于燃料电池重卡（氢耗9kg/100km），百公里行驶生命周期碳排放接近300kg CO_2，远高于其他车型。

综上所述，目前若直接利用网电电解水制氢，燃料电池汽车的综合排放明显高于电动汽车和燃油汽车。在清洁能源结构下，燃油汽车和混合动力汽车排放强度变化不大，而电动汽车和基于电解水制氢的燃料电池汽车排放快速下降。虽然电动汽车的综合排放仍然低于燃料电池汽车，但需要看到制氢过程将发电和用电在时间上进行了解耦，因此基于氢能的燃料电池汽车与基于可再生能源电力的能源系统具有更强的协同能力。

（3）氢燃料电池汽车发展展望　产品导入期（2021—2025年）：由于现阶段氢燃料电池汽车技术仍不够成熟，氢能供应基础设施体系尚未建立，预计2025年前，燃料电池汽车产业处于起步阶段，产业发展以示范城市群为核心展开，政策扶持仍是燃料电池汽车发展主要驱动力。

① 技术经济层面：突破氢燃料电池核心技术及关键材料，成本快速下降，初步构建氢能制、储、运、加的供应体系。

② 政策机制层面：2020年9月发布的“以奖代补”政策强调推动关键技术自主可控，侧重发展氢燃料电池中重卡等商用车。预计2025年前，燃料电池汽车将遵循早期纯电动汽车发展规律，即通过区域示范和财政补贴弥补成本劣势，刺激用户购买或租赁意愿，扩大下游应用规模。预计至2025年，燃料电池汽车保有量发展到5万～10万辆。

产业加速期（2026—2030年）：燃料电池技术快速进步、加氢基础设施不断完善、供氢成本持续下降。预计到2030年，燃料电池汽车将实现商业化运营。

① 技术经济层面：商用车推广应用带动氢燃料电池系统功率持续

提升，叠加上游零部件国产化、制造工艺进步等因素，预计到2030年单套燃料电池系统功率达到300kW以上，成本将下降85%左右，氢燃料电池汽车逐步从中轻卡、客车向氢燃料重卡产品拓展，相较柴油、纯电动车型竞争力显著加强。预计至2030年，燃料电池汽车保有量发展到接近100万辆。

② 基础设施层面：加氢站建设全面铺开，“油气氢电”等建站模式不断创新，氢能供应基础设施网络基本建立。

2. 工业领域

氢气还是合成氨、合成甲醇、石油精炼和煤化工行业中的重要原料，并且还有小部分副产气作为回炉助燃的工业燃料使用。从结构上看，2019年合成氨、甲醇、冶炼与化工所需氢气分别占比32%、27%和25%。以氨的生产为例，氨是氮和氢的化合物，广泛应用于氮肥、制冷剂及化工原料（其中，农业肥料占氨需求总量70%左右）。现阶段，我国制氨所需的氢气主要是通过蒸汽甲烷重整（SMR）或煤气化得到，每生产一吨氨会排放约2.5t二氧化碳。如果利用绿氢合成氨，则可以大大减少二氧化碳排放，但目前电解水制氢成本仍然偏高，绿氢进入工业领域还有待时日。

氢能还可以广泛应用于氢冶金、燃料等其他领域，其中以氢冶金领域对氢能的需求量最大。传统的高炉炼铁是以煤炭为基础的冶炼方式，碳排放水平非常高。氢冶金通过使用氢气代替碳在冶金过程中的还原作用，从而实现源头降碳。氢冶金技术分为高炉氢冶金和非高炉氢冶金两个大类。高炉氢冶金是指通过在高炉中喷吹氢气或富氢气体替代部分碳还原反应实现“部分氢冶金”，非高炉氢冶金技术以气基竖炉法为主流。我国氢冶金技术处于起步阶段，主要取决于政策的扶持与氢能基础设施的普及。为此，《“十四五”工业绿色发展规划》强调要大力推进氢能基础设施建设，推进钢铁行业非高炉低碳炼铁技术的发展。

（1）氢冶金　氢冶金是钢铁行业实现碳中和目标的革命性技术。碳中和目标下，钢铁行业面临巨大的减碳压力。绿氢在铁还原环节对煤、焦炭进行规模化替代，可以实现钢铁行业深度脱碳目标。

目前，基于碳冶金的钢铁行业碳排放量巨大。长流程高炉炼铁碳排放量约占整个钢铁生产碳排放的70%。2020年钢铁行业用焦炭量约3亿吨，仅焦炭带来的碳排放就达到11亿吨。鉴于钢铁行业碳中和目标的紧迫性，钢铁行业必须采用突破性的低碳炼铁技术减少碳排放或通过CCUS技术实现脱碳。氢冶金减碳技术路线主要分为两种：富氢还原高炉和氢气气基竖炉直接还原炼铁，其中富氢还原高炉技术碳减排可达10%左右，氢气气基竖炉直接还原炼铁碳减排潜力达到50% ~ 95%（图3-13）。

2021年5月，河钢集团在河北张家口启动建设“全球首例富氢气体直接还原示范工程”，从改变能源结构入手，推动钢铁冶金工艺变革。2021年12月，中国宝武在湛江钢铁开工建设全球首套百万吨级、具备全氢工艺试验条件的氢气基竖炉直接还原示范工程及配套设施，可按不同比例灵活使用焦炉煤气、天然气和氢气。此外，首钢、建龙、酒钢、日照钢铁等钢铁企业也建立了低碳冶金示范项目。一大批低碳钢铁科研机构也纷纷成立，如东北大学组建低碳钢铁前沿技术研究院，河钢集团与北京科技大学共同组建世界钢铁发展研究院，通过形成产学研合力推动中国氢冶金的发展。

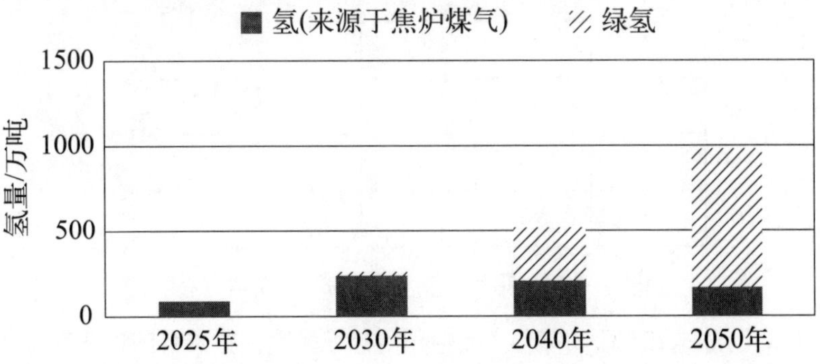

图3-13　氢冶金中氢的来源（“碳中和目标下氢冶金减碳经济性研究”）

氢气作为氢冶金的基本原料，其供求关系直接影响氢冶金的推进速度。综合中国钢铁行业政策规划、专家访谈及数据分析，预计到2030年氢冶金产量可达0.21亿～0.29亿吨，约占全国钢铁总产量的2.3%～3.1%。氢冶金的氢气需求约为191万～259万吨，其中约92%来自焦炉煤气，剩余约8%来自电解水制氢。到2050年，氢冶金钢产量为0.96亿～1.12亿吨，氢冶金的氢气需求约为852万～980万吨，其中焦炉煤气提供166万吨氢，剩余814万吨来自绿氢。

氢气成本是决定氢冶金市场竞争力的关键因素。“十四五”期间，钢铁行业有望纳入碳排放权交易。随着碳价的提高，氢冶金对绿氢的价格接受度也将提升。参考发达国家经验及中国碳交易实践，预计到2030年碳价将达到200～250元/t（CO_2），若届时绿电价格达到0.15元/（kW·h），电解水制氢电耗达到4.5kW·h/kg（H_2），则绿氢成本将降至10.5～11.2元/kg（H_2），氢冶金经济性将得以显现（见图3-14）。尤其在可再生能源富集地区，绿氢成本具有较大下降空间，适宜开展绿氢氢冶金示范应用。

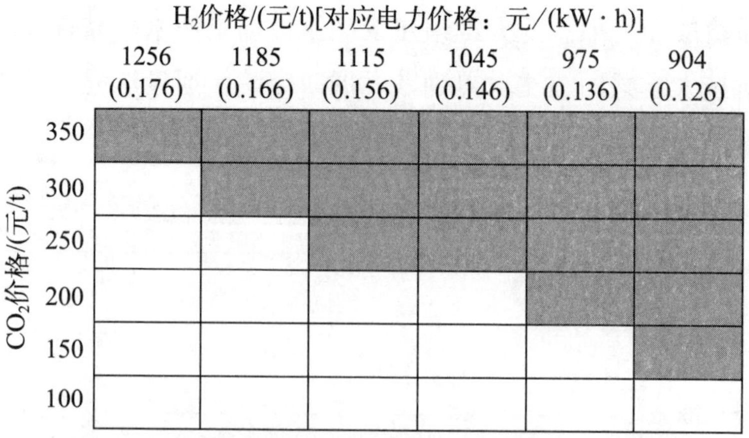

图3-14　氢冶金的竞争性成本优势分析

（仅考虑H_2和CO_2价格，“碳中和目标下氢冶金减碳经济性研究”）

灰色表示氢冶金具有成本优势；白色表示传统炼钢具有成本优势

（2）氢化工　化工是中国六大高耗能行业之一。现阶段中国氢气消费的70%以上用于工业原料，包括炼油、合成氨、合成甲醇等领域，其中仅合成氨每年耗氢量就达1000万吨。在这些领域实现绿氢对灰氢的替代可大幅降低化工行业碳排放。2021年12月工业和信息化部印发《“十四五”工业绿色发展规划》，提出“鼓励氢能、生物燃料、垃圾衍生燃料等替代能源在钢铁、水泥、化工等行业的应用。”

中国合成氨产量基本稳定，预计氢气需求保持在1000万吨左右。在炼化行业，由于生产结构和产品结构调整及需求的增加，氢气需求将保持稳定增长。由于甲醇化工和甲醇燃料需求仍将增长，中间氢气产能产量相应增加，其他大多数用氢产品（己内酰胺、过氧化氢、其他精细化工品等）的氢气用量也将随产量扩大而提升。总体而言，碳中和目标下，未来10年化工行业对氢气的需求量将明显增长，低碳氢或零碳氢将逐步成为基本化工原料。

在化工领域绿氢替代灰氢方面，国内企业也已开展了技术示范。如宝丰能源在宁东建立全国最大光伏制氢项目，以绿氢作为原料推动煤化工生产过程绿色转型。宁东基地通过发展氢能，推动煤炭清洁高效安全利用和能源转型，确保煤化工项目煤制氢替代比例达到13%以上。此外，基于绿氢的“绿氨”“绿色甲醇”也逐步铺开，如协鑫集团计划在埃塞俄比亚建立一座年产400万吨的氨工厂，开展天然气制氨及液氢相关业务。2021年8月，中设集团计划在西北开发首个面向国际市场的“绿氢”合成制取“绿氨”项目。这些规模化示范项目有助于突破绿氢技术堵点，大幅降低用氢成本，为规模化绿氢制取提供广阔的应用市场。

大规模、低成本、持续稳定的氢气供应是化工领域应用绿氢的前提。尽管短期内化工领域绿氢应用面临经济性挑战，但随着可再生能源发电价格持续下降，到2030年国内部分地区有望实现绿氢平价。届时，绿氢将进入工业领域，逐渐成为化工生产常规原料。低成本的绿氢有望重构化工行业格局，突破化工行业“双控”天花板，打开化工行业转型

发展新局面。

3. 建筑领域：社区氢能应用

“氢进万家”是根据“十四五”国家重点研发计划安排，在国家科技部“氢能技术”重点专项中明确实施的科技示范工程，主要为带动氢能供应体系建设，为氢能关联产业发展打下基础。

2021年4月，全国首个氢能大规模推广应用示范项目“氢进万家”落户山东。示范工程选取济南、青岛、潍坊、淄博四市共同组织开展示范。实施周期为5年（2021—2025），重点围绕“一条氢能高速、二个氢能港口、三个科普基地、四个氢能园区、五个氢能社区”的建设目标，通过纯氢管道输送的方式，开展将氢能利用进入工业园区、社区楼宇和交通移动用能、港口、高速等多场景的应用示范，打造全国首条氢能高速走廊、全国首个万台套氢能综合供能装置示范基地。

2021年11月，“氢进万家”智慧能源示范社区项目在佛山南海丹灶正式投运。示范项目以打造未来“氢能社会”解决方案为目标，汇聚了中日韩最先进的技术装备，将有力推动智慧能源社区国家标准和建设规范的制定与实施，见图3-15。该项目专注燃料电池分布式热电联产装备产业化，包括家用和商用燃料电池分布式热电联产装备。社区一期工程将依托现有城市气网开展混氢天然气示范，社区5、6、7号楼将安装394套家用燃料电池热电联供设备，社区8号楼将安装4套（440kW/套）商业燃料电池冷热电联供设备，总装机容量近2MW，项目采用固体氧化物和磷酸燃料电池技术路线，投资19.1亿元，投产后将减少能源费45%、碳排放50%。二期项目将不再使用城市的燃气和电网，而改用光伏制氢，小区住户不再缴纳电费和燃气费，推动实现深度脱碳。未来光伏制氢还可以为小区加氢站、社区商业提供能源，实现整个社区的零碳排放。

4. 储能领域：风光储氢一体化

储能是解决可再生能源消纳问题的重要途径。2021年，国家发展改革委、国家能源局印发《关于加快推动新型储能发展的指导意见》，

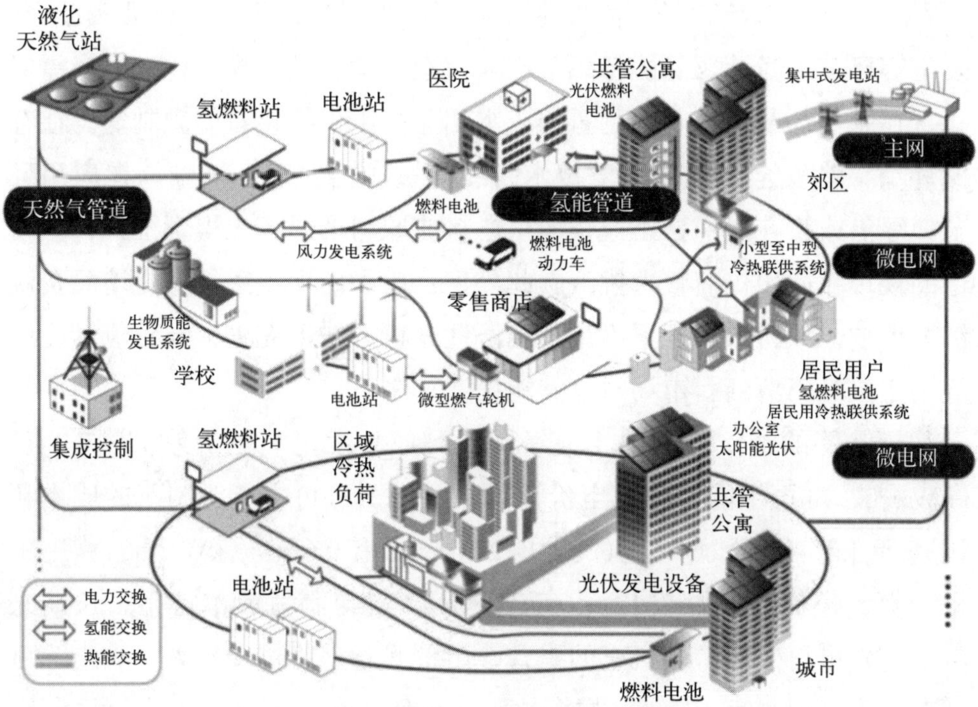

图3-15　佛山“氢进万家”示意图

（中国电动汽车百人会氢能中心根据公开资料整理）

将氢能纳入“新型储能”范畴，未来以可再生能源为主体的电力系统，不仅需要太阳能、风电等一次能源，也需要氢能作为能源载体和储能介质，与之配合。

2021年9月安徽省六安市的兆瓦级氢能综合利用站联调试验顺利完成。该示范项目采用PEM水电解制氢技术，可以将过剩的电力转化为氢能储存起来，代替火力发电调峰，同时兼具氢能发电功能。项目设计年制氢72.3万米^3，氢发电127.8万千瓦时，用于电力系统“削峰填谷”，是新型电力系统的重要组成部分。2021年11月，作为全球规模最大的氢气储能发电项目，张家口200MW/（800MW·h）氢储能发电工程初步设计通过专家评审，标志着中国大规模氢储能调峰应用迈出实质性一步。

氢储能工艺流程长，除发电和电解水制氢外，氢储能还涉及储存、发电等环节。当前氢储能各环节产业化程度均较低，规模化发展尚需时日。在制氢环节，电解水制氢的成本明显高于传统化石能源制氢。在存储环节，高安全大规模储氢技术路线与资源潜力尚不清晰。在应用环节，绿氢或将在交通、工业领域以燃料或原料形式率先得到推广，氢发电的规模化应用仍有较大挑战。此外，目前国内还缺乏氢储能地质资源潜力评估，项目数据积累不足，经济性分析方法不完善，导致氢储能的战略定位尚不清晰，市场对氢储能投资意愿不足。

氢储能的经济性取决于充（制氢）放（发电）电价差。以0.2元/（kW·h）可再生能源发电电价计算，发电侧可再生能源制氢的成本超过10元/kg，按照每千克氢气发电20kW·h和0.6元/（kW·h）售电价格计算，氢储能收益仅12元/（kW·h），仅与制氢成本持平。长期来看，随着可再生能源装机量的提升，电价峰谷差将逐步拉大，火电等可调节电源的陆续退出，氢储能的安全备用、季节性调峰的价值日渐突显，未来氢储能的综合经济性有望大幅提升。

（四）产业投资

1. 产业投资基金支持了行业早期示范

2020年以来，尤其是国家示范城市群政策落地，使得氢能产业链成为产业投资基金布局和投资的重点。目前氢能产业基金参与方包括国有企业（如国家电投、中车集团）、科研院所（如清华四川能源互联网研究院）、高校（如同济大学、中国地质大学）、地方政府（如武汉、苏州）、商业机构和民营企业。各基金规模从千万到百亿级人民币不等，规模较大的如航锦科技等企业设立的150亿元氢能产业投资基金，中国神华、国华能源等设立的超百亿元国能新能源产业投资基金，以及国家能源集团投资的百亿级清洁能源投资基金等。国家能源、中国神华、国家电投、中车集团等一系列国企积极推进氢能布局，出资规模大，将对氢能产业发展起到巨大的推动作用。据不完全统计，截至2021年末，针对氢能产业的投资基金累计规模超800亿元人民币。2020—2021年公开可查询的基金规模已超越2015—2019年基金规模总和（表3-4）。

表3-4 2021年中国氢能部分产业基金设立概况及规模[①]

单位：元（人民币）

基金	规模	参与的企业和机构
氢能源及燃料电池相关产业发展基金	1亿	山西金信
新能源产业基金	20亿	佛燃能源、中银粤财股权投资基金管理（广东）有限公司
氢能产业投资基金	100亿	协鑫新能源、中建投资本管理（天津）有限公司、建银国际资产管理有限公司
嘉兴氢能产业基金	5亿	嘉化能源、嘉兴市南湖股权投资基金有限公司、浙江氢能产业发展有限公司
氢能源产业发展基金	不低于1000万	濮耐股份、上海宇苑投资合伙企业
绿色产业基金	54亿	山东省新旧动能转换基金、省发展投资集团、石横特钢等
成都厚普清洁能源股权投资基金	1.67亿	厚普清洁能源股份有限公司、成都市香融创业投资有限公司
山能新业（山东）新旧动能转换股权投资基金	10亿	山东丰元化学股份有限公司、新业新动能（枣庄）股权投资合伙企业
武汉佰仕德新能源基金	2.7亿	湖北和远气体股份有限公司等

① 中国电动汽车百人会氢能中心根据公开资料整理。

2. 资本市场对氢能的关注持续升温

2021年新出炉的《财富》世界500强中，前10名企业中有三家投资了氢能产业，135家企业中有27家涉及氢能业务。国家开发投资公司（SDIC）、中国国际金融公司（CICC）和省级投资基金等扮演了重要的投资人角色，参与了众多2000万美元以上的投资。燃料电池是目前获得资本市场融资的主要领域，融资案例持续增加，2019年共27起，2020年共31起（表3-5）。国内企业单次融资金额多处于5亿元人民币以下，行业龙头如东风汽车、重塑科技、国电投氢能公司等可以获得数十亿的大额融资，但小微企业及初创企业往往获得千万级人民币的融资，如氢途科技在B轮融资获3000万元人民币，清能股份在新三板定增获4500万元人民币融资，氢能成为备受资本市场追捧的热点。

表3-5 2021年氢能产业相关企业资本市场融资概况（人民币）[①]

公司	融资阶段	融资金额	投资方
爱德曼氢能	A轮融资	1亿元	清新资本
全柴动力	A股定增	7.5亿元	安徽全柴集团等
擎动科技	战略投资		申能能创
锋源新创	A轮融资	900万元	丰厚资本
重塑科技	IPO	20.17亿元	
美锦能源	公开发行可转债	6亿元	
治臻新能源	B轮融资		龙腾资本、朗玛峰创投、东证资本、自贸区基金、兴证资本、志鑫投资
治臻新能源	C轮融资	近2亿元	兴富资本、复容投资
唐锋能源	B轮融资	亿元级	光速中国（领投）、金浦投资、朗玛峰创投、高瓴创投、昆仲资本、北汽产投、临港科创投
潍柴动力	A股定增	20亿元	
臻驱科技	B+轮融资	3亿元	中金资本（领投）、容亿投资、招商资本、浦东科创、君联资本、福睿基金、联想创投
氢晨科技	A+轮融资	2.5亿元	IDG资本、临港智兆、申能能创、北京京能、自贸股权基金等共同领投

续表

公司	融资阶段	融资金额	投资方
锋源氢能		超亿元	飞图创投、雷神资本、武岳峰资本
中鼎恒盛		超3亿元	中国石化、国家能源、东方电气、美锦能源、厚普能源
融科氢能	B轮	1亿元	
氢蓝时代	A轮		诚通基金（领投）、申能能创
氢动力	A轮		阿拉丁传奇、普拓氢能、浙江工企环保、吉电股份
捷氢科技	IPO		捷氢科技启动IPO，接受国泰君安证券上市辅导
爱德曼氢能	B轮	2亿元	元禾重元（领投）、建信信托
未势能源	A轮	9亿元	国投招商与人保资本联合领投
赛克赛斯		0.54亿元	美锦能源
江苏申氢宸		0.69亿元	长春致远新能源
国电投氢能	A+轮	10.8亿元	16家战略投资者

① 中国电动汽车百人会氢能中心根据公开资料整理。

3. 产业链供应链加速整合、协同创新

2021年氢能产业发展格局发生重大变化，表现在“传统能源国企全链条整合”和“新能源民企向氢能延伸”等方面。随着发展氢能的社会共识逐步形成，传统能源企业都希望向氢能转型，拓展业务版图、实现深度脱碳。过程中，传统能源企业凭借技术储备、产业基础、资金优势和行业影响力等，积极“合纵连横”，加速整合氢能产业链供应链。

2021年，氢能资金去向以公司直投为主，参与企业以传统能源中的大型国企为主，例如中国国电、中国能建、三峡新能源，也有像阳光电源、隆基股份等企业参与其中，在制氢、燃料电池、储氢装备等领域齐头并进，制氢、氢燃料电池、储氢装备以及应用示范项目是产业投资

最活跃的领域，以上四个环节的投资数量占总量超过80%。资金大规模流入氢能装备制造环节，有助于在未来释放充足产能，或将解决目前氢能相关产品成本高昂、供不应求的状况。

从产业链的投资项目数量分布看，制氢环节发展最为迅速，占全部投资项目的29%。无论是在数量上，还是在投资规模上均为占比最高的产业链环节。制氢环节投资项目多与水电、风电、光伏发电等新能源项目或是化工等工业项目以联动形式开展，此类项目投资主体主要以中国石化、东方电气、华润电力、国家电投、中国能建等大型央企以及以隆基股份等为代表的光伏巨头为主，具备能源、化工产业高投资、长周期的特点。氢燃料电池环节是目前氢能产业的主要落地场景之一，也是产业发展的主要抓手，尽管单项投资金额不如制氢环节，但产业投资热度高、数量密集，参与者包括央企巨头与大量燃料电池系统相关企业，成为2021年投资数量占比仅次于制氢的环节。氢能装备主要包括电解槽、储氢瓶、检测设备、压缩机等氢能产业链相关生产装备，2021年制氢环节和加氢站建设的快速发展有力地带动了氢能装备方面的需求，同时也带动了氢能装备企业在国内的投资扩产（图3-16）。

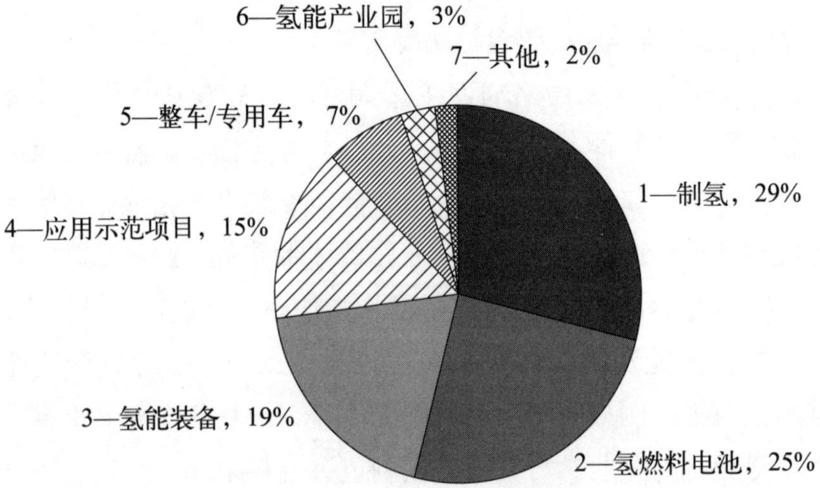

图3-16　2021年氢能产业链各环节投资项目数量占比（氢云链）

4. 多方资本涌入，重塑产业版图

中国的中央企业是发展氢能产业的重要力量，目前超过三分之一的中央企业已经在布局包括制氢、储氢、加氢、用氢等全产业链，截至2022年，全部取得了一批技术研发和示范应用的成果。这些企业包括：中国石化、中国石油、中国海油、国家电投、国家电网、中国大唐、华电集团、三峡集团、东方电气、中国电建、中国能建、国家能源集团、中国船舶、中国中车、一汽集团、东风汽车等，这些企业都是中国相关行业的重点企业，对中国产业及经济发展起到举足轻重的作用，这些企业在氢能产业的布局，对推动氢能产业发展起到了非常大的促进作用。同时，中国著名的民企，包括隆基集团、宝丰集团、协鑫集团等，也在积极布局氢能产业，近年来，中国央企和民企在绿氢产业开发方面的一些示范成果如表3-6所示。

表3-6　近年来主要绿氢项目示范

时间	企业	企业类型	绿氢示范与布局
2021年3月	隆基集团	民营企业	成立西安隆基氢能科技有限公司，注册资本3亿元，专注绿氢设备开发
2021年6月	阳光氢能	民营企业	专注于绿氢技术及装备研发，注册资本1亿元人民币
2021年7	协鑫集团	民营企业	蓝氢与绿氢协同发展，设立100亿元氢能投资基金，2025年绿氢年产量40万吨，加氢站100座
2021年11月	宝丰集团	民营企业	宝丰能源年产绿氢2.4亿米^3，约合2.2万吨绿氢，为一期工程。二期计划扩产8倍，建设期为2022年12月至2024年12月
2021年12月	中国石化	中央企业	新疆库车绿氢示范项目是国内首次规模化利用光伏发电直接制氢的项目，总投资近30亿元，建设年产能2万吨的电解水制氢厂。项目预计2023年6月建成投产

续表

时间	企业	企业类型	绿氢示范与布局
2022年8月	龙源电力	中央企业	在甘肃张掖市建设绿氢示范项目，一期计划建设3GW风光发电、氢产量6万吨/年、合成氨30万吨/年以及己二酸20万吨/年，计划三年建成
2022年8月	三峡集团	中央企业	内蒙古8个风光制氢一体化示范项目在鄂尔多斯市和包头市集中开工，于2023年6月投产，全部投产后每年可生产绿氢7.2万吨

由表3-6可知，中国的央企和民企均投入了巨额资金开发绿氢，这与政府层面的支持与倡导是密不可分的，这也是中国举国体制的优势所在。因此，发挥举国体制优势，将对中国氢经济的发展带来巨大的促进作用。

（五）中国氢能产业的不足与挑战

1. 氢能生产高度依赖于化石能源，绿氢比重还非常小

目前，我国氢能生产几乎全部来自碳排放水平较高的化石能源。从制氢结构来看，2021年化石能源制氢占比64%，工业副产制氢占比32%，电解水制氢占比4%。为了提升电解水制氢比重，必须扩大绿氢生产与存储规模，但是也要理性布局、避免盲目跟风。当前，我国可再生能源消纳以电力消纳形式为主，形式单一，而且由于风电、光伏等新能源具有间歇性、波动性的特点，大规模、高比例并网后，给电力系统的安全稳定运行带来较大挑战。结合“九大清洁能源基地”和“五大海风基地”建设，探索培育“风光发电+氢储能”一体化应用新模式，既可以进一步提升可再生能源消纳水平，还可以降低可再生能源波动性对电力系统的影响，使可再生能源实现跨地域、跨季节优化配置，从而防范能源供给的系统性风险。

“十四五”以来，不少地区加快了可再生能源制氢布局，大量绿氢项目纷纷上马，但是其中也不乏一拥而上、相互攀比的现象。绿氢生产、运输与消费依赖于基础设施，可再生能源富集的地区尤其需要理性布局。

2. 氢能应用局限于交通运输与工业领域，应用场景不够多元化、差异化

我国氢能应用领域目前还十分局限，主要用于合成甲醇、合成氨和石油炼化，少量作为工业燃料使用。从氢气终端消费来看，2019年合成氨是最大下游消费领域，需求量占比32.3%，约1079万吨；生产甲醇（包括煤经甲醇制烯烃）需求量占比27.2%，约910万吨；石油炼化与煤化工需求量占比24.5%；交通领域需求量占比小于0.1%[1]。近期出台的氢能政策，很少关注到氢能在燃料电池以外的应用领域。

氢能还可以在交通、储能、发电、工业等不同场景下拓展更多、更丰富的应用。这些领域的降碳减排，对于实现碳达峰、碳中和目标也非常重要。其一，交通领域。氢能可以用于重型车领域、中长途客运与货运领域、北方冬季寒冷地区客运与货运、氢动力火车、航运和航空领域。其二，工业领域。以氢代煤，开展可再生能源制氢在合成氨、甲醇、炼化、煤制油气等行业的示范应用，可以有效地降低这些部门的碳排放水平。其三，储能领域。氢储能的应用场景主要包括以下三种：①在可再生能源资源富集的地区开展氢储能，增加可再生能源消纳；② 在燃料电池汽车示范线路、氢气需求量大的地区，布局基于分布式可再生能源或电网低谷负荷的储能/加氢一体站；③在电网侧配备一定规模的氢储能，可以起到“削峰填谷”、保障电网安全的作用。其四，发电领域。在金融、医院、学校、商业、工矿企业、偏远地区、海岛等区域，探索开展氢电融合的微电网示范以及分布式发电示范应用；在通信基站、数据中心、铁路通信站点、电网变电站等基础设施，探索

---

[1] 根据中国氢能联盟统计。

开展氢燃料电池通信基站备用电源示范。其五，建筑领域。建筑部门的氢能需求主要是用于供暖与供热。纯氢需要新的氢气锅炉，并且还要对现有管道进行大量的改造；但是，将绿氢与天然气按一定比例混合，则无需改造现有供暖设备和管道。在上述各种应用领域之中，氢能几乎是冶炼、化工、长途运输、航空等这些难以通过电气化实现脱碳领域的唯一降碳手段。除此之外，在满足经济性和安全性的前提下，氢能还可以转化成氨、醇醚燃料，从而实现更多场景下的应用。

3. 系统性、全局性氢能基础设施规划有待进一步明确

氢能基础设施是氢能产业高质量发展的基础支撑。首先，从中长期来看，可再生能源电解水制氢将上升为供氢主体，所以氢能基础设施规划必须重点结合绿氢的未来布局。此外，在进行绿氢基础设施规划前，还需要对以下两类问题予以充分考虑：一是绿氢的供需存在严重的区域不平衡问题；二是绿氢与其他能源的协同规划、协同发展的问题。我国新疆、甘肃、内蒙古、东北三省等地区可再生能源资源丰富、可再生能源电价低廉，这些地区的绿氢生产潜力大、成本低，但是这些地区与氢能消费集中的中东部地区存在空间上的错位。所以，跨区域氢气输送管道规划就需要统筹兼顾“就近消纳”与“跨区域输送”。其次，绿氢作为“绿电-绿氢-氨和甲醇等燃料”的中间一环，应当与上下游协同规划，这有助于明确制氢站、氢储能、加氢站、输氢管道等基础设施数量、规模、容量以及空间布局，防止低效与无效投资造成巨大浪费。例如，对于某个“风光发电+氢储能”项目来说，倘若利用绿电并网后的富余电量转化为绿氢，那么氢储能是否能够满足经济性的要求？是否有必要规划一些可再生能源项目，生产出来的绿电全部用来制氢，再通过管道进行长距离输送？又如，在考虑转化成本、能量损失、安全性等因素后，氨运输、甲醇运输与管道运氢，哪种方式更经济、更合适？再有，现有的规划和政策并未区分绿氢与灰氢、蓝氢，绿氢项目落地和运营在很大程度上受到了制约。例如，绿氢在我国与灰氢和蓝氢同属于危化品，按要求必须在化工园区内生产，导致可再生能源项目站内制氢和氢储能项目的推广严重受限。

4.“制储运”成本高企，推动用氢成本下降迫在眉睫

氢能全产业链的高成本是目前制约产业化发展的关键因素。2021年我国车用氢气加注成本约为50～60元/kg，距离30元/kg的可商用价格相距甚远。氢能成本主要由制氢成本、储运成本、加氢成本构成。相比其他制氢技术，煤制氢成本最低，降本空间很小。天然气制氢成本主要取决于天然气价格，只有在新疆、青海等地区天然气产地，天然气制氢成本才与煤制氢成本接近；对于其他地区，降低天然气制氢成本也很困难。工业副产氢成本比较低，但工业副产氢不适合作为大规模制氢方式。电解水制氢的降本空间巨大，尤其是电费成本。随着未来可再生能源发电价格的不断降低，可再生能源电解水制氢成本将有望实现大幅下降。另外，如果能够有效地减少电解水过程中的电耗，也可以快速降低电解水制氢成本。从储运成本来看，目前我国还在规划和建设一些输氢管道，天然气管道掺氢试验也在稳步推进中。随着这些氢能基础设施的不断完善，氢能储运成本将大大降低。从加注成本来看，加注设备的国产化、增加加氢站规模都有助于降低加注成本。另外，液态氢的加氢站比气态加氢站的成本少16%，采用液氢加注有可能成为一种新的趋势。

我国已有不少地区尝试性地推出了投资补贴、优惠电价等地方扶持政策。例如，对绿电制氢项目给予一定的电费支持，并将对专门从事高压氢气/液氢存储的企业，对新建、改建、扩建日加氢能力不低于500kg的固定式标准加氢站项目给予一定补贴，等等。然而，我国绿氢价格和补贴制度仍然存在不完善、不透明、不规范、不可持续等问题，减税退费、绿色信贷、绿色保险、碳交易等各种金融手段发挥的作用还比较有限。

5. 原始创新动力不足，部分关键技术和设备有待突破

氢能产业属于技术密集型产业，技术创新是降低用氢成本的重要推动力。加强氢能与燃料电池基础前沿和共性技术创新，对于氢能产业高质量、可持续发展十分关键。然而，我国氢能产业发展当前面临前沿技术理论研究能力和原始创新动力不足的问题。这主要有以下三方面原因。一是企业层面的研究投入不足，企业经营成本较高，只拿得出少量的研发经费用于基础研究。相比于企业，高校、科研院所更容易获得国家或者省部委层面提供的研究经费支持。二是产学研协同创新水平还比较低，科技成果转移转化不畅通的问题仍然存在，并且有时候理论研究与实际应用存在一定脱节。三是缺乏专业技术人才，科技创新的人才队伍急需尽快建立。氢能涉及煤炭、电力、新能源发电、储能、燃料电池等多个大的专业方向，当前的从业人员往往来自上述某一个专业领域，对其他领域了解十分有限。

在“制氢-储氢-运氢-加氢-用氢”环节，某些关键零部件、设备、工艺等仍然存在“卡脖子”问题。在制氢环节，可再生能源电解水制氢、绿氢转化氨醇烃还不够成熟。例如，在水电解槽设备中，电极、膜片、双极板等成本占比较高，这些关键材料和核心零部件尚未实现完全的国产化与批量生产。在储运环节，面向未来“西氢东送”“海氢陆送”等重大应用场景，在发展光伏、海上风电等可再生能源高效制氢技术和远距离、长时间、高效率氢能输配技术方面，亟待取得技术突破。在用氢环节，氢能在交通、工业、储能、发电、建筑等领域不同场景下的多元应用有待深入挖掘。

三、氢贸易

与化石燃料不同，可再生能源（太阳能、风能、地热等）在每个国家都有一定的规模。化石燃料储量的地理集中特点，使得一些国家成为主要能源生产国，而大多数国家主要是进口国。相反，由于可再生能源可以在任何地方生产（尽管成本效益因地点而异），因此有可能极大地改变能源交易的方式和交易对象。然而直到最近，还没有一种成本效益高的方法能够远距离运输可再生能源产生的电力（即绿电）。这是因为适合绿电传输的线路数量稀少，且建设成本高昂。随着可再生能源的度电成本不断降低，电解水制氢成为氢的来源之一，而氢具有来源广泛、清洁无污染的特性，因此使用氢作为能源载体成为一种有效实现可再生能源传输的解决方案，使得可再生能源能够以商品的形式（如氨）进行跨境交易。

国际可再生能源署（IRENA）在其新的系列报告中表示，为了使氢贸易具有成本效益，生产和交易绿氢的成本必须低于国内生产成本，以抵消更高的运输成本。这些报告的研究表明，未来的氢贸易可能具有重大意义。随着项目规模的进展和技术的成熟，氢贸易的发展可使人们能够开发出廉价的氢气，而全球四分之一的绿氢需求可以通过管道和船舶进行国际贸易来满足。IRENA认为，与今天的石油和天然气市场相比，氢市场和贸易路线可能更加多样化、地区性，利润也不那么丰厚。IRENA的总干事Francesco La Camera表示，获得充足的可再生能源不足以赢得氢竞争，发展氢贸易也是必要的。他指出，诚然，氢贸易可以为各国从脱碳工业到供应多样化和提高能源安全提供多种机会，而今天的能源进口国也可以成为未来的出口国。要实现上述目标，政府必须做出重大努力。相关的技术创新、政策支持和扩大规模可以带来必要的成本降低，并创造一个全球氢市场。然而，能否实现贸易潜力，将在很大程度上取决于各国的政策和投资重点，以及各国能源系统脱碳的能力。

氢贸易并不简单指氢气贸易，而是指涵盖氢能全产业链各环节的整体贸易，涉及氢及氢衍生物，以及与氢相关的产品、装备及技术等，同时也包括氢能基础设施如加氢站、输氢管道等。在制氢环节，包括各类用于电解水制氢的电解槽以及相关的配套系统、设备等。在储氢环节，包括高压氢储罐、液氢储罐、氢阀、流量计等。在运氢环节，包括气氢、液氢、高压运氢车、液氢运输车、输氢管道等。在氢能运用环节，包括氢能衍生物，如甲醇、合成氨、合成天然气以及其他化工产品等；燃料电池部件及系统、各类燃料电池车辆等。在加氢站方面，包括加氢装备如氢气压缩机械、氢泵、加氢枪、安全管理系统等。

（一）氢能国际贸易现状

氢能国际贸易现处于早期发展阶段，全球许多国家都在积极布局，开拓氢能贸易市场，探索可行道路，许多国家都达成了双边贸易协定。

在氢能进口方面，德国、日本和荷兰是当前最活跃的国家。由于这些国家国内氢能生产潜力有限，且受现有技术发展水平的制约（如核能、CCS技术）和相对较差的可再生资源禀赋，因此，这些国家更加注重氢能进口。尽管氢能国际贸易会导致运输成本增加，但这些国家进口氢能的前景被普遍看好。

这些国家的氢能国际贸易呈现两个方面的多样化趋势，第一，氢能贸易伙伴的多样化，即与多个国家建立氢能贸易关系。第二，氢能载体的多样化，也即多种氢能贸易的种类，如液氢、氨等，都可为氢能贸易的形式。导致以上做法的原因也在于两个方面。第一是处于能源供给安全的考虑，多样化的国际贸易伙伴才能有效避免不可预测因素对能源供给安全带来的风险。第二，由于现有技术并不成熟，因此探索不同的氢能载体的技术路径，可以为今后大规模发展成熟的氢能贸易体系奠定基础。

德国已从新冠疫情复苏一揽子计划中拨款20亿欧元用于发展国际贸易伙伴关系，其中9亿欧元用于支持通过H_2 Global倡议向德国进口氢气。荷兰计划利用欧洲最大的鹿特丹港进口氢能。新加坡也积极考虑其作为亚洲区域贸易中心的角色。

在氢能出口方面，情况要多样化得多。计划进行氢能出口的国家范围从当今进口能源但拥有丰富可再生资源的国家，例如智利、摩洛哥、葡萄牙、西班牙等，到进行传统能源出口、但同时也拥有丰富的可再生资源的国家，如澳大利亚、加拿大、部分中东地区国家等，同时，还覆盖可再生能源在电力结构中所占比例较高且计划出口可再生能源氢的地区，例如澳大利亚、新西兰、挪威、乌拉圭和加拿大的一些地区。由于更为广泛国家和地方群体的参与，使得氢贸易拥有更多的可选择的形式和技术路径，并可促进相关模式的成熟及产业化。大部分国家计划使用电解水制氢，主要来自太阳能光伏和陆上风电的混合配置，其中合成氨是最常见的氢能载体。当今，大多数制氢项目都处于可行性研究或签署谅解备忘录的阶段，距离最终投资决定还有几年的时间，但同时，这也意味着这些项目成功实施的高度不确定性。迄今为止最大的可再生能源制氢项目是位于西澳大利亚州东南部的西部绿色能源中心，该项目包括50GW的可再生能源发电（30GW陆上风电和20GW光伏），总成本约为1000亿澳元，计划产能为每年生产350万吨氢气或2000万吨氨，并计划在2030年实现首次绿氢生产。

（二）日本-澳大利亚氢贸易

在国际氢能贸易方面，具有典范意义的国家是日本。2019年12月11日，日本川崎重工发布消息称，全球首艘液氢运输船从该公司位于日本神户港的船厂下水。这是世界上第一艘运输液化氢的海上运输船，其技术将极大地扩大绿色能源的货运能力。运输船命名为“Suiso Frontier”，全长116m，总吨位约8000t，设计用于大规模运输冷却至−253℃的液氢。Suiso Frontier号在HySTRA示范工程（氢能供应链技术研究协会）中起到了关键作用，它能够将大量由澳大利亚褐煤制成的氢气，跨越9000公里运到日本的神户市，如图3-17所示。

HySTRA项目在澳大利亚东南部维多利亚州拉特罗布（Latrobe）山谷的一家工厂中，通过在高压下将褐煤与氧气和蒸汽混合，将褐煤“气化”。该过程主要生产由一氧化碳和氢气组成的合成气，然后将其分

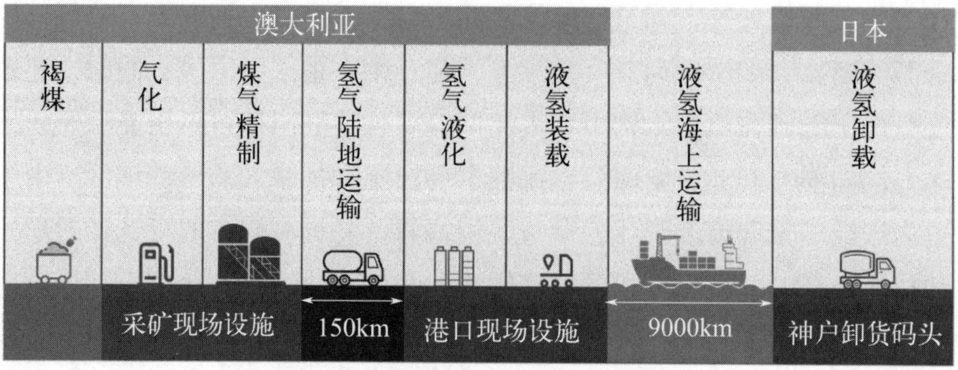

图3-17　澳大利亚—日本的氢运输路线

离，将氢气存储下来，并将一氧化碳氧化为二氧化碳，以利于捕集和封存（事实上并未做）。氢气随后将通过卡车运输到附近的黑斯廷斯（Hastings）港口，在那里将其液化并装载到Suiso Frontier号上，然后再运送到神户的在建卸货码头。HySTRA项目的合作伙伴包括KHI，壳牌，J-Power，岩谷，丸红和JXTG，并得到了日本研发机构NEDO（新能源和工业技术）的支持。

对于澳大利亚而言，该氢气运输船同样重要。该船是工党政府支持的氢能供应链（HESC）试点项目的关键部分，这个试点项目是世界上最大的氢气示范项目。HESC试点项目由包括川崎重工，J-Power，岩谷公司，丸红公司，住友公司和AGL在内的顶级能源和基础设施公司组成的财团开发，并且得到了维多利亚州政府、英联邦和日本政府的支持。HESC将在整个试点期间在Latrobe山谷和Hastings地区创造400个工作机会，如果能够进入商业化阶段，预计还将提供成千上万个工作机会。

（三）中国氢能贸易

1. 现状

现阶段，中国氢能贸易以含氢化合物为主，主要为甲醇、合成氨等，另外，在燃料电池车、加氢站设备以及氢气纯化系统方面也有所涉猎。从进出口数量来看，2015—2021年我国甲醇进口量整体呈上升态势，进出口量和进出口金额如图3-18所示。

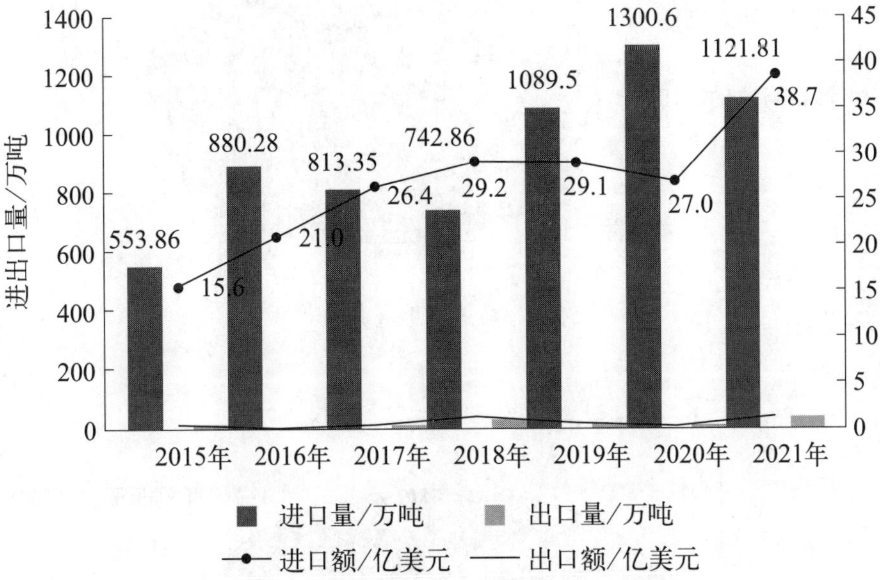

图3-18　中国甲醇进出口量和进出口金额

由图3-18可知，中国甲醇的国际贸易以进口为主，出口量很小，除2020年由于疫情原因，导致进口额略有减少外，整体进口额呈逐年增长的趋势。进出口国家和地区的分布如图3-19所示。

由图3-19可知，2021年国内甲醇进口的主要来源国家/地区有六个，分别是阿联酋、阿曼、新西兰、沙特阿拉伯、特立尼达和多巴哥、委内瑞拉，占比总和已经达到90.64%。由此可见，进口的主要来源在亚洲地区，其中又以西亚地区为主。从我国甲醇出口目的地出口量分布来看，印度尼西亚、韩国、印度是我国甲醇出口量前三地区。综合进出口国家和地区的情况可知，中国甲醇的国际贸易伙伴国家都属于“一带一路”倡议下的合作国家。

中国的合成氨已经自给自足，相比于我国千万吨级的合成氨产量，合成氨的进口量始终维持在较低水平，2015年以来，中国合成氨的进

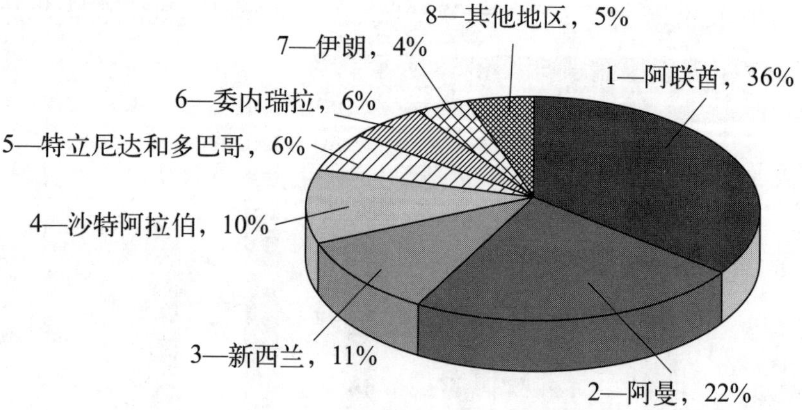

(a) 甲醇进口地区分布

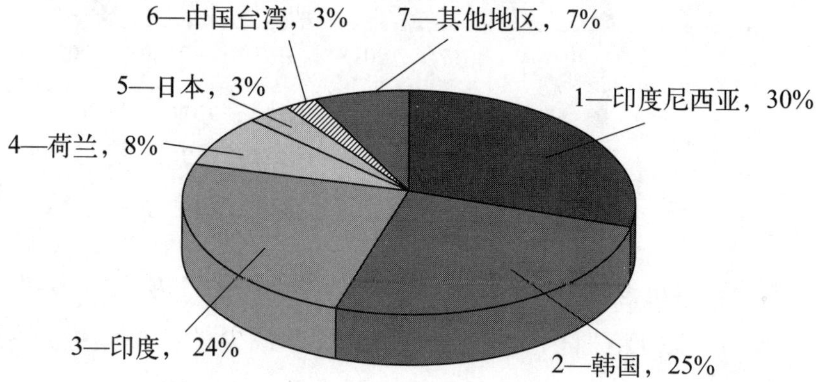

(b) 甲醇出口地区分布

图3-19 甲醇进出口地区分布（2021年）

出口量和进出口金额如图3-20所示。

由图3-20可知，中国合成氨的进口呈上升趋势，出口量很小，具体的进出口国家和地区的分布如图3-21所示。

从我国合成氨进口来源地区来看，印度尼西亚进口量最高，其次是沙特阿拉伯、马来西亚与卡塔尔。出口方面，我国合成氨主要出口国家和地区为韩国、越南、印度与菲律宾。进出口均为“一带一路”沿线合作国家。

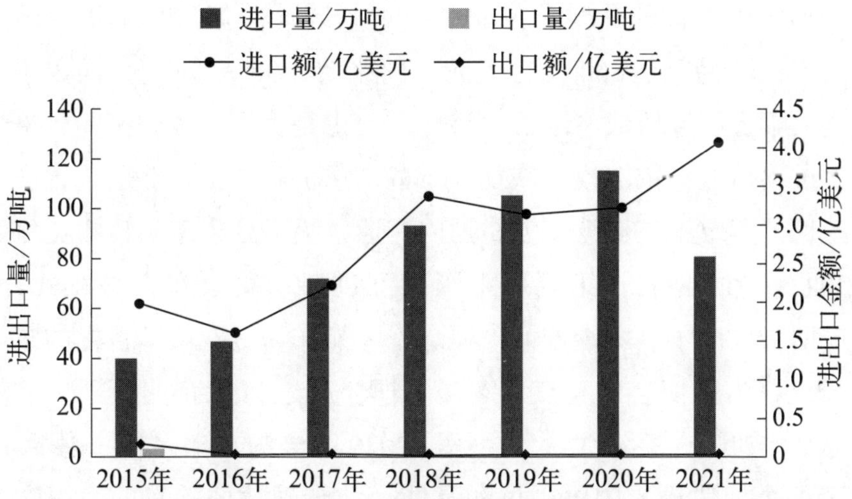

图3-20 中国合成氨进出口量及进出口金额

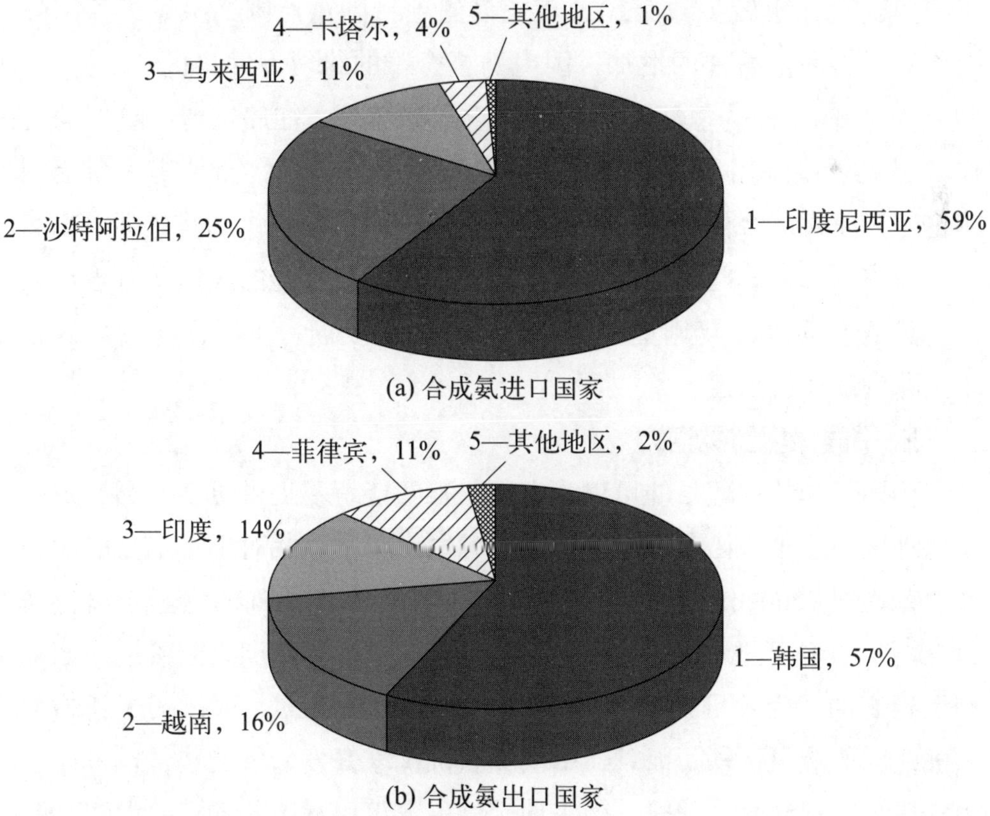

(a) 合成氨进口国家

(b) 合成氨出口国家

图3-21 中国合成氨进出口地区分布图（2022年）

根据中国石油和化学工业联合会最新统计数据，2021年我国能源化工进出口贸易额达8600.8亿美元，同比增长38.7%。一方面由于原材料价格大幅上涨导致成本增加，另一方面也是由于欧美国家受到疫情影响后，进出口业务依旧没有恢复，一些市场被我国企业获取。再次，我国坚持稳外贸政策在持续发力，国内产业升级提升了产品整体竞争力。

2022年11月4日，第五届中国国际进口博览会在上海正式开幕，本届进博会提出了“零碳进博”概念，氢能作为“双碳”目标的重要实现路径，成为进博会的亮点。本届进博会超过11家企业签订了多项氢能国际合作协议，签约数量已经超过2020年与2021年之和，创下新高，体现了外企加快进入中国市场和氢能产业全球化的趋势。值得注意的是，2020年和2021年氢能的相关项目没有提及氢的“颜色”问题，关于绿氢的合作也较少，而2022年较多的项目则重点围绕绿氢进行国际合作。随着跨国合作的增加，国内乃至全球的绿氢发展将进一步提速。因此，“绿氢”成为氢能国际贸易的重点。另外，往届进博会签署的合作项目主要围绕用氢端展开合作，尤其是交通领域。2023年进博会则丰富了用氢端的合作，同时增加了化工领域的氢能合作，并且围绕上下游进行广泛合作。此外，往届部分合作项目围绕氢能的应用采取进口采购的模式，而2023年则更强调整个产业链的发展。可以预计后续外企本土化的动作会加速。

2. 中国绿氢贸易潜力

中国优越的地理条件可以为未来进行氢能贸易提供更多便利。中国东部地区的辽宁、山东等地区，接近韩国、日本。相对于日本与澳大利亚之间超过9000km的液氢运输距离，中国与日本之间的运氢距离将大大缩短。中国西部地区的新疆等地，地处中亚，与欧洲大陆接近，如果利用现有的“中欧班列”，采用陆上火车运输的方式，可以实现新疆与欧洲之间的液氢运输。而且，中国和欧洲国家开发的氢能装备也可通过中欧班列实现交易。同时，中东地区的国家可以利用其丰富的太阳能资源制取绿氢，其绿氢制取成本要低于中国，那么这些国家可以通过海上运输的方式，将绿氢或含氢化合物（如合成氨）出口到中国，助力中国绿氢的开发与应用。以沙特阿拉伯为例，中沙之间可以开发海上氢能贸易路线，通过沙特吉达港与上海之间实现海上绿氢运输。同时，中国还可以发挥自身基建能力强的优势，帮助北非地区的国家如摩洛哥、阿尔及利亚等建设氢能基础设施，生产绿氢或含氢化合物，利用现有的北非港口如卡萨布兰卡、阿尔及尔等，建设非洲与欧洲的海上氢能贸易路线，将非洲生产的绿氢运输到荷兰鹿特丹、德国汉堡等港口，助推非洲与欧洲的氢能贸易。

2020年11月15日，东盟10国和中国、日本、韩国、澳大利亚、新西兰共15个亚太国家正式签署了《区域全面经济伙伴关系协定》（Regional Comprehensive Economic Partnership，RCEP），标志着当前世界上人口最多、经贸规模最大、最具发展潜力的自由贸易区正式启航。2021年3月22日，商务部国际司负责人表示，中国已经完成RCEP核准，成为率先批准协定的国家。2022年1月1日，区域全面经济伙伴关系协定（RCEP）正式生效。RECP的签订将有力促进域内国家的深度经贸合作，域内国家在进行相关贸易时可享受税收减免等政策，将为中国提供更多的机遇，有力促进中国开展相关的氢能国际贸易。

中国开展绿氢国际贸易的自信源于我国氢能禀赋特点，即中国可再生能源丰富、绿氢来源丰富且多样。对中国的可再生能源进行有效开发，将为中国开展绿氢国际贸易提供坚实的基础。

未来中国氢能贸易形式将呈多样化态势，管道气氢、液氢、含氢化合物（如绿色合成氨、绿色甲醇、绿色天然气）等，都是可采取的氢能贸易方式，而采用何种形式将由市场选择而定。

未来中国氢能贸易形式必须是绿氢，未来的贸易要由当前的灰氢、蓝氢快速转变为绿氢贸易。因此必须坚持绿氢导向、蓝绿同行、灰氢退出的原则，引导中国未来的氢能贸易。

我国未来氢能贸易必然是全方位。贸易种类将会包括氢能全产业链的产品：氢化学制品，氢能机械设备如氢燃气轮机、氢能汽车、氢能发动机、加氢站设备、氢气储运设备等，还会包含氢能工程基建、氢能工程运营、氢能技术服务等。

氢能贸易必然会受到世界地缘政治的影响。作为对策，发展绿氢贸易要立足于打造国内、国际双循环的氢能经济体系。一方面加强国际合作，用好RCEP、WTO、“一带一路”等国际贸易机制，积极发挥中国在应对气候变化、帮助发展中国家的作用，树立中国负责任大国的形象。另一方面，更要打造好国内氢能贸易体系，以应对国际风云变幻。

要不断加强国内对“双碳”目标的正确理解，切实有序减碳加氢，稳步达到“碳中和”。提高对氢能贸易的认识，加强加快氢能贸易的整体部署和氢能贸易基础设施的建设，发展氢能贸易，促进氢能经济发展。

第四章

氢能示范城市建设

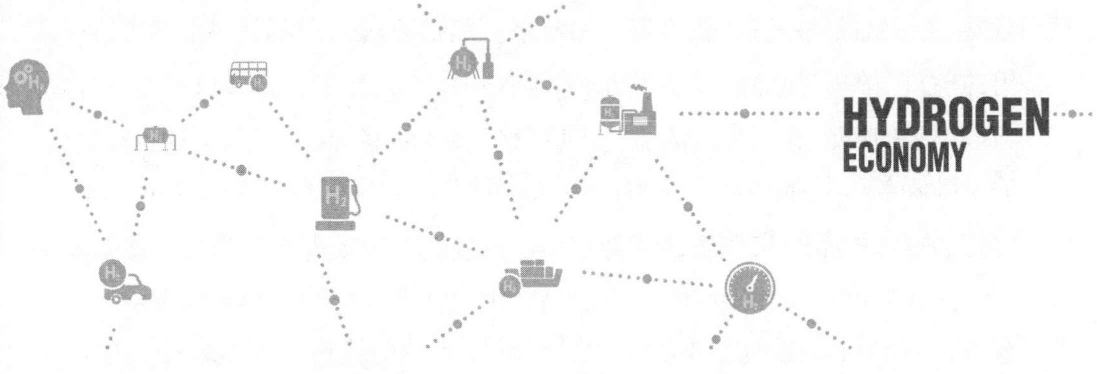

交通运输领域在中国温室气体排放中的占比约10%，目前中国政府正在积极推广燃料电池汽车（FCV）和低碳燃料氢，以助力交通运输部门脱碳。2020年，中国财政部等五部委联合发布了开展燃料电池汽车示范应用的通知并征集符合条件的示范城市群。在2021年至2022年间，共选定了京津冀、上海、广东、河南和河北五个城市群开展示范，牵头城市分别是北京市、上海市、佛山市、郑州市和张家口市。在此次示范项目下，每个城市群可获得最高18.7亿元人民币（约3亿美元）的资金，以支持燃料电池汽车和燃料氢市场的发展。

在该示范项目中，燃料氢的碳强度（CI）是主要评价标准之一。针对燃料氢的碳强度要求分为准入要求和奖励要求。准入要求是指示范城市群项目下使用的燃料氢的碳强度需要低于15kg(CO_2)/kg(H_2)［相当于125g(CO_2)/MJ］，才符合获得资金的资格。奖励要求是指示范城市群项目使用的燃料氢的碳强度需要低于5kg(CO_2)/kg(H_2)［相当于41.7g(CO_2)/MJ］，符合该要求的燃料氢视为清洁氢，可以获得额外的奖励。显然，该规则的目的是鼓励低碳氢的生产和使用，但当前的设计方案仍然存在一定的不足。首先，官方发布的文件缺乏碳排放量计算方法的规定细则和指导，比如文件中没有具体定义碳排放的评估边界；相关管理部门的工作人员表示，示范项目对燃料氢碳强度要求仅考虑制氢环节中的排放，也就意味着未考虑上游和下游的碳排放。此外，示范项目下的两项碳强度要求的严格程度是否足以推动低碳氢在中国实现规模化可持续发展也有待进一步研究。

一、背景

2021年，燃料电池汽车示范城市群首批名单公布，氢能将以燃料电池汽车形式在京津冀、长三角、珠三角等地区率先推广，将形成以点带面的发展动能。截至2021年末，首批燃料电池汽车五个城市群名单全部发布，分别为京津冀示范城市群（北京牵头）、上海示范城市群（上海牵头）、广东省示范城市群（佛山牵头）、河南省示范城市群（郑州牵头）和河北省示范城市群（张家口牵头），行业进入落地实施阶段，根据政策内容，每个示范城市群最高可获得17亿元补贴，奖励资金主要用于燃料电池汽车关键核心技术产业化，人才引进及团队建设，以及新车型、新技术的示范应用等（见表4-1）。

表4-1　燃料电池汽车示范城市群申报情况①

序号	城市群	牵头城市/区	参与城市/区	城市群示范目标
1	上海城市群	上海市	苏州市、南通市、嘉兴市、淄博市、宁东市、鄂尔多斯市	推广车辆数量10000辆，加氢站数量100座
2	京津冀城市群	北京市大兴区	海淀区、经开区、延庆区、顺义区、房山区、昌平区、天津滨海新区、唐山市、保定市、滨州市、淄博市	推广车辆数量5300辆，加氢站数量49座
3	广东城市群	佛山市	广州市、深圳市、东莞市、珠海市、中山市、阳江市、云浮市、福州市、淄博市、包头市、六安市	推广车辆数量10000辆，加氢站数量200座
4	郑州城市群	郑州市	洛阳市、新乡市、开封市、安阳市、焦作市、上海市嘉定区、奉贤区、上海自贸区临港片区、张家口市、保定市、辛集市、烟台市、淄博市、潍坊市、佛山市和宁夏回族自治区宁东镇	推广车辆数量5000辆，加氢站数量80座
5	河北城市群	张家口市	唐山市、保定市、邯郸市、秦皇岛市、定州市、辛集市、雄安新区、内蒙古自治区乌海市、上海市奉贤区、郑州市、淄博市、聊城市、厦门市	推广车辆数量7710辆

① 中国电动汽车百人会氢能中心整理。

按相关政策要求，示范期暂定为四年，示范期间将采取“以奖代补”方式，对入围示范的城市群按照其目标完成情况给予奖励。燃料电池汽车示范城市群项目强调了核心技术的创新和产业链的协同发展，提出要充分依托全国范围内产业链优秀企业实施示范，立足建立完整产业链供应链，畅通国内大循环，切实避免地方保护和低水平重复建设。通过示范城市群的建设，有助于中国燃料电池技术创新和迭代，加快燃料电池核心零部件环节的国产化进程。与2018年国补政策相比，示范城市群“以奖代补”政策在主要性能指标方面要求明显提升，同时补贴的侧重点（从下游主机厂转向上游核心零部件及关键材料企业）、补贴的直接获得对象（从主机厂转向牵头城市主导）、直接受益对象（不仅是主机厂，地方政策还可以直接补贴到零部件和材料企业）等都有较大变化。示范城市群的示范政策对产业发展将起到积极的促进作用。同时，示范城市群将推动行业规范化发展，避免一哄而上、各自为战、低水平重复建设等问题，为未来氢能规模化发展积蓄能量。

除了5个示范城市群，还有许多地区氢能发展也走在全国前列，例如山东城市群重视氢能及燃料电池汽车产业发展，依托自身资源优势积极开展产业培育，取得了一定发展成效。成渝城市群基本掌握氢能及燃料电池产业链关键材料及核心零部件技术。同时这些地区也出台了氢能、燃料电池汽车相关的政策和规划，在碳达峰、碳中和目标的驱动下，未来均有发展氢能的需求潜力，应切合实际稳妥推进规模示范，借鉴先进经验，探索出自身因地制宜的发展路径。

示范城市群建设过程也是燃料电池优质企业的培育过程。目前燃料电池汽车市场体量小，企业市场占有率低，企业应着力提高产品的可靠性和耐久性，争取订单和补贴，寻找契合的应用场景和商业模式，保质保量地完成示范任务。“十四五”期间将是燃料电池汽车产业的政策红利期，企业需整合资源、壮大实力，稳定上游原材料供应。同时，由于补贴获取周期较长，因此相关企业应致力于优化内部的现金流管理，确保现金流的稳定、健康。当前燃料电池产业竞争格局尚未明朗，龙头企业的引领作用尚不突出。未来随着市场份额、产能规模的不断扩大，将会有一批企业快速成长，形成自己的“护城河”。

二、项目政策与规划

2020年，中国财政部等五部门（财政部、工信部、科技部、国家发展改革委、国家能源局）联合启动了组建燃料电池汽车示范城市群的政府工作。此次在城市群开展燃料电池汽车示范应用的工作由财政部牵头，旨在通过中央财政、地方财政以及企业资金的投入来提高燃料氢消费量、燃料电池汽车销量以及推进氢燃料电池关键材料和核心部件的研发创新，从而推动整个燃料电池汽车市场的规模化应用和商业化发展以及降低交通运输领域的碳排放。每个申报城市群由一个牵头城市以及若干参与城市组成。各城市通常具有氢能产业链的某个环节的产业优势，或具备氢源优势，或具有先进的关键零部件研发生产能力，或具有规模较大、品牌影响力较好的整车制造企业，或具有特有的下游应用场景。因此，每个城市群内能够建立从上游制氢到下游用氢的较为完备的氢能全产业链，形成较好的氢能产业集群。在示范城市群中，牵头城市主要负责总体的规划，包括制定城市群示范实施方案，进行城市群内各参与城市的任务分工。此外，牵头城市还需负责跟进各自城市群参与城市的工作实施进展，并向财政部进行工作报告。

在四年的示范期内，每个入选城市群可从财政部获得最高18.7亿元人民币（约3亿美元）[1]的资金支持，燃料电池汽车推广资金上限为15亿人民币，氢燃料供应链推广资金上限为2亿人民币。在4年示范期结束后，根据专家评估结果，表现优异的城市群可以额外获得10%的资金奖励，共计18.7亿人民币。资金定向用于支持燃料电池汽车和燃料氢

[1] 本次研究假设1美元兑换6.5元人民币。

市场发展。入选后，每个城市群都需要满足一些基本的门槛指标才能有资格获得资金拨付。例如，示范期内，每个示范城市群辖区内登记注册的燃料电池汽车至少应达到1000辆，且每辆燃料电池汽车每年的平均行驶里程必须超过3万公里；每个城市群在示范期内需要新建运营至少15座加氢站；每个城市群的车用燃料氢年产量须超过5000t，并要求所使用的燃料氢的碳强度低于15kg(CO_2)/kg(H_2)[相当于125g(CO_2)/MJ][1]。

除了满足以上准入要求外，各城市群还要通过积分评定来确定最终获得的资金。此次财政奖励的原则是城市群每获得1积分可奖励10万元人民币（约1.5万美元）。其中，在燃料电池汽车推广应用环节，通过推广应用车辆技术和车辆数目，最高可获得15000积分；在氢能供应环节，最高可获得2000积分。两个环节都有具体的奖励标准。在整车推广方面，根据推广年份、燃料电池系统额定功率、车辆总质量等因素不同，其推广奖励积分也有所不同。例如，获取奖励积分最高的是在2020年度推广的总质量31t以上、燃料电池系统额定功率80kW（含）以上的重型货车，奖励积分可高达5.46分；而获取奖励积分最低的是在2023年度推广燃料电池系统额定功率50kW的乘用车或中小型货车，奖励积分仅0.9分。除了燃料电池汽车的推广之外，燃料电池汽车的关键零部件应用（技术水平和可靠性需经专家委员会评审通过）也能额外获得积分，上限为每款产品最多奖励1500分。在氢能供应方面，2020年至2023年期间，示范城市群在车辆上每加注使用100t燃料氢可根据年次分别获得7、6、4、3分奖励积分。除此之外，如果加注的燃料氢属于清洁氢，即燃料氢的碳强度低于5kg(CO_2)/kg(H_2)［41.7g(CO_2)/MJ］，每100t燃料氢可为示范城市群额外获得3积分；若燃料氢运输半径小于200km，每100t奖励1分；如果城市群以每千克不高于35元人民币（约5.4美元/kg）的零售价提供燃料氢，每100t燃料氢可再额外奖励1积分。

[1] 本次研究采用了氢气的低位热值（120MJ/kg）用于转化计算。

可以测算，2020、2021、2022、2023年若满足所有奖励积分，每100t燃料氢可分别获得12、11、9、8积分，相当于每公斤氢气奖励12～8元人民币（约1.8～1.4美元）。

此次示范项目共有19个城市群提出了示范申请。2021至2022年期间，五部门选定了其中的5个城市群，分别由北京、上海、佛山、郑州和张家口作为所在群的牵头城市。为了确保示范城市项目的成功，作为申请材料的一部分，每个城市群必须制定一套全面的实施方案，其中应详细说明燃料电池汽车技术发展规划、燃料电池汽车推广数量和类型、加氢站建设和运营方案、氢源和安全保障措施、地方政府将为支持上述各项工作提供的政策支撑。表4-2和表4-3总结了选定的五个城市群中牵头城市的燃料电池汽车和氢能产业现状，以及四年示范期结束时各城市群的发展目标。表4-2展示了燃料电池汽车和加氢站的数量、年加氢能力或需求、示范期后的制氢能力。表4-3展示了示范期前后制氢方式的构成变化。总体而言，每个选定的城市群都计划大幅增加燃料电池汽车的数量，特别是在重型车领域，同时计划增加加氢站的数量。另外，这五个城市群还计划增加燃料氢产量并拓展制氢方式的多样性。这些发展计划不仅针对牵头城市，也覆盖群组中的参与城市。

表4-2　五个示范城市群的燃料电池汽车和燃料氢产业现状和发展规划

示范城市群	示范期前			四年示范期结束			
	燃料电池汽车数量	加氢站数量	燃料氢加注能力/（t/a）	燃料电池汽车数量	加氢站数量	燃料氢加注能力/（t/a）	燃料氢加注需求/（t/a）
京津冀城市群[①]	700 78%公交客车 16%卡车 6%乘用车	10	2440	5300	49	95000	21000

续表

示范城市群	示范期前			四年示范期结束			
	燃料电池汽车数量	加氢站数量	燃料氢加注能力/（t/a）	燃料电池汽车数量	加氢站数量	燃料氢加注能力/（t/a）	燃料氢加注需求/（t/a）
上海城市群	1908 70%卡车 25%公交客车②	16	4050	5000 68%卡车 28%乘用车 4%公交客车	73	93100	13800
广东城市群	1457 >70%公交客车	16	1811	10000	200	465000	79160
河北城市群③	357 >90%公交客车	8	2900	7710	86	200000	40000
郑州城市群	223 100%公交客车	4	1100	≥5000	80	43200	22000

① 京津冀城市群到示范期结束时的氢产能和加注需求是根据参与城市发布的发展规划估算而得。

② 剩余的5%包括乘用车和邮政车。

③ 张家口城市群的氢产能和加注需求基于该城市群的申报信息。本书撰写时，最终文件尚未发布，数据可能与官方发布的最终文件存在差异。

注：由于缺乏参与城市的相关信息，示范期前的信息仅限牵头城市相关信息，示范期后的信息来源于每个示范城市群的整体发展规划。

在五个城市群提交的示范实施方案中，除了中央财政资金（奖励标准统一）外，各示范城市所在省级和各市（区县）也计划提供财政资金，但各城市群设置的资金配套类型及标准不尽相同。一种资金配套情况是城市群内鼓励按照不低于中央财政奖励的1∶1的资金配套，如上海城市群和郑州城市群。换言之，假如上海城市群因使用清洁氢而获得财政部提供的

100万元人民币的奖励，则上海城市群的省级和地方政府也将为该区域投入至少100万元人民币的奖励。另一种类型的资金奖励方案则是在不与中央奖励挂钩的情况下实施的，如广东城市群。对于广东省内的参与城市，根据广东省统筹安排，示范期内省、市、县（区）三级财政资金预计共投入43亿元人民币；广东省外的参与城市，则自行设置地方财政配套。

表4-3　五个城市群制氢方式的现状和发展规划

城市群	示范期前	四年示范期结束
京津冀城市群	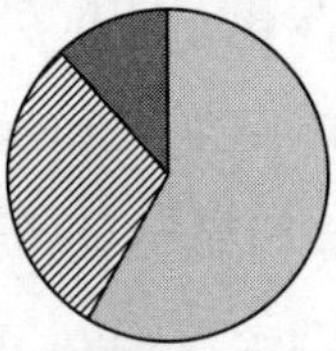	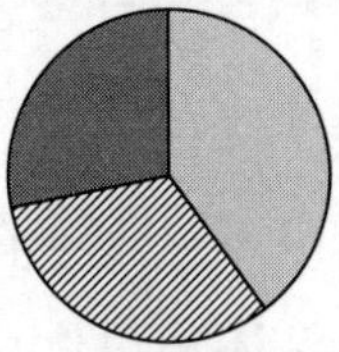
上海城市群	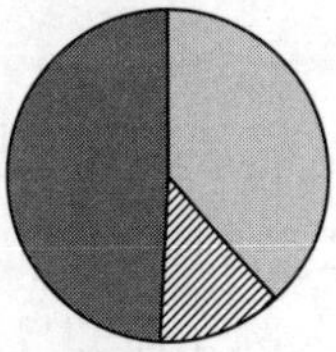	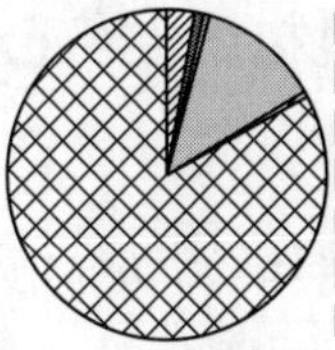
广东城市群	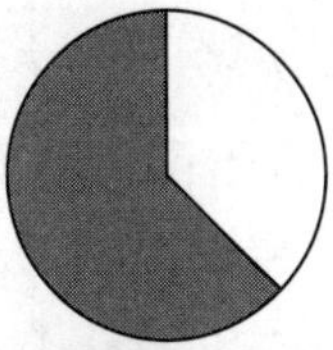	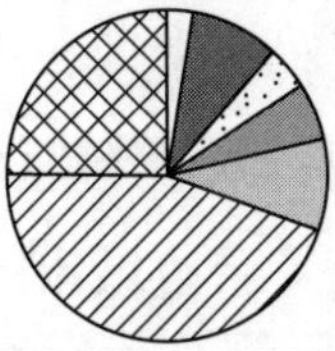
河北城市群	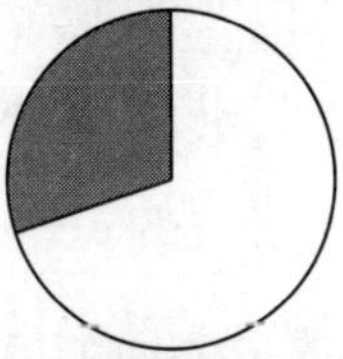	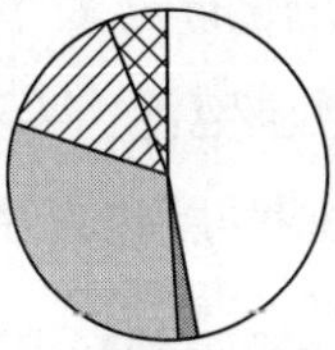
郑州城市群	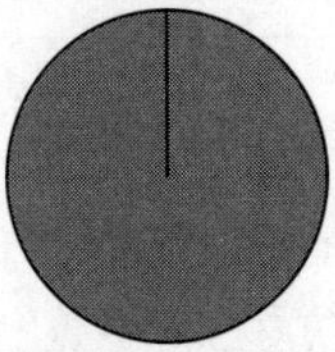	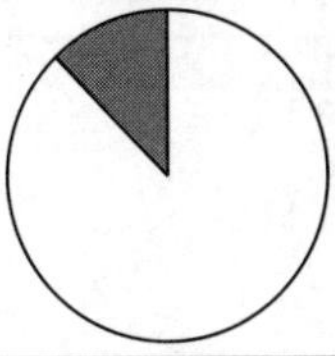

注：由于缺乏参与城市的相关信息，示范期前的信息仅限牵头城市相关信息，示范期后的信息来源于每个示范城市群的整体发展规划。（SMR—蒸汽甲烷重整）

根据每个城市群的总体资金计划，牵头城市和参与城市会相应制定其地方资金分配的规则，重点分为两个领域：燃料电池汽车推广和加氢站运营。表4-4列出了一些牵头城市所采取的财税支持规定。但是各个参与城市会根据自身实际情况出台本地区的奖励政策。

除了资金奖励措施外，入选的城市群还计划在部分城市通过其他非财政激励政策来加快推动燃料氢生产和燃料电池汽车的应用。例如，根据规定，中国的制氢厂必须位于化工园区内，这对燃料氢规模化生产和应用造成了较大的发展障碍。目前已经有部分省市政府为在化工园区外建设燃料氢生产设施审批提供了绿色通道。例如，河北的风电制氢厂和佛山市的制氢加氢一体站，都可以不受限于在化工园区内生产的规定。此外，广东省和河北省（张家口市）还通过优惠电价的方式来激励水电解制氢，两个地区分别将电价上限限制在0.26元/（kW·h）和0.36元/（kW·h），从而降低水电解制氢的成本。此外，许多主要城市设置了交通限行规定，但淄博、天津等多个城市已经为燃料电池汽车提供了道路行驶方面的特权。

尽管中国已经从国家和地方层面在推动氢能和燃料电池汽车应用方面做出了许多努力，但我们发现，现有政策大部分是为燃料电池汽车的生产和应用提供支持，而针对燃料氢生产，特别是低碳氢生产的政策则很少。根据示范项目的设计，示范城市群推广燃料电池汽车可获得的资金要远远大于推进燃料氢可获得的资金（分别为15000积分和2000积分）。然而，燃料氢的成本对于燃料电池汽车的拥有总成本而言是非常重要的影响因素。同时，燃料氢的碳强度也是决定交通领域低碳化进程的关键。

表4-4　五个牵头城市在燃料电池汽车整车和加氢站的市级财政补贴政策

牵头城市	针对燃料电池汽车推广应用	针对加氢站
北京	—轻型车每行驶1万公里可获得3000元人民币[①]； —重型车每行驶1万公里可获得1万元人民币	为日加注量大于等于1000千克或大于等于500千克的加氢站提供两个档位的补贴

续表

	针对燃料电池汽车推广应用	针对加氢站
上海	为年行驶里程大于2万公里的卡车和公交客车提供以下年度补助[②]： 车辆质量12～31吨的车辆每辆最高5000元人民币； 车辆质量大于31吨的车辆每辆最高2万元人民币； 每辆公交客车最高1万元人民币	最高补贴加氢站投资成本的30%； 如果氢气零售价格小于等于35元/千克，2021年可提供20元/千克的补贴，2022—2023年为15元/千克，2024—2025年为10元/千克
佛山	根据车辆类型，每辆车6000～11500元人民币	日加注能力大于等于500千克的加氢站可获得100万～250万元/站的补贴
张家口		日加注能力200～500千克的加氢站可获得400万元/站的补贴；日加注能力大于500千克的加氢站可获得800万元/站的补贴
郑州	补贴燃料电池汽车生产企业销售收入的5%	补贴加氢站投资成本的50%

① 轻型车指车辆质量小于4.5吨的车辆；重型车指车辆质量大于等于4.5吨的车辆，含公交客车。

② 最多提供3年至2025年底。

注：资金提供对象包括燃料电池汽车车主、燃料电池汽车生产企业和加氢站运营商。

当前，燃料电池汽车示范城市群项目为燃料氢设定了碳强度的准入要求，并为清洁氢设定了可以获得额外资金的碳强度奖励要求，但却缺少关于示范城市群如何实施这项政策的关键细节。一方面，此次示范项目并没有出台燃料氢的排放测量指南，官方文件中也没有规定碳排放评估的系统边界（财政部，2020）；相关管理部门的工作人员表示，示范项目所设定的碳强度仅限于制氢环节的二氧化碳（CO_2）排放，并不包括原材料的上游排放，以及燃料氢储运和应用端的下游排放。另一方面，对示范城市群氢能碳排放的计算、审核和评估方法也有待确定。目前中国唯一有关氢能碳排放评估和认证的标准是于2020年生效的团体标准T/CAB 0078—2020《低碳氢、清洁氢与可再生氢的标准与评价》，除此之外尚未制定相关的国家标准。T/CAB 0078—2020提供了氢生产碳排放的评价方法，包括系统边界和审核要求。此外，该标准中还基于温室气体排放量对低碳氢、清洁氢和可再生氢进行了定义（表4-5）（中国产学研合作促进会，2020）。虽然T/CAB 0078—2020对于低碳氢和清洁氢的排放定义与示范城市项目下的两项燃料氢碳强度要求相似，但前者包含了其他温室气体排放（CO_2、甲烷和氧化亚氮），而示范城市项目中仅包括CO_2排放。由于缺少官方指定的燃料氢碳排放评估方法，目前尚不知示范项目将使用哪项标准。

表4-5 T/CAB 0078—2020对于低碳氢、清洁氢和可再生氢的定义

氢类别	燃料氢生产环节的温室气体排放限值/［kg(CO_2当量)/kg(H_2)］	燃料氢生产环节的温室气体排放限值/［g(CO_2当量)/MJ］
低碳氢	14.51	120.92
清洁氢	4.9	40.83
可再生氢（制氢所使用的能源为可再生能源）	4.9	40.83

此项研究的主要目的是通过评估中国不同制氢方式的碳强度，为示范城市群项目的政策制定者提供燃料氢碳排放方面的建议。具体而言，我们评估了11种制氢方式的温室气体排放量，以及示范城市群项目为支持中国低碳氢经济发展方面所发挥的作用。本次研究的结果指明哪些制氢方式可以满足示范城市群项目所设置的15kg(CO_2)/kg(H_2)的准入要求，以及5kg(CO_2)/kg(H_2)的奖励要求。对北京、上海和佛山三个示范城市群的燃料氢市场情况进行案例分析，结合欧盟和美国在支持低碳氢方面的政策和经验，最后基于评估结果和国际经验，致力于寻找能够提供最大脱碳潜力的

制氢方式，提出中国规模化商业化发展低碳燃料氢的政策建议。

三、示范城市案例分析

我们对北京、上海和佛山三个牵头城市进行案例研究。我们首先分析各个城市氢能和燃料汽车产业的整体情况并讨论每个城市所面临的挑战，然后，根据全生命周期评估结果，我们会评估案例城市所在城市群的燃料氢的整体气候影响。

（一）北京

1. 氢能供应保障方面

在示范前，北京已推广燃料电池汽车近700辆，以客车、轻型货车、冷藏车为主，行驶路程共计约2200万公里，加氢量累计约1200吨。北京地区示范前的氢气主要来自燕山石化和环宇京辉，这两家制氢企业同时也是北京冬奥会配套加氢站氢气的保障单位。燕山石化制氢项目作为中国石化与2022年北京冬奥会官方战略合作项目，设计规模为2000m^3/h（约1440吨/年），装置利用企业内炼油系统的副产氢气，采用变压吸附（PSA）工艺提纯制氢。环宇京辉主要提供天然气制氢和网电制氢，其中天然气重整制氢产能为800m^3/h，水电解制氢产能为500m^3/h，年产能共计1040万m^3（约1000吨/年）。截至2022年6月，北京运营加氢站共计10座，日加氢能力共计13.8吨（年加氢能力5037吨）。其中，位于大兴国际氢能示范区、日加氢量达4.8吨的大兴国际氢能示范区加氢站是目前全球最大加氢站。假设按照示范要求的每年3万公里运营里程来计算，700辆车每年大约需要1470吨氢气[1]，目前北京市的制氢

[1] 假设7kg氢气每百公里。

能力和加氢能力完全能保障示范前燃料电池汽车的日常运营用氢。但在2022年2月，北京市明确提出到年底全市计划新增推广应用800辆以上的燃料电池汽车，而在《北京市氢能产业发展实施方案（2021—2025年）》中，更是明确在2023年前推广燃料电池汽车3000辆，2025年前实现燃料电池汽车累计推广量达到1万辆的目标；这部分新增的燃料电池汽车将对制氢能力和加氢能力提出更高的挑战，未来两年需要加快制氢产能以及加氢基础设施的建设。

2. 助力实现北京冬奥会碳中和

在2022年北京冬奥会期间，张家口、延庆、北京三个赛区共投入超过1000辆燃料电池汽车作为通勤保障交通工具，是迄今为止在重大国际赛事中投入规模最大的燃料电池汽车示范项目，也是燃料电池大型客车服务国际级运动赛事数量最多的一次。对于在北京冬奥会投入使用的燃料电池汽车，在使用环节，相比传统汽车可大幅降低二氧化碳排放，是北京冬奥会实现碳中和目标的重要路径。但考虑燃料氢的全生命周期碳排放，燃料氢并非全部是零碳排放，在未来仍需考虑在生命周期降低碳强度，让氢气成为真正的清洁能源。

3. 北京氢能发展面临的挑战

由于《加氢站技术规范（2021年版）》GB 50516—2010中明确“在城市中心区不应建设一级加氢站”的标准限制，城区还未批准建设加氢站。目前的北京加氢站基本集中于房山、延庆、大兴等远郊区县，建设目的以服务冬奥会为主。城区的车辆应用和加注环节存在空间的脱节，不利于未来燃料电池汽车的大规模推广。

加氢站土地成本较高。由于北京土地成本较高，城区加氢站平均单亩土地成本高达几百万甚至上千万元人民币。如果单独购买土地建设加氢站，单站的平均成本过高，而如果可以利用目前城区加油站的土地资源建设加氢合建站或综合能源站，可以节约主城区的商业地、缩短土地的审批时间以及降低土地成本，但目前受标准和政策限制，城区加油站改造为加氢站还未放开。

此外，当下北京燃料电池汽车数量仍然偏少，距离2023年3000辆的目标仍有差距，导致加氢需求不足，加氢站普遍不能满负荷运行，盈利压力较大，未来应平衡供应端和应用端的协同发展。到2025年，预计1万辆燃料电车汽车的年氢气消耗总量大约为2.1万吨。对比目前的氢气供应能力，还存在较大的供应缺口，需要根据车辆规划数量，增加制氢产能和加氢站数量，完善氢能供应基础设施网络。

4.燃料氢的碳强度

表4-6、表4-7和表4-8分别展示了北京、上海和佛山城市群在四年示范期结束时的制氢方式和氢产量规划。我们根据年产量计算出每种制氢方式的占比并根据份额占比加权计算平均碳强度（基于制氢环节的CO_2排放或全生命周期温室气体排放）。每种制氢方式的计划年产量以及由此计算得出的产量份额占比和权重平均碳强度会逐年发生变化，而这三个表中仅展示了到示范期结束时的规划产量。表中所计算的加权平均碳强度仅代表燃料氢生产端的碳强度，不代表交通部门加注使用燃料氢所产生的碳强度。这是因为生产出的氢能可能会用于交通部门以外的其他行业，因此不同制氢方式的产量占比与实际加注量占比可能有所不同。

到四年示范期结束时，工业副产氢将成为北京城市群的主要氢源。其余的32%为绿氢，这也是北京城市群所采用的三种制氢方式中唯一有资格获得清洁氢额外奖励的制氢方式。经计算，北京城市群制氢环节的加权平均CO_2排放强度为7kg(CO_2)/kg(H_2)，较其全生命周期温室气体排放低24%。

表4-6　示范期结束时北京城市群各制氢方式的份额占比和碳强度

发展规划中的制氢方式	发展规划中的年产量/t	占比	制氢环节的CO_2排放/（kg/kg）	全生命周期温室气体排放/［kg（CO_2当量）/kg（H_2）］
焦炉煤气副产氢	38000	40%	10.93	13.05
液态天然气裂解副产氢	26600	28%	9.36	11.73

续表

发展规划中的制氢方式	发展规划中的年产量/t	占比	制氢环节的 CO_2 排放/（kg/kg）	全生命周期温室气体排放/［kg（CO_2 当量）/kg（H_2）］
可再生电力水电解制氢（绿氢）	30400	32%	0	2.08
合计	95000	100%	—	—
加权平均碳强度	—	—	7.0	9.2

（二）上海

1. 氢能供应保障方面

在示范前，上海已推广燃料电池汽车1908辆，行驶路程共计约1700万公里，主要覆盖物流、公交、通勤等应用场景。上海市示范前的氢气主要来自华林气体、化工区气体以及宝钢股份宝山基地，年制氢能力共计4050吨。其中华林气体、上海化工区气体所提供氢气为天然气重整制氢，年充装能力分别为3000吨和750吨，宝钢股份宝山基地所提供的氢气为焦炉煤气副产氢提纯，年充装能力为300吨。在加氢站方面，上海市已建成9座加氢站，日加氢能力共计8.9吨（年加氢能力3249吨）。其中，上海安亭加氢站于2007年投入运行，是连续安全运营时间最长的加氢站；上海化工区驿蓝加氢站具有35MPa和70MPa两种加注压力，是国内首个管道输氢的加氢站、首个商业化加氢母站及首个商业化70MPa加氢站；2019年正式投用的中石化安智路油氢合建站、西上海油氢合建站是上海市第一批获得充装许可证的油氢合建站，对未来规范油氢合建站运营管理体制具有里程碑意义。按照目前1908辆的燃料电池汽车数量，假如所有车辆年运营里程达到每年3万公里，上海市的年加氢需求将在4000吨左右，接近上海市的加氢能力。

2. 创新性政策、领先做法

上海是中国发展氢能和燃料电池汽车产业较早地区，在示范推广、财政投入、安全监管等方面走在全国前列。例如，在示范推广方面，2018年3月发布了《上海市鼓励购买和使用新能源汽车实施办法》，明确了给予燃料电池汽车免费牌照支持。在财政投入方面，上海市综合发挥战略性新型产业项目、工业强基项目、科研创新专项、产业转型升级专项等政策作用，累计投入财政资金逾10亿元人民币；相对其他示范城市，上海市在一些示范任务的资金配套也是比较激进的，例如整车购置奖励方面，国补与市补的资金配套达到1∶2，对整车的推广将起到快速推动效果。在安全监管方面，依托上海市新能源汽车公共数据采集与监测研究中心，上海实施对燃料电池汽车运行数据的采集监控和分析应用，已接入1483辆燃料电池汽车运行数据，已建成了加氢站与燃料电池汽车公共数据平台，实现车站数据协同，为今后产业的安全监管提供良好经验和借鉴。

3. 燃料氢的碳强度

产自宁东镇的甲醇裂解制氢将是上海城市群的主要氢能来源，在总份额中占比82%。由可再生原料制氢（即填埋气和可再生电力）的比例不足1%。因此，上海城市群的平均加权碳强度相对较高。上海城市群生产的燃料氢中，有13%可以获得示范城市群项目下清洁氢额外奖励。然而，示范城市群项目下设定的系统边界会导致燃料氢的整体排放影响被低估34%：上海城市群的加权平均生命周期温室气体排放超过了15kg(CO_2当量)/kg(H_2)。在本次研究评估的三个案例中，上海城市群的燃料氢碳强度是最高的。

表4-7　示范期结束时上海城市群各制氢方式的份额占比和碳强度

发展规划中的制氢方式	发展规划中的年产量/t	占比	制氢环节的CO_2排放/（kg/kg）	全生命周期温室气体排放/[kg(CO_2当量)/kg(H_2)]
氯碱工业副产氢	86400	3.1%	10.4	12.49
焦炉煤气副产氢	26000	0.9%	10.93	13.05

续表

发展规划中的制氢方式	发展规划中的年产量/t	占比	制氢环节的CO_2排放/（kg/kg）	全生命周期温室气体排放/[kg（CO_2当量）/kg（H_2）]
天然气SMR	349000	12.6%	9.18	13.42
填埋气SMR	8000	0.3%	0	−51.4
平均电网水电解制氢	2200	0.08%	0	53.2
可再生电力水电解制氢（绿氢）	9000	0.3%	0	2.08
甲醇裂解制氢	2300150	82.7%	13.6	20.9
合计	2780750	100%	—	—
加权平均碳强度	—	—	12.83	19.37

注：平均电网水电解制氢的排放基于上海电网构成情况计算得出。

（三）佛山

1. 在氢能供应保障方面

在示范前，佛山已推广燃料电池汽车1457辆，行驶路程共计约1390万公里，主要以燃料电池公交车为主。佛山示范前的氢气主要来自周围城市的气体公司，包括联悦、华特气体、广钢林德、普莱克斯、法液空等，年供氢能力大约为1811吨，主要以氯碱副产氢、甲醇裂解制氢、丙烷脱氢等制氢方式为主。在加氢站方面，佛山市已建成16座加氢站，日加氢能力共计11.35吨（年加氢能力4143吨）。其中，2019年首期建成的松岗禅炭路加氢站是国内首个参照SAE J2601《轻型气态氢表面车辆用燃料添加协议》及J2601-2《气态氢动力重型车辆的燃料协议》开发建设的加氢站，符合国际加氢站技术发展趋势，成为国内加氢站的标杆。从目前已推广的燃料电池汽车数量、供氢能力以及加氢能力来看，佛山市的加氢能力能够保障目前车辆的用氢需求，但是其供氢能力略显不足，由于佛山市自身制氢资源有限，因此需要从周边地区得到氢源保障；未来随着车辆推广数量增加，佛山将会和周边地区形成更加紧密的氢源供求关系。

2. 创新性政策、领先做法

佛山是全国首个成功建成“制氢-加氢加气一体化站”的城市。通过佛山市氢能产业发展领导小组协调机制，以会议纪要形式明确站内制氢-加氢母站为佛山市氢能产业配套项目，可不在化工园区立项建设，成功建成南庄站内制氢-加氢加气一体化站，并通过“自产自用”的方式打通应用环节，实现运营。解决氢能供应体系主要存在本土氢源匮乏、储运效率低等问题。2021年7月28日下午，国内首个站内天然气制氢加氢一体站——佛山市禅城区南庄制氢加氢、加天然气一体化站（以下简称“南庄站”）启动试运行，南庄站采用撬装式天然气制氢装备，制氢能力为500m^3/h，水电解制氢能力为50m^3/h，日制氢加氢能力达到1100kg，可满足公交车100车次或物流车150车次的加氢需求。南庄加氢加气一体化站可有效缓解地区氢能源紧缺的局面，对降低氢气供应成本和提升氢气供应能力具有重要意义。

3. 佛山氢能发展的问题

目前，佛山市只有华特气体可以生产氢气，氢气产能仅为1吨/天左右，且主要用于工业生产。加氢站氢气主要从广州、江门、东莞、珠海等周边地区外购，遇到市场波动无法保证氢气充足供应。氢源是佛山市氢能产业发展的瓶颈问题，佛山市应加快布局建设制氢厂，解决卡脖子问题。

由于佛山当地缺乏氢源，大部分为外地调运，导致当地加氢站氢气售价较高，2021年上半年由于周边供氢困难，氢气售价一度涨至80元/kg。因此，较高的氢气价格将成为未来氢能乘用车推广的一大障碍。

佛山市的核心区，如南海区、禅城区等土地资源紧缺，规划用地指标紧张，土地开发达到瓶颈期，土地使用成本较高，新的土地空间仍未开拓，给氢能产业规模化发展造成很大的制约。加氢站、制氢厂等基础设施建设的选址也面临较大困难，给佛山市氢能产业发展和空间布局的进一步拓展带来严峻挑战。

4.燃料氢的碳强度

示范期后，佛山城市群中半数以上的燃料氢产自于工业副产氢。佛山城市群也将推进扩大水电解制氢规模。整体上，佛山城市群中29%的氢可以获得清洁氢额外奖励。佛山城市群制氢环节的加权平均CO_2排放计算结果与北京城市群相近。不过，由于平均电网制氢的占比较高，佛山城市群的制氢环节CO_2排放与全生命周期温室气体排放之间的差距是三个城市群中最大的，全生命周期温室气体排放要比制氢环节CO_2排放高出39%。

表4-8　示范期结束时佛山城市群各制氢方式的份额占比和碳强度

发展规划中的制氢方式	发展规划中的年产量/t	占比	制氢环节的CO_2排放/（kg/kg）	全生命周期温室气体排放/［kg（CO_2当量）/kg（H_2）］
可再生电力水电解制氢（绿氢）	107549	24.7%	0	2.08
平均电网水电解制氢	19600	4.5%	0	41.15
天然气SMR	37200	8.5%	9.18	13.42
甲醇裂解制氢	22900	5.3%	13.6	20.9
液态天然气裂解副产氢	196000	45%	9.36	11.73
焦炉煤气副产氢	40500	9.3%	10.93	13.05

续表

发展规划中的制氢方式	发展规划中的年产量/t	占比	制氢环节的 CO_2 排放/（kg/kg）	全生命周期温室气体排放/［kg（CO_2 当量）/kg（H_2）］
氯碱工业副产氢	11700	2.7%	10.4	12.49
合计	435449	100%	—	—
加权平均碳强度	—	—	7.0	11.44

注：平均电网水电解制氢的排放基于广东电网构成情况计算得出。

四、总结

估算了中国11种制氢方式的碳强度，并将其与中国示范城市群项目的资质要求进行了对比，碳强度达到15kg(CO_2)/kg(H_2)的制氢方式才能符合示范项目的准入条件，达到5kg(CO_2)/kg(H_2)的制氢方式可以获得额外的清洁氢奖励。在本次进行分析的11种制氢方式中，我们发现只有煤气化制氢不符合准入要求，不能在示范项目下使用。有四种制氢方式满足获得额外奖励要求，分别是天然气制氢结合CCS技术、填埋气制氢、100%可再生电力水电解制氢（绿氢）或平均电网水电解制氢。不过，就这些结果需要我们进一步予以关注。

示范城市群项目下的两项燃料氢碳强度要求只包括制氢环节产生的 CO_2 排放。这种要求不足以全面体现燃料氢的整体气候影响。特别是采用平均电网水电解制氢，其在生产环节的排放为零，有资格获得清洁氢奖励，但从全生命周期的角度而言，电网（根据全国电网）水电解制氢的温室气体排放实际位居11种制氢方式之首，是示范项目碳强度准入限值15kg(CO_2)/kg(H_2)的两倍以上。因此，在未来的氢能政策中应当考虑全生命周期带来的温室气体排放，以更全面地了解采用替代燃料所带来的整体气候影响。

此外，我们发现，燃料氢的碳强度限值设置得不够严格，从长期来看，难以推动燃料氢的低碳化发展。示范城市群项目中设定的燃料氢碳强度准入要求为125g(CO_2)/MJ（制氢环节二氧化碳排放），甚至高于车用燃油90g(CO_2当量)/MJ的碳强度（燃料全生命周期温室气体排放）。中国唯一的氢工业标准T/CAB 0078—2020也存在类似的问题，其中定义的“低碳氢”碳强度限值高达121g(CO_2当量)/MJ，因此，中国相关部门有必要对燃料氢制定更加严格的碳强度要求，并将碳核算范围扩大到全生命周期温室气体排放；可以参考欧盟对交通部门燃料氢生命周期碳强度28g(CO_2当量)/MJ[3.5kg(CO_2当量)/kg(H_2)]的要求。更加严格的碳强度要求可以确保燃料氢能够从真正意义上实现交通部门温室气体减排的目标。

如果示范城市群项目在现阶段无法修改碳强度要求，我们建议入选城市的地方政府先控制使用煤制氢，并控制使用没有绿电证书的电网电力来进行水电解制氢。同时，为了确保碳强度要求的合规性，有必要构建一套强有力的碳核算、认证和审核体系。目前在中国，燃料氢行业没有标准化的碳核算和审核体系。因此，中国企业用于估算碳排放的方法和数据均有所不同，相同制氢方式的估算结果也会存在很大差异。由于示范城市群项目已经在进行过程中，国家政府部门的一项关键任务就是建立一套标准化且可靠的碳排放核算和审核体系，以支持示范城市群项目下的氢能准入资格和额外奖励资格评估。这样的体系能够确保使用正确一致的方法进行碳核算，避免虚假申报带来的潜在气候风险。

尽管绿氢、天然气结合CCS技术制氢以及填埋气制氢都符合示范项目中的清洁氢要求，但其中绿氢进行大规模推广的潜力是最大的。目前CCS技术和填埋气收集在中国的应用尚不普遍，推广实施将面临包括技术、经济性和标准化方面的多种障碍。相比之下，中国政府正在大力扩大绿氢的生产规模。此外，为了确保绿氢能够切实带来温室气体减排，必须确保制氢所使用的可再生电力是额外产生的，而并非从其他用途挪用而来。否则，由于石化能源在中国电网中所占的比例很高，其整体气候效益将受到极大损害。因此，我们建议建立一套认证系统，显示电力来源，同时证明所使用的可再生电力为制氢需求所产生，即额外性。另外，国家和地方政府可以考虑为绿氢提供的另一项激励措施是放宽对其生产地点的限制，允许在化工园区之外生产绿氢。

在中国能源转型和实现国家脱碳目标的过程中，燃料氢在目前和未来都将是一种重要的燃料。尽管中国正在朝着扩大绿氢生产的方向迈进，但仍需要完善燃料氢补贴资格要求，以促进低碳氢源的发展，鼓励氢能产业实现温室气体减排。本研究中的各项建议旨在为中国国家和地方政府提供建议支持，为开展示范城市群项目和制定未来的氢能政策提供参考。

第五章

环境与气候效应

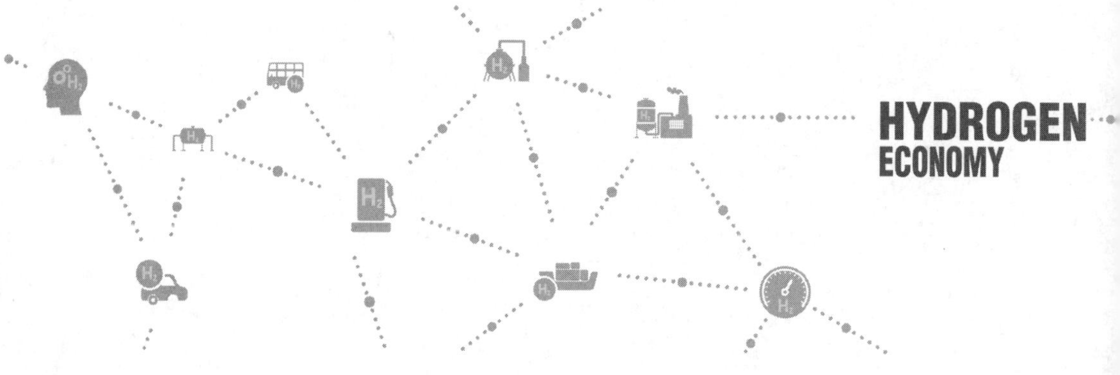

在全球应对气候变化的大背景下，许多国家以“绿色复苏”为主要目标制定了行动方案。氢能已成为多国实现经济绿色复苏的关键领域，也是我国实现“双碳”目标的必要组成部分。

一、氢能的环境与气候效益

（一）氢能是多国实现绿色复苏的核心要素

新冠疫情的暴发引发了全球关于发展路径的广泛探讨，许多国家以“绿色复苏”为主要目标制定了行动方案。氢能已成为多国实现经济绿色复苏的关键领域，也是我国实现“双碳”目标的必要组成部分。与疫情冲击下全球经济增速放缓趋势相反，氢产业呈现出前所未有的蓬勃发展趋势。截至2021年初，全球已有30多个经济体发布氢能路线图，世界各国政府承诺的公共资金支持已超1万亿美元。据IEA统计，当前已发布氢能战略的国家承诺投入370亿美元，并计划撬动私营部门投资3000亿美元用于氢能工业生产。国际可再生能源委员会发布的《世界能源转型展望》，将氢作为实现1.5℃气候变化目标的主要解决方案之一，提出到2050年氢可以提供全世界所需减排量的10%。彭博财经预测，到2050年氢有望满足全球近25%的能源需求。

2020年以来，氢能全球商品化趋势凸显，多国致力于推动绿氢以及民用液氢的全球贸易与标准化进程。欧盟、日韩、澳大利亚等国家均将发展全球氢贸易体系作为重塑其未来全球竞争力的突破口，积极布局氢能国际供应链。自2019年初到2021年中，全球在氢的制储输用领域的股权投资规模超越以往。全球已宣布了228个大型氢能项目，其中85%位于欧洲、亚洲和澳大利亚。如果所有项目都取得成果，到2030年氢能产业总投资将达到4万亿美元，其中半数资金流向工业氢领域，其次是交通领域（包括对合成燃料生产工厂、加氢站和大型企业制造项目的投资），其余投资用于发电、住宅和工业供暖。

基于国际能源署未来氢能（2019）报告，多个智库预期，氢能有望作为与天然气同等地位的能源物质参与国际贸易，并逐步取代天然气。

全球普氏能源资讯于2019年底发布了全球首个绿氢价格指数。

（二）氢能是我国实现“双碳”目标的关键环节

氢能高效、灵活、低碳，将在我国能源转型中扮演关键角色。如表5-1所示，近期多个研究机构提出，“双碳”目标下氢能在我国终端能源结构中的占比将达到10%～20%。2021年落基山研究所、中国投资协会联合发布《零碳中国绿色投资》，预计2050年氢能将占到中国终端能源消费的12%。中国电动汽车百人会发布的《中国氢能产业发展报告2020》提出，到2025年，可再生能源氢的占比将从约1%提高到5%，到2050年，中国的氢年需求量将达到6000万吨，可减排二氧化碳7亿吨，氢占终端能源总量的份额将达到10%，可再生能源电解制氢规模将达到4000万吨，成为占比最高的制氢方式。氢能将与电力协同互补，共同作为终端能源体系的重要主体，在我国交通、工业、建筑、电力等部门得到广泛应用，并带动形成十万亿级的新兴产业。

表5-1　中国氢能产业未来发展预测

智库研究	氢能远景目标
2020年中国电动汽车百人会发布《中国氢能产业发展报告2020》	2050年，中国氢年需求量将达到6000万吨，氢占终端能源总量的份额将达到10%。可再生能源电解制氢规模将达到4000万吨，成为占比最高的制氢方式
2021年落基山研究所、中国投资协会联合发布《零碳中国绿色投资》	2050年，氢能将占到中国终端能源消费的12%。2020到2050年，氢能产业总投资达1.6万亿元，其中用于加氢站和输氢管道的投资达1万亿元
2021年中国氢能联盟发布《中国氢能源及燃料电池产业白皮书2020》	2050年，氢的年需求量增加至1.3亿吨左右；在终端能源体系中占比达到20%。可再生能源为主的绿氢将提供80%氢能需求。此外，采用CCUS技术的低碳氢碳减排量近2亿吨/年 2060年，低碳供氢体系CO_2减排量约18亿吨/年，约占当前我国能源活动二氧化碳总排放量的19%

续表

智库研究	氢能远景目标
2021年国际能源署（IEA）发布《中国能源体系碳中和路线图》	2060年，中国低碳氢和氢燃料在最终能源使用总量中的总比例接近10%。工业部门占需求总量的40%。到2060年，氢燃料将满足约25%的运输能源需求

注：根据公开信息整理。

（三）发展“绿氢”是全球共识，仍需系统性支持

现阶段制氢路径主要包括化石能源制氢、可再生能源电解水制氢、化工过程副产氢等三种。其中可再生能源电解水制氢（以下统称为“绿氢”）不产生碳排放，纯度较高，是未来最具潜力的氢能供应方式。近年来，将化石能源制氢与碳捕集封存（carbon capture and storage，CCS）技术结合制氢（以下统称“蓝氢”）获得了广泛应用，蓝氢也被视为另一种低碳制氢的主要方案。

绿氢有望成为钢铁、化工、航运、重载和航空等部分关键行业实现深度脱碳的最佳选择。根据BP《世界能源展望（2020版）》预测，在净零排放情景下，2050年超过95%的氢将采用低碳排放的方式制取，其中一半为绿氢，另一半为蓝氢，剩下5%为灰氢。据欧洲氢联盟和麦肯锡预测：到2030年，全球绿氢的应用规模为7500万吨，其中2500万吨可用于氨、甲醇等工业用途，同时，氢能在交通部门可替代500亿升柴油，也能够为钢铁生产企业节约标煤约600万吨。

统观全球，到2030年，预计全球对氢能产业的融资需求高达1.2万亿美元，而当前的投资规模仅满足这一目标的四分之一，绿氢的资金仍严重依赖于公共部门支持。

聚焦我国，也迫切需要明确与“双碳”目标相一致的氢能产业发展路径。据中国氢能联盟发布的《中国氢能源及燃料电池产业白皮书2020》分析，我国绿氢仅占氢总产能的4%。IEA预测到2030年对我国

氢的年投资需求将达到70亿美元（460亿元人民币）以上，2060年将达到700亿美元（约4950亿元人民币）。如果公共资金占比10%，则到2030年，所需年度公共资金投入为46亿人民币，且仍需撬动市场资金414亿元。目前，我国氢能产业顶层设计还未出台，绿氢还不具备大规模商业化的条件；清洁能源、负碳技术的相关鼓励政策未实现对绿氢产业的直接支持；碳市场价格调节机制对绿氢产业的传导和积极影响有限，绿色金融支持绿氢能发展的能力有待提升。

二、中国燃料氢的温室气体排放

在本节中，我们将评估中国各种制氢方式的全生命周期温室气体排放情况。所涵盖的制氢方式既包括现有技术，也包括一些可能将在短期内发展应用于示范项目的制氢技术。在评估过程中，我们基于中国国情对相关参数进行调整。首先对本研究的各种制氢方式进行介绍，然后介绍温室气体排放量评估的方法论，并对不同制氢方式的温室气体排放结果进行评估，讨论其排放结果产生的影响。

（一）本研究的制氢方式

根据五个示范城市群的示范实施方案，我们选定了方案中提及、中国目前常见或未来可能采取的11类制氢方式，这些制氢方式包括:

（1）使用化石天然气进行蒸汽甲烷重整（SMR）制氢，附加或不附加碳捕集与封存（CCS）技术；

（2）使用生物质甲烷进行SMR制氢；

（3）煤气化制氢，附加或不附加CCS技术；

（4）使用可再生电力或平均电网电力进行水电解制氢；

（5）甲醇裂解制氢；

三种工业副产氢提纯：氯碱、焦炉煤气和液态天然气（LNG）裂解副产氢。

这些制氢方式涉及中国目前已经应用或短期内计划投入的技术。当前，中国生产的大部分氢来自煤炭（不同统计口径下，约40%～60%）以及工业副产品（不同统计口径下，约20%～30%）。其中，能够产生气态氢作为副产品或关联产品[1]的三个典型行业包括：（1）氯碱行业；（2）钢铁炼焦行业，其产生的焦炉煤气含有55%（体积分数）的氢气；以及（3）液态天然气裂解。

蒸汽甲烷重整（SMR）在中国也是一种比较流行的制氢技术。虽然大多数SMR制氢现阶段主要使用化石天然气作为原料，但一些项目正在试点使用生物质甲烷（来自填埋气）进行SMR制氢。关于甲醇裂解制氢，虽然甲醇可以来自多种不同来源，但在本研究中，我们假设甲醇均来源于化石天然气。

碳捕集与封存（CCS）技术目前在中国应用尚不普遍。然而，作为减少化石能源制氢所产生二氧化碳排放的一种方法，CCS正受到越来越多的关注。因此，我们在本次研究中也评估了CCS对于天然气制氢和煤制氢的影响。国际上普遍将附加有CCS的天然气制氢称为蓝氢。

水电解制氢是一项新兴技术，在中国尚未大规模应用。目前可应用的电解槽主要有碱性水电解槽、质子交换膜水电解槽以及固体氧化物水电解槽三种类型。其中，碱性水电解槽是目前技术最成熟、应用最广的技术。电力来源决定了水电解制氢的清洁程度。国际上通常将由100%可再生电力，比如风力和太阳能制取的燃料氢称为绿氢。在五个示范城市群的实施方案以及中国其他多个省市的氢能规划中，可再生能源水电解制氢技术是未来重点发展的制氢技术之一，因其决定了各行业的碳中

[1] 虽然全生命周期评估方法中没有正式定义，副产品和关联产品普遍被认为有所不同。副产品属于次级产品，与需求之间缺乏弹性联系；而关联产品则是与主产品一样，是具有供应弹性的一次产品(ICF International，2015)。

和进程。绿氢生产商获取电力的方式通常分两类：一类是分布式的可再生电力制氢，即制氢厂所用电力不通过电网而是直接就近连接可再生电力；另一种是通过电网水电解制氢，若当地电网并非100%可再生电力，则电网水电解制氢就需要通过购买绿电证书才能视为达到绿氢的条件。在实际生产中，绿氢除了要满足制氢电力100%来自可再生能源或具有绿电证书的要求之外，还应保证制氢所使用的可再生电力的额外性，即可再生电力必须是在现有电力供应基础之上，根据制氢需求所额外产生的发电量，而非从其他用途挪用到制氢的电力。否则，在挪用产生的影响下，制氢所用电力的碳强度可视同于电网电力的碳强度（挪用后，用电缺口由电网弥补）。目前，针对水电解制氢，中国是否可以通过分布式可再生电力制氢，或是否要求采用具有绿电认证尚不清晰，难以确定不同企业的水电解制氢的真实碳排放情况。因此，在本次研究中，我们评估了两种水电解制氢方式：（1）绿氢，即使用100%额外产生的可再生电力制氢；（2）平均电网水电解制氢，以代表使用非额外可再生电力制氢或使用电网电力制氢且不提供绿电证书的情况。

（二）研究方法

在本研究中，我们基于中国国情，对上述11种制氢方式的全生命周期“油井到车轮”温室气体排放进行了评估。虽然示范城市群项目仅考虑了制氢环节的排放，但对燃料进行全生命周期温室气体排放分析可以更全面地了解燃料所带来的整体气候影响。“油井到车轮”全生命周期包含了原料获取、燃料生产、燃料储运，以及燃料使用环节的排放。图5-1展示了示范城市群项目与本研究所开展的全生命周期评估之间的系统边界差异。原料的上游排放对于燃料的生命周期排放至关重要；根据原料的不同，这些排放可能包括例如天然气开采、加工和运输。此外，燃料生产后的储运环节也会造成排放，例如氢气压缩或液化。虽然气态氢和液态氢都可以用于交通部门，但本研究仅评估气态氢。就使用阶段而言，燃料氢所产生的温室气体排放量为零。为了具体了解哪些燃料氢可以满足示范城市群项目的要求，我们也评估了燃料氢生产环节的碳排放。

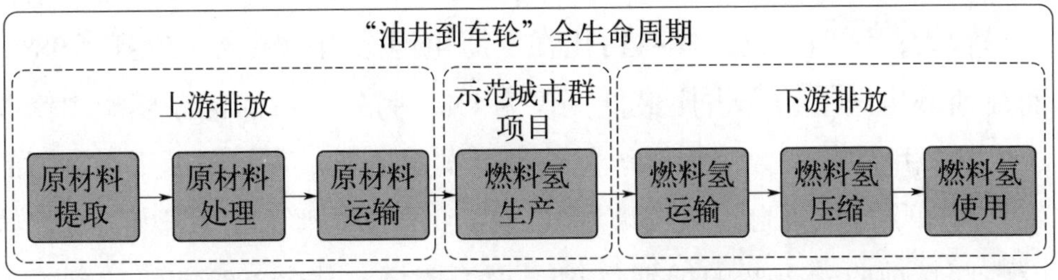

图5-1　本研究所开展的全生命周期评估与示范城市群项目之间的系统边界差异

除了上述边界差异，示范城市群项目下对燃料氢的碳强度要求只考虑了CO_2排放，而在本次研究中，我们还纳入了另外两项温室气体，即甲烷（CH_4）和氧化亚氮（N_2O）排放，以更加全面地了解燃料氢的整体气候影响。CH_4和N_2O的气候影响作用都要大于CO_2，我们采用了联合国政府间气候变化专门委员会（IPCC）在第五版评估报告中所提供的全球变暖潜能值（GWP）来将这些温室气体的影响换算为CO_2当量。各类温室气体的寿命周期存在差异且短期和长期影响也有所不同，在本报告中我们采用了100年时间框架，即GWP-100值。

在本研究中，我们使用了阿贡国家实验室发布的GREET模型（交通温室气体、常规污染物排放以及能源消耗量模型）来对不同制氢方式的碳强度进行评估。GREET模型可以提供一个综合性架构，用以对不同类型的交通燃料进行全生命周期排放评估。作为一个以美国产业数据为基础的模型，GREET被用在多个美国燃料政策中。此外，该模型能够提供修改假设条件和输入参数的灵活性，因此我们通过纳入中国的区域数据对模型进行调整，从而使其更好地反映出中国生产燃料氢的情况。

通过查阅文献资料，我们在GREET模型中更新了中国煤炭和天然气的上游排放量。由于电力结构不同，中国各个地区电网电力的碳强度因地区而异，我们从国家统计局（2022）收集了中国大陆31个省级地区在2021年的区域电网构成数据，并将收集的数据输入GREET模型。在国家层面上，2021年中国电网的平均电力来源包括71%的化石燃料发电、5%的核能发电和24%的可再生电力。中国不同地区的电网结构差异很大；例如，化石燃料占比在上海电网结构中最高，达到了98%，而在西藏电网结构中占比最低，仅为4%。另外，我们也在模型中修改了生物质甲烷的参数。根据示范城市群发展规划，我们假设用于制氢的生物质甲烷全部来自垃圾场填埋气。为了评估填埋气的碳强度，我们假设中国目前收集20%的填埋气用于火炬燃烧，其余80%则释放到大气当中。而在收集填埋气用于制氢时，我们假设收集率为75%（技术上可行）。换而言之，收集填埋气用于制氢可以避免现有填埋气释放到大气中所产生的甲烷排放。

除了在GREET模型中根据中国实际情况修改上游排放参数以外，我们还调整了氢气生产和运输的环节参数。特别是我们修改了化石能源制氢附加CCS所捕集的CO_2量。以往研究发现在常规工业操作下，目前对制氢过程中所产生的CO_2的捕集率仅为55%。因此，我们将GREET模型中默认的CO_2捕集率从90%调整到了55%，以便更好地反映现实情况。尽管中国已存在管道运氢方式，但由于造价较高，管道运输在短期内难以成为非常普遍的燃料氢运输方式。根据入选示范城市群提交的示范期实施方案，目前及未来短期内长管拖车运氢是燃料氢的主流运输方式。因此，我们在GREET模型中将燃料氢的默认运输方式从管道运氢调整成了柴油长管拖车运氢，并根据实际生产情况以及示范城市群规划信息，暂假设加氢站与制氢厂的距离在50公里左右。

相比其他制氢方式，工业副产氢的碳排放核算较为复杂，主要是源于对其上游生产排放可以采用各种不同的假设条件和方法论。大体上，主要有两类方法对工业副产氢的全生命周期排放进行评估：分配法和系统扩展法。分配法会将与既定产品工艺（即制造氢气作为副产品的工艺流程）相关的温室气体排放量，根据各个产品的物理性或经济特性（如产品的能量含量、质量或市场价值）来进行分配。而系统扩展法则是评估将作为副产品的氢能从现有用途转移到燃料电池汽车市场所带来的温室气体排放量的变化。这种方法会考虑在改变副产氢用途中所带来的整体环境负担变量，并将这部分变量作为副产氢的排放。在本报告中，我们将系统扩展法作为主要情景分析。根据美国最常见的工业实践，GREET模型假设副产氢及其他副产气体的现有用途为现场燃烧，以满足工厂的能源需求。而如果将副产氢转移到交通领域使用，美国工厂普遍会用天然气来替代被转移的氢气以弥补能源需求。然而，中国的企业可能对副产氢有不同的用途或是采用不同的做法来取代被转移的燃料氢。因此，我们也采用了不同的分配方法来对工业副产氢的温室气体排放敏感性进行分析。但此研究中所用的参数都基于美国工业情况，要想获得更具代表性的中国工业副产氢排放评估结果，则需要对相关行业进行详细研究。

（三）研究结果与讨论

在本节中，我们对中国11种制氢方式的全生命周期温室气体排放进行了逐一评估。为了评估哪些制氢方式符合示范城市群项目设定的碳强度限值，我们还单独测算了制氢环节的CO_2排放量来进行比较。对于平均电网水电解制氢，我们基于全国平均电网以及不同地区平均电网的情况来展示其排放量。对于工业副产氢，由于可以采用不同的全生命周期评估方法，我们将在后文中展示系统扩展法和分配法下的温室气体排放范围。

图5-2展示了每种制氢方式在制氢环节的CO_2排放［单位：g(CO_2)/MJ］和生命周期温室气体排放量估值［单位：g(CO_2当量)/MJ]。图中深灰色柱表示制氢环节的CO_2排放量估值，浅灰色柱表示全生命周期温室气体排放估值。这两者主要区别在于所涵盖的温室气体种类（CO_2或

CO_2、CH_4及N_2O）以及排放评估边界（是否包括原料的上游排放和燃料氢运输和压缩的下游排放）不同。图5-2中还将制氢环节的CO_2排放量估值（灰色柱）与示范城市群项目中设置的两项碳强度要求进行了比较。灰色水平虚线为示范城市群项目15kg(CO_2)/kg(H_2)[125g(CO_2)/MJ]的碳强度准入要求；黑色水平虚线则表示5kg(CO_2)/kg(H_2)[42g(CO_2)/MJ]的清洁氢碳强度奖励要求，符合该奖励要求的清洁氢可以从示范城市群项目中额外获得资金奖励。

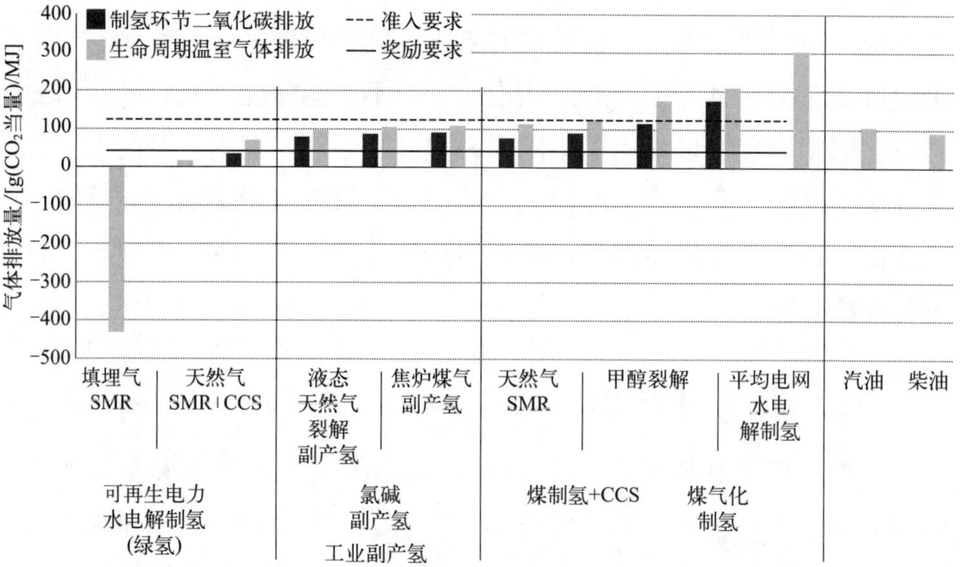

图5-2　中国11种制氢方式的制氢环节CO_2和全生命周期温室气体排放，采用GWP-100值（平均电网水电解制氢是基于全国电网平均排放水平。工业副产氢排放评估采用的是系统扩展法）

为了解车用燃料从化石燃料转向燃料氢的潜在气候影响，我们还在图5-2中加入了中国汽油和柴油的全生命周期温室气体排放因子（最右侧白色柱）进行比较，其中汽油的碳强度为102g(CO_2当量)/MJ，柴油为90g(CO_2当量)/MJ。直接比较燃料的碳强度可能无法说明用燃料氢替代石油的全部效果，因为内燃机汽车和燃料电池汽车的能效有所不同。

当考虑到车辆能效时，由于氢燃料电池效率比传统燃油车发动机效率更高，这就意味着在消耗同等能量燃料的情况下，燃料电池汽车可以比传统燃油汽车行驶更远的距离。在一些燃料政策中（例如加州的《低碳燃料标准》），会采用能源经济比（EER）来比较各种动力系统下不同燃料的能源转化效率。根据车型，与内燃机车辆相比，氢燃料电池汽车的EER通常在1.3至2.5之间。例如，燃料电池卡车与传统柴油卡车之间的EER比约为1.3，也就是说在使用相同能量的情况下，燃料电池卡车可以行驶的距离是柴油卡车的1.3倍。不过，在本次研究中，我们关注的是燃料生命周期单位能量的碳排放量，并未将车辆能效纳入研究范围。

基于图5-2中所展示的结果，表5-2中直观显示了11种制氢方式是否符合示范城市群项目针对燃料氢生产环节所设定的碳强度准入要求和清洁氢奖励要求。

表5-2　中国11种制氢方式是否符合示范城市群项目下的碳强度要求

制氢方式	是否满足准入要求？/[15kg(CO_2)/kg(H_2)]	是否满足奖励要求？/[5kg(CO_2)/kg(H_2)]
天然气SMR	是	否
天然气SMR+CCS（蓝氢）	是	是
填埋气SMR	是	是
甲醇裂解制氢	是	否
煤气化制氢	否	否
煤气化制氢+CCS	是	否
平均电网水电解制氢	是	是
可再生电力水电解制氢（绿氢）	是	是
液态天然气裂解副产氢	是	否
氯碱副产氢	是	否
焦炉煤气副产氢	是	否

注：平均电网水电解制氢是基于全国电网平均水平，工业副产氢排放评估采用的是系统扩展法。

根据示范城市群项目设定的碳强度要求，唯一不符合准入条件的制氢方式是不附加CCS的煤气化制氢。这一结论再次表明了中国不仅在电力部门，也应在其他行业控制使用煤炭的重要性。为了在2030年前实现碳达峰目标，中国政府发布了一系列行动方案，要求“十四五”时期（2021年至2025年）严格合理控制煤炭消费增长，“十五五”时期（2026年至2030年）逐步减少，尤其严格控制新增煤电项目。在这种压力下，中国煤炭行业正在寻求煤炭的非电力用途，并打算向制氢领域发展转型。有观点认为，即便氢气来自煤炭，但由于氢燃料在使用过程是零尾气排放，也可以为环境带来正向影响。纵然这一观点看到了煤制氢在使用环节的零尾气排放为当地空气质量和健康带来的收益，却忽视了从全生命周期角度来看，煤制氢对整体气候造成的负面影响。通过全生命周期排放评估，采用煤炭制取燃料氢并不是一种清洁能源生产方式，甚至会造成比直接使用化石能源更严重的气候影响。

在此项研究所涵盖的11类制氢方式中，只有四种制氢方式符合清洁氢的奖励要求，分别是天然气重整制氢+CCS（蓝氢）、填埋气制氢、可再生电力或电网水电解制氢方式。不过，上述四种制氢方式在实际应用中都面临着一些障碍。其中蓝氢（“煤气化制氢+CCS”也属于蓝氢）所面临的问题是CCS技术还在初期发展阶段，前期投资较大，其成本可能比制氢自身的成本更高，因此不太可能在短期内规模化投入实际应用。此外，当前制氢厂的实际平均碳捕集率仅有55%，若碳捕集率再略低于55%，则蓝氢的碳强度难以满足示范城市群项目的奖励要求。

填埋气（成分以甲烷为主）制氢和水电解制氢在制氢环节的CO_2排放都是零。就填埋气制氢而言，制氢期间产生的任何CO_2排放与生物质原料吸收的碳所抵消，因此制氢环节CO_2排放为零。而从全生命周期排放来看，填埋气制氢有较大的负排放空间。这是由于收集填埋气进行制氢，避免了原本会释放到大气中的甲烷的直接排放，因此视为温室气体负排放。需要说明的是，如果未来填埋气收集操作变得更加普遍或是被纳入了管理要求，那么则需要对情景设置进行相应更新，更新后将导致填埋气制氢的碳强度高于本次研究的估值。尽管在欧洲和美国，填埋气收集十分常见，工艺也很成熟，但在中国还尚未普及。使用填埋气制氢在中国面临的困难主要包括在垃圾填埋场投资气体收集设备和输送设备。此外，随着中国的垃圾处理逐步从垃圾填埋方式向垃圾焚烧方式过渡，填埋气的可获取性将受到限制，未来可应用量可能会有所减少。不过，除了垃圾填埋获取填埋气以外，从牲畜粪便和废水污泥等有机生物质进行厌氧消化获取生物质甲烷也是一项成熟技术。和填埋气类似，从生物废料中获取生物质甲烷来制取氢气，同样可以避免生物质甲烷的直接排放，从而带来气候收益。

在水电解制氢方面，无论是使用100%可再生电力还是平均电网电力，水电解的过程都只会产生氧气和氢气，也就意味着单就制氢环节而言，这两种制氢方式均能够满足奖励要求。然而，从全生命周期碳排放来看，由于上游排放的差异，经过测算，不同电力来源的水电解制氢的全生命周期温室气体排放有着巨大差异：绿氢碳强度大约为17g(CO_2当量)/MJ[2kg(CO_2当量)/kg(H_2)]，而平均电网水电解制氢大约为301g(CO_2当量)/MJ[36kg(CO_2当量)/kg(H_2)]。就绿氢而言，氢气来源于可再生电力和水，其上游碳排放可以视为零排放。而对于电网水电解制氢，其制氢电力来源于电网，而目前中国的电力结构中以火电（化石能源发电）为主，占比大约为70%，具有很高的碳强度，这也是从全生命周期角度而言电网水电解制氢具有较高碳排放的原因。经过模型评估，在11种制氢方式中，使用全国平均电网电力生产的水电解制氢有最高的全生命周期排放，甚至高于直接由煤或天然气生产的燃料氢。鉴于两种电解制氢方式之间存在巨大的排放差距，我们应当考虑当前的示范城市群项目政策设计是否足够完善。此外，这一结果也证实了确保制氢使用的可再生电力的额外性也是至关重要的。因此，在绿氢激励措施下还需要配套强有力的监管机制，否则绿氢所能带来的气候收益将会大打折扣。我们将在下文的政策建议部分进一步阐述这方面的影响。

在图5-3中，我们展示了五个牵头城市所在地以及其他省市的区域性电网中火电的占比以及其电网水电解制氢所造成的碳排放。我们发现，全生命周期温室气体排放与电网中火电（化石能源发电）占比呈线性关系。在五个牵头城市所在地区（图5-3左侧五点，以当地的省级电网排放因子为计算标准，具体城市的电网排放因子可能存在差异）的电网结构中，火电占比较全国平均更高，也就使当地电网电力制氢的温室气体排放相应越高。其中，上海电网的火电占比是最高的，导致上海的平均电网水电解制氢的全生命周期温室气体排放高达53kg(CO_2当量)/kg(H_2)。从全生命周期角度来看，目前上海、北京、河南、河北、广东等地区的平均电网水电解制氢的碳强度均不满足准入要求和奖励要求

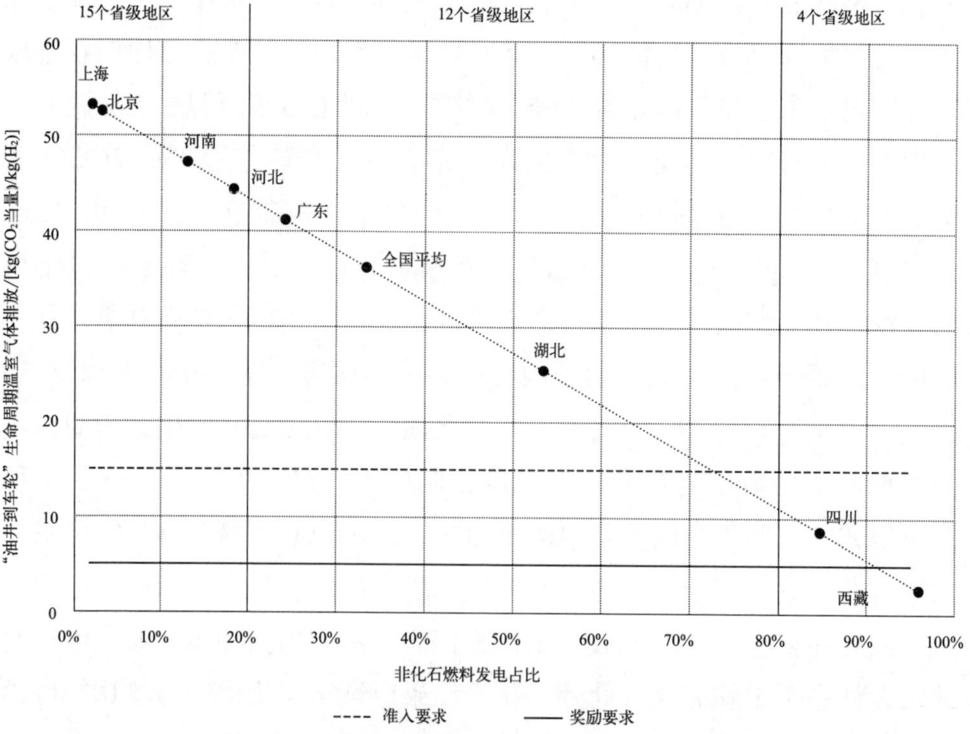

图5-3　中国若干省级地区平均电网水电解制氢的全生命周期温室气体排放，采用GWP-100值

数值。然而根据政策制定，由于示范城市群项目中只考虑制氢环节所产生的CO_2排放，所以这五个牵头城市的电网水电解制氢，都可以获得清洁氢的额外奖励。经过模型测算，只有当火电占比降至28%以下，平均电网水电解制氢的全生命周期排放强度才能低于15kg(CO_2当量)/kg(H_2)。目前，西藏电网中的非化石能源发电占比最高（96%），其电网水电解制氢的全生命周期温室气体排放强度可低至2.5kg(CO_2当量)/kg(H_2)，是少数全生命周期碳强度符合准入要求和奖励要求的省级地区。总体而言，在中国大陆31个省级地区中，有15个省级地区电网中的非化石燃料发电占比小于等于20%，只有4个省级地区的非化石燃料发电占比可达到80%以上。

总体而言，我们发现根据原料和转化工艺的差别，碳强度最低（填埋气制氢）和最高（全国平均电网水电解制氢）的制氢方式之间的排放量差异很大。如果对燃料氢进行全生命周期温室气体排放评估，除了填埋气制氢之外，其他各种制氢方式的排放结果要比只考虑制氢环节的CO_2排放要高出17%至100%。由不同系统边界造成的排放差异性在填埋气制氢和平均电网水电解制氢中最为明显。仅考虑CO_2排放会导致无法将甲烷排放纳入排放计算，而甲烷恰恰是一种气候影响力很强的温室气体；仅考虑制氢环节的排放也就无法将化石能源所产生的大量上游排放纳入排放计算。对各种制氢方式进行全生命周期温室气体排放评估可以更加全面地了解其所带来的气候影响，并且能够将燃料氢与其他燃料在同一层面进行比较。如果不考虑车辆的能源经济比，从燃料生命周期角度而言，我们发现仅填埋气制氢、确保额外性的可再生电力制氢以及天然气制氢+CCS这三种制氢方式可低于柴油的碳强度。

除三种工业副产制氢方式之外，我们评估的所有制氢方式的全生命周期温室气体排放均在Abejón等所发布的报告中列出的排放范围之内（该报告总结了此前全球不同地区开展的多项燃料氢排放研究的结果）。对工业副产氢进行评估可以采用多种全生命周期评估方法，在图5-2

里，我们采用了系统扩展法作为主要评估方法，因为该方法能够更加准确地反映出将副产氢用在交通部门所带来的环境负担。在图5-4中，我们则进一步展示了三种工业副产氢在不同全生命周期评估方法下的温室气体排放结果。

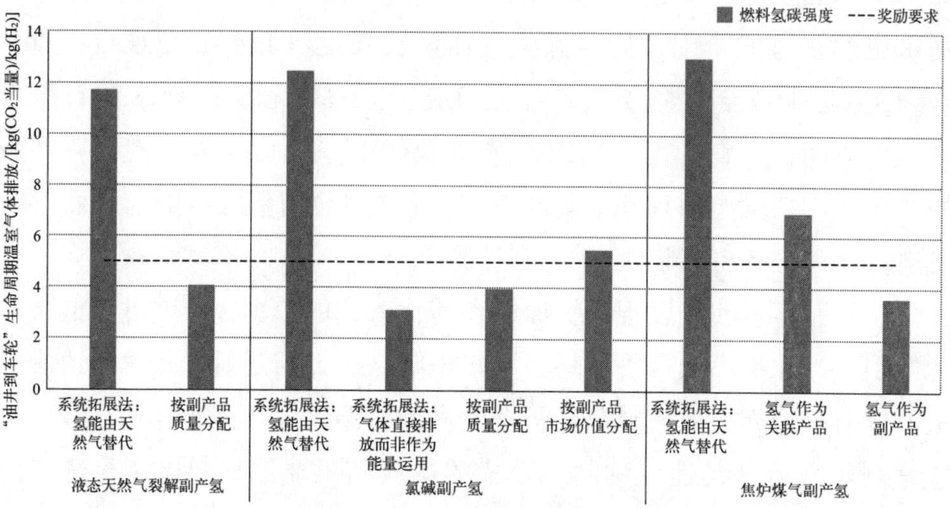

图5-4　不同全生命周期评估方法下副产氢的全生命周期温室气体排放量估值，采用GWP-100值

如图5-4所示，工业副产氢的排放量估算范围很广泛，这些不确定性来自全生命周期评估方法的选择以及关于工艺流程和产品市场价值的基本假设。我们发现，系统扩展法通常会比分配法造成更高的温室气体排放估值。这是因为系统扩展法通常默认由天然气替代被挪用的氢气，而天然气的碳强度又相对较高。然而，即使在系统扩展法中，对燃料氢现有用途的假设也会对温室气体排放结果产生巨大影响。具体而言，在系统扩展法，对于氯碱工厂包括氢气在内的副产气体，假设其本该直接排放到大气中（图5-4左数第四根数据柱）比假设其本该进行燃烧供能（图5-4左数第三根数据柱），所得到的碳强度数值要低，因为假如副产气体（主要指氢气）不进行燃烧供能，那这部分被挪用的氢气通常

需要天然气来填补能源缺口，天然气燃烧相比直接排放带来更高的碳排放；因此，同样是来自氯碱工厂的副产氢，相比使用燃烧供能的系统拓展法，使用直接排放的系统拓展法，副产氢的温室气体排放量将减少75%。在分配法中，具体的分配方案也会导致排放估值的不确定性。还是以氯碱副产氢为例，按照市场价值分配得到的排放量估计要比按照质量分配高出40%。在本研究中，我们使用GREET模型中的默认假设对工业副产氢的排放量进行了估算，但这些假设条件是基于美国的工艺流程和市场情况，可能与中国国情存在不同。

三、中国绿氢发展机遇

（一）绿色电力资源丰富

1. 中国氢能胡焕庸线

“胡焕庸线”是中国地理学家胡焕庸提出的一条地理分界线，该线从黑龙江省黑河到云南省腾冲，大致为1条倾斜45°的直线，该线西北部分面积超过$260 \times 10^4 km^2$的荒漠化土地主要在大西北地区，这些地区的可再生能源如太阳能及风能资源丰富。

由于胡焕庸线西北地区太阳能及风能资源丰富，可以在这些地区有效开展可再生能源（如光伏、风电）制氢。中国的沙漠面积加上戈壁滩总共加起来约$128 \times 10^4 km^2$，如果按照当前的技术，利用沙漠戈壁可以建设$1280 \times 10^8 kW$光伏，再加上这些地区建设的风电场，风光互补，则发电-制氢能力更强。因此，胡焕庸线也可成为中国氢能产业发展的“氢能胡焕庸线”。即依托西北地区打造中国绿氢制造基地，向东南半壁供给绿氢，建设氢能“西气东输”工程，利用绿氢实现中国东部地区的能源系统深度脱碳和工业体系降碳，从而为实现中国“双碳”目标提供坚强支撑。

2. 中国海上风电资源

海上风电是一种把海上风能资源转化为电能的能源利用形式。中国海上风电起步较晚，但近年的发展势头十分强劲。截至2020年底，全国海上风电累计装机约9GW，主要集中在江苏、上海和福建三地。需注意的是，近海海上风电受军事、航道、渔业等限制性因素较大，近海新的可开发资源空间有限且项目单体规模较小。而中国深远海风资源更好，湍流强度和海面粗糙度比近海小，容量系数高，中国领海线至专属经济区的可开发海域面积约$60 \times 10^4 km^2$，资源可开发潜力约$20 \times 10^8 kW$，约占中国海上风电开发潜力的75%。

全国深远海海上风电规划与管理政策研究工作已经启动，结合规划推进一批海上风电示范项目在“十四五”期间开工建设。当前，需要结合中国深远海风资源特点及水文地质条件，有序开展项目布局建设，探索降本增效空间，推动深远海风电逐步向规模化发展。利用海上风电制氢是降低海风电送出成本、充分利用“电网弃风”这部分电力的有效途径之一。对中国来说，东部沿海地区人口稠密，土地资源有限且工业密集，能源需求巨大，且节能降碳的压力非常突出，发展海上风电制氢则是促进东部地区“双碳”目标顺利实现的重要战略措施。未来应规划好中国海上风电制氢的空间布局、阶段性目标和发展路径，以帮助东部地区实现低碳化转型。

（二）绿电成本有望降低

中国可再生能源丰富，可开发潜力大。截至2021年我国可再生能源装机容量突破10亿千瓦，占全国电力装机容量的44.8%，常规水电、抽水蓄能、风电、太阳能发电、生物质发电等装机容量均居世界第一；可再生能源发电量2.48万亿千瓦时，占全部发电量的29.7%。可再生能源利用率不断提高，全年水电、风电、光伏发电利用率分别达到97.9%、96.9%和98%。随着技术进步，可再生能源发电成本在逐年降低，各类可再生能源发电成本变化如图5-5所示：

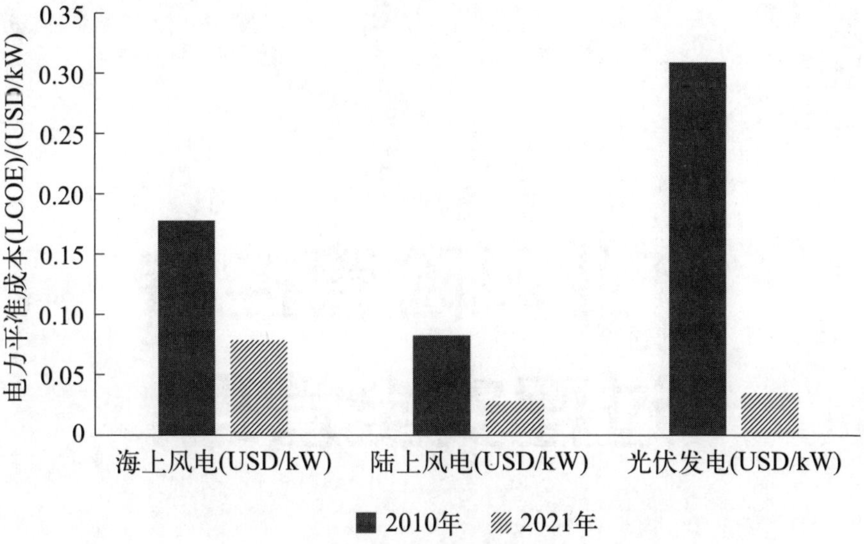

图5-5 可再生能源发电成本变化示意图

由图5-5可知，自2010年以来，中国太阳能光伏发电成本降低了89%，降幅明显高于其他发电技术。未来在中国绿氢的发展过程中，光伏发电制氢将起到主力作用。

第六章

产业风险管控与过程安全管理

氢能对减少二氧化碳等温室气体排放、实现碳达峰碳中和目标具有重要意义。习近平在中共中央政治局第三十六次集体学习上强调，要把促进新能源和清洁能源发展放在更加突出的位置，积极有序发展氢能源。

当前，一些主要的发达国家和经济体已将氢能视为能源转型的重要战略选择，持续加大投入、加强布局，抢占氢能产业发展制高点。我国可再生能源装机量居世界首位，在清洁低碳氢能源供给上具有巨大潜力，氢能产业发展态势总体良好，已初步掌握氢能制备储运加注、燃料电池等关键技术，在部分区域开展了燃料电池汽车示范应用；在刚刚结束的北京冬奥会和冬残奥会上，氢能成为“绿色办奥”理念的重要体现。“飞扬”火炬采用清洁低碳氢能作为燃料；冬奥赛区共投入氢燃料电池汽车1000余辆，配套建设加氢站30余座，全面实现交通领域绿色用能。同时我们也应意识到，我国的氢能产业仍然处于发展初期，随着氢能产业的发展，国内外也发生了诸多事故，造成了人身及财产损失，对产业的健康快速发展造成了一定影响。

本章将从氢能典型事故案例以及风险进行概述，从现行安全监管的体系，风险管控以及安全管控三个方面对氢能风险及管控要求进行介绍及分析。

一、氢能典型事故案例及风险概述

（一）国内外典型事故案例

2019年6月1日，位于美国加州的空气产品公司一氢气长管拖车在充装过程中发生了氢气泄漏爆炸事故。事故起因是拖车驾驶员在尝试对上游充装管线的阀门进行维修时，未使用标准锁定/挂牌程序对管道进行有效隔离，继而导致了氢气的大量泄漏（图6-1）。

图6-1　美国加州的空气产品公司事故

所幸事故没有造成人员的伤亡，但造成现场设备的损坏，对当地氢燃料电池汽车氢的供应也短暂停供。

2019年6月10日，位于挪威的奥斯陆某加氢站，因为高压的储氢罐特定接头装配的错误造成了氢气泄漏，事故造成2人死亡（图6-2）。

图6-2　挪威的奥斯陆加氢站事故

2019年5月23日，韩国江原道江陵大田洞科技园一个氢气罐（400L）在进行测试时发生了爆炸，事故造成了2人的死亡，6人受伤，韩国国内加氢站建设受到抵制，相关法令的颁布受阻（图6-3）。

图6-3　韩国江原道江陵大田洞科技园

2020年7月30日，广东省某公司PSA制氢装置装卸台1辆管束式集装箱在充装氢气过程中，充车软管断裂发生氢气泄漏进而引发火灾，造成直接经济损失21760元，事故引发广东省应急管理厅在全省范围内开展了专项的隐患排查。

（二）涉氢产业安全风险概述

根据氢能产业流动顺序（图6-4），涉氢产业的安全风险主要来自物料、工艺、自控系统、设备、公用工程及辅助设施等。

图6-4　氢能产业流动顺序（FCEV：燃料电池汽车）

1. 物料风险

氢的风险性包括与空气混合能形成爆炸性混合物，遇热或明火即爆炸。氢气比空气轻，在室内使用和储存时，漏气上升滞留屋顶不易排出，遇火星会引起爆炸。氢气与氟、氯、溴等卤素会剧烈反应。

为更直观表征氢气的易燃易爆性，将其与汽油、天然气做一类比，如表6-1所示。

表6-1 易燃易爆性类比

物性	汽油	天然气	氢气
分子量	～107.0	16.043	2.016
颜色	有	无	无
气味	有	无	无
相对密度（空气=1）	3.4～4.0	0.55	0.0695
扩散系数/（m^2/s）	5×10^{-6}	1.6×10^{-5}	6.1×10^{-5}
最小点火能/MJ	0.24	0.29	0.019
燃烧浓度范围（体积）/%	1.0～7.6	5.3～15.0	4.0～75.0
爆炸浓度范围（体积）/%	1.1～3.3	6.3～13.5	18.3～59.0
自燃温度/℃	228	540	527

从表6-1中可以看出，与汽油及天然气相比，氢气因其分子量更小，同等条件下更容易发生泄漏。另外，它与空气的相对密度与汽油和天然气相比非常小，泄漏后在同等情况下更容易发生扩散。氢气最小点火能在三者中也是最低的，意味着其更容易被点燃。最后，氢气的燃烧浓度范围以及爆炸浓度范围都是最宽的，且起火爆炸下限最低，均表明了其可能引发火灾爆炸的更高风险。

氢对人员健康也存在危害，虽然氢在生理性上是惰性气体，但是高分压下，氢气可呈现出麻醉作用。研究表明：过度吸氢引起缺氧性窒息发生后，轻者表现为心悸、气促、头昏、头痛、无力、眩晕、恶心、呕吐、耳鸣、视力模糊、思维判断能力下降等缺氧表现。重者除表现为上述症状外，很快发生精神错乱、意识障碍，甚至呼吸、循环衰竭。

目前涉氢产业涉及的氢的相态包括气氢和液氢两种。对液氢而言，其沸点约−253℃，其低温性除会造成人员冻伤外，还会增加设备设施的氢脆风险。另外，一旦液氢密封环节不好，存在空气和氧气的时候，会形成颗粒状的固态空气和氧气，高流速下会造成静电集聚，继而引发火灾爆炸事故。

值得注意的是，在氢气制备过程中，往往用到碱液（如30%的氢氧化钾），五氧化二矾等辅助材料，还存在人员灼伤、粉尘危害等职业健康风险。

2. 工艺方面风险

以碱性水电解制氢为例，在氢气制备过程中，存在氢冷却分离器的液位和压力波动造成氢氧互窜的风险，这种情况发生时，氢气不需要泄漏在外部环境中就能发生火灾爆炸事故，值得引起足够重视。另外，一个电解槽在制备氢气是放热反应，具有一定超温风险。另外，纯化环节存在干燥器加热器干烧的风险。

3. 自控系统失效风险

涉氢各个环节都使用了计算机自动控制加人员的操作、确认的方式进行。存在控制系统拒动和误动的风险。我们发现很多制氢设备在设计过程中存在一次表测量引压管共用的问题，尤其是氢氧分离器的仪表。关键仪表共用，可能会因共因失效造成系统安全联锁及紧急停车系统失效，导致停车甚至引发事故。另外，关键仪表系统的选型不合理，安全仪表等级不合格等，均增加了自控系统失效的风险。

4. 设备本质安全缺陷

涉氢各个环节设备设施在设计制造过程中均存在一定的安全与质量的风险，包括材料的相容性差，检测仪表的可靠性及密封性不良，关键安全附件（安全阀、压力表及液位计）设置的不合理或后续维护不当等，这些原因均可能造成设备的失效，引发二次事故。

5. 公用工程及辅助系统失效的风险

公用工程及辅助系统一般包括为系统提供水、电、仪表风等供应的

设备设施。这些系统一旦失效，均可能造成系统停机，严重时可引发二次事故。

6.其他

在应用端以车载氢气系统和燃料电池堆两部分为例，涉及的风险包括：电气系统和氢系统之间安全间距不满足要求；在车辆发生碰撞或者故障时，供氢系统不能完整和有效切断，造成氢气泄漏；在运行过程中燃料电池内质子交换膜发生降解，或者强度不足及下降时，燃料电池内部气体窜漏；电池大规模放电时，冷却措施不到位或者冷却效果差造成超温；燃料电池堆端板、极板由于设计不良或者长时间运行性能下降造成氢气泄漏等。

二、现行安全监管要求

针对涉氢行业，目前我们的安全监管体系包括三个层面。分别是法律层面、法规及规章、标准及规范。

（一）法律

氢能产业安全监管涉及的主要法律包括：

1.《中华人民共和国安全生产法》（根据2021年6月10日第十三届全国人民代表大会常务委员会第二十九次会议通过《关于修改〈中华人民共和国安全生产法〉的决定》第三次修正，2021年9月1日起施行）；

2.《中华人民共和国能源法（征求意见稿）》（2020年4月10日）；

3.《中华人民共和国消防法》（2021年4月29日起施行）；

4.《中华人民共和国职业病防治法》（根据2018年12月29日第十三届全国人民代表大会常务委员会第七次会议《关于修改〈中华人民共和国劳动法〉等七部法律的决定》第四次修正，2018年12月29日起施行）；

5.《中华人民共和国突发事件应对法》(2007年11月1日起施行);

6.《中华人民共和国劳动法》(2018年12月29日起施行);

7.《中华人民共和国防震减灾法》(2009年5月1日起施行);

8.《中华人民共和国特种设备安全法》(2014年1月1日起施行);

9.《中华人民共和国环境保护法》(2015年1月1日起施行)。

其中,《安全生产法》是安全监管及安全生产的根本大法,是一切安全工作的根本依据。另外,2020年4月10日发布的《能源法(征求意见稿)》,把氢能列入了能源的范畴,赋予了氢除危化品属性外的“能源”属性。

(二)法规和规章

2013年国家应急管理部(原国家安监总局)发布了首批重点监管的危险化学品目录,氢被列为第八种重点监管的危险化学品,应按照危化品安全管理的规定对其进行监管,相关的部分法规及规章包括(表6-2):

表6-2 首批重点监管的危险化学品名录

序号	化学品名称	别名	CAS号
1	氯	液氯、氯气	7782-50-5
2	氨	液氨、氨气	7664-41-7
3	液化石油气		68476-85-7
4	硫化氢		7783-06-4
5	甲烷、天然气		74-82-8(甲烷)
6	原油		
7	汽油(含甲醇汽油、乙醇汽油)、石脑油		8006-61-9(汽油)
8	氢	氢气	1333-74-0

1.《危险化学品安全管理条例》(国务院令第591号,根据2013年12月7日国务院令第645号修正,2013年12月7日起施行);

2.《建设项目安全设施“三同时”监督管理办法》（原国家安全生产监督管理总局令第36号，原国家安全生产监督管理总局令第77号修订，2015年5月1日施行）；

3.《危险化学品建设项目安全监督管理办法》（原国家安全生产监督管理总局令第45号，原国家安全生产监督管理总局令第79号修订，2015年7月1日施行）；

4.《危险化学品重大危险源监督管理暂行规定》（原国家安全生产监督管理总局令第40号，原国家安全生产监督管理总局令第79号修订，2015年7月1日施行）；

5.《危险化学品生产企业安全生产许可证实施办法》（原国家安全生产监督管理总局令第41号，原国家安全生产监督管理总局令第89号修订，2017年3月6日施行）；

6.《化工和危险化学品生产经营单位重大生产安全事故隐患判定标准（试行）》（安监总管三［2017］121号）；

7.《国家安全监管总局关于加强化工企业泄漏管理的指导意见》（安监总管三［2014］94号）；

8.《国家安全监管总局关于加强化工安全仪表系统管理的指导意见》（安监总管三［2014］116号）；

9.《国家安全监管总局关于公布首批重点监管的危险化工工艺目录的通知》（安监总管三［2009］116号）；

10.《国家安全监管总局关于公布第二批重点监管危险化工工艺目录和调整首批重点监管危险化工工艺中部分典型工艺的通知》（安监总管三［2013］3号）；

11.《国家安全监管总局关于公布首批重点监管的危险化学品名录的通知》（安监总管三［2011］95号）；

12.《国家安全监管总局办公厅关于印发首批重点监管的危险化学品安全措施和应急处置原则的通知》（安监总厅管三［2011］142号）；

13.《国家安全监管总局关于公布第二批重点监管危险化学品名录的通知》（安监总管三［2013］12号）；

14.《特种设备安全监察条例》（国务院令第373号，根据2009年1月24日国务院令第549号修正，2009年5月1日起施行）；

15.《中华人民共和国监控化学品管理条例》（国务院令第190号公布，根据国务院令第588号修订，2011年1月8日起施行）；

16.《建设工程安全生产管理条例》（国务院令第393号，2004年2月1日起施行）；

17.《生产安全事故应急条例》（国务院令第708号，2019年4月1日起施行）。

地方法规方面，广东省佛山市作为最早的出台加氢站管理规范蓝本的地区城市，2017年就明确了氢能安全监管部门及监管方式对加氢站进行管理，并发布了相关一系列的体系要求。河北省张家口市作为全国氢能示范城市，也发布了《张家口市氢能产业安全监督和管理办法》等相关要求，从重大风险辨识、管控措施防护、关键装置重点部位管理等方面做出了详细规定。另外，广东、贵州、福州、成都、大同、无锡、苏州等省市先后出台了针对氢能产业的安全监管规定。

（三）标准规范

2021年10月，国家标准化管理委员会联合相关部门发布了《氢能产业标准化白皮书》，其中包括99项国家已经发布的氢能行业相关的国家标准，基本上涵盖了从制到加到储到用各个环节，除此之外，氢能项目还要遵循其他相关现行标准，如：

1.《氢能产业标准化白皮书》（2021年10月）；

2.《加氢站技术规范》（GB 50516）；

3.《汽车加油加气加氢站技术标准》（GB 50156）；

4.《水电解氢氧发生器技术要求》（GB/T 29411）；

5.《压力型水电解制氢系统安全要求》(GB/T 37563);
6.《氢能汽车用燃料 液氢》(GB/T 40045);
7.《液氢贮存和运输技术要求》(GB/T 40060);
8.《液氢生产系统技术规范》(GB/T 40061);
9.《火灾自动报警系统设计规范》(GB 50116);
10.《危险化学品重大危险源辨识》(GB 18218);
11.《防止静电事故通用导则》(GB 12158);
12.《建筑设计防火规范》(GB 50016);
13.《供配电系统设计规范》(GB 50052);
14.《安全阀一般要求》(GB/T 12241);
15.《固定式压力容器安全技术监察规程》(TSG 21);
16.《自动喷水灭火系统设计规范》(GB 50084);
17.《工业企业噪声控制设计规范》(GB/T 50087)。

三、风险与安全管控

涉氢行业存在这么多的风险，我们怎么去描述它呢？通常的做法是采用“风险级别”的概念来描述。不论是一个项目，还是一个系统，还是一个装置一个单元，其危险性均可以用一个简单的公式来描述，即：风险等级=发生可能性和后果严重程度的乘积。图6-5是危化行业的典型风险矩阵。

将风险用风险程度加以量化衡量后，安全与危险的概念就得到了具体化。即处于风险程度低于一定等级时，就可以被认为是安全的。基于此，一切安全监管工作的目标也更加明确：采取管控措施，使得系统/项目/装置/单元的风险程度始终处于可接受水平。

目前，世界范围内通用的安全监管体系是过程安全管理系统。该系

安全风险矩阵		发生的可能性等级——从不可能到频繁发生 ⇨							
		1	2	3	4	5	6	7	8
事故严重性等级(从轻到重) ⇩	后果等级	类似的事件没有在石油石化行业发生过，且发生的可能性极低	类似的事件没有在石油石化行业发生过	类似事件在石油石化行业发生过	类似的事件在中国石化曾经发生过	类似的事件发生过或者可能在多个相似设备设施的使用寿命中发生	在设备设施的使用寿命内可能发生1或2次	在设备设施的使用寿命内可能发生多次	在设备设施中经常发生(至少每年发生)
		$<10^{-6}$/年	10^{-6}~10^{-5}/年	10^{-5}~10^{-4}/年	10^{-4}~10^{-3}/年	10^{-3}~10^{-2}/年	10^{-2}~10^{-1}/年	10^{-1}~1/年	≥1/年
	A	1	1	2	3	5	7	10	15
	B	2	2	3	5	7	10	15	23
	C	2	3	5	7	11	16	23	35
	D	5	8	12	17	25	37	55	81
	E	7	10	15	22	32	46	68	100
	F	10	15	20	30	43	64	94	138
	G	15	20	29	43	63	93	136	200

图6-5　危化行业的典型风险矩阵

统运用风险管理和系统管理思想及方法，通过全面风险识别、分析，主动地、前瞻性地管理和控制过程风险，预防与工艺生产相关的伤害及事故。过程安全管理的概念最早于1988年在美国化学委员会ACC颁布的企业“社会责任关怀”中提出，1992年2月24日，美国职业安全与健康管理局OSHA，颁布了高危害化学品（化工）过程安全管理系统的相关要求（29CFR1910.119：Process Safety Management of Highly Hazardous Chemicals），并于1992年5月26日生效。2007年，美国CCPS出版*Guidelines for Risk Based Process Safety*（基于风险的过程安全指南），规定了过程安全管理体系的20个要素：

（1）安全领导力

（2）安全生产责任制

（3）安全生产合规性管理

（4）安全生产信息管理

（5）安全教育、培训和能力建设

（6）风险管理

（7）装置安全规划与设计

（8）装置首次开车安全

（9）安全操作

（10）设备完好性管理

（11）安全仪表管理

（12）重大危险源安全管理

（13）作业许可

（14）承包商安全管理

（15）变更管理

（16）应急准备与响应

（17）安全事故事件管理

（18）本质更安全

（19）安全文化建设

（20）体系审核与持续改进

过程安全管理适用于所有涉及危险化学品（氢气）的活动，包括使用（用氢）、存储（储氢）、生产（制氢）和操作等；专注于预防重大事故，如火灾、爆炸、化学品泄漏等。

在氢能项目的全生命周期的各个阶段，建设、运营、总包等各方均应严格按照相关要素要求，加强要素建设，确保项目各环节的风险可控及安全运行（图6-6）。

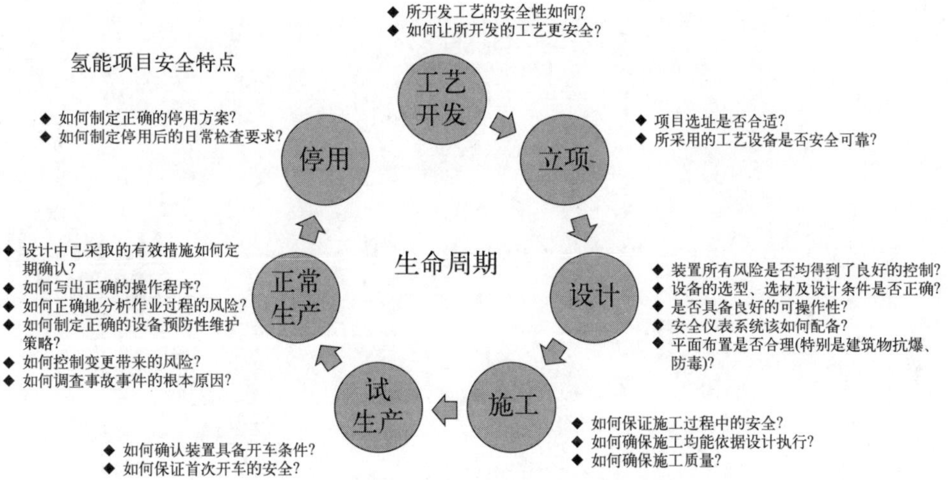

图6-6　氢能项目生命周期安全特点

第七章

氢能发展政策❶

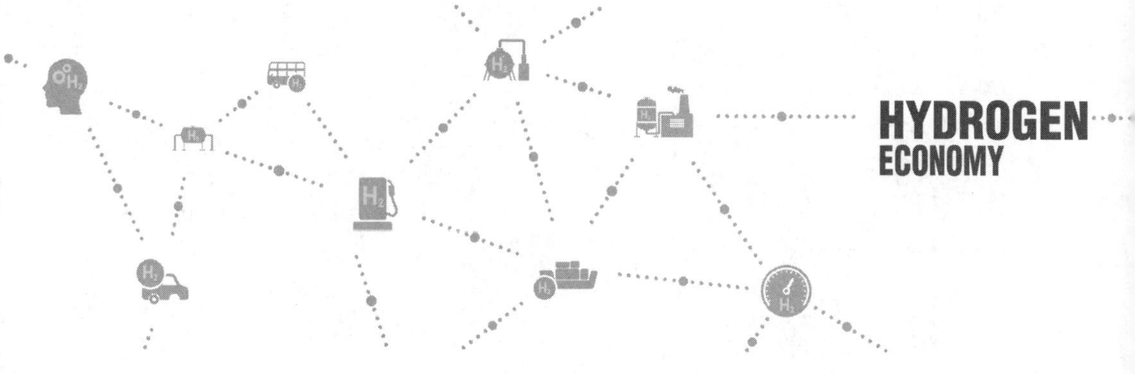

❶ 基金项目：教育部人文社科规划基金“全球气候融资格局的演化与中国应对”（19YJAZH058）；中国电动汽车百人会“中国氢能产业碳激励政策研究”；山东氢谷新能源技术研究院“山东省氢能产业金融财政支持体系与政策创新研究”。

“双碳”目标下，中国氢经济迎来了前所未有的发展机遇。2019年以来全球主要经济体先后发布氢能战略或发展路线图，并对本国氢经济发展做出安排。本节对欧盟、德国、美国、日本、韩国等地区和国家的绿氢战略、支持政策进行了系统梳理，提出构建与我国“双碳”目标相一致的氢经济政策体系，通过强化财政金融支持、推动创新，持续完善氢金融政策体系，助推绿氢产业产融互通，为我国氢产业加速低碳、零碳转型提供产融结合的绿色创新方案。

本节在梳理我国氢能产业发展取得的新进展以及2021年、2022年氢能政策的基础上，全面总结了当前氢能领域的关键技术及其经济性，重点分析了氢能产业发展面临的各种挑战。最后，从低碳制氢、多元用氢、加快氢能基础设施建设、健全氢能价格与补贴制度、提升氢能产业自主创新能力五个方面提出政策建议。

一、国际氢能政策

作为较早发布氢能战略的经济体，欧盟、德国、美国、日本、韩国在绿氢战略地位、发展目标、配套财政金融激励措施等方面形成了各具特色的发展模式。充分借鉴上述经济体的发展经验，对我国尽早健全绿氢产业政策体系具有重要意义。

在这一节中，我们将介绍欧盟和美国在氢能方面实施的一些政策。欧盟和美国的政策都为氢能生产和氢能基础设施建设提供支持。氢能生产方面，欧美两地均是优先发展推广绿氢。具体而言，氢能推广政策中会设定绿氢使用量的目标，并根据生命周期温室气体减排量来提供政策激励。

（一）美国

1. 美国：新激励政策有望为绿氢产业加速

氢能计划为产业发展注入新动能。美国氢能产业起步于20世纪末，2020年11月，美国能源部发布最新“氢能计划”（Hydrogen Program Plan），提出未来10年及更长时期氢能研究、开发和示范的总体战略框架，提出了2030年美国氢能发展的技术和经济指标。2021年，美国能源部启动了“能源地球计划”（Hydrogen Earth Shot），旨在10年内将绿氢的成本降低80%至1美元/千克，将氢需求提升至目前水平的5倍。2020年，美国燃料电池和氢能协会发布美国氢能经济路线图，提出通过公共激励措施来解决市场推广初期面临的障碍。

多项公共支持政策推动部门协同。为推动绿氢市场发展，美国提出多项公共政策，包括鼓励各州重新评估并修改现有的能源立法，明确天然气网络输氢的标准，通过政府采购强化对氢能的支持，支持氢能基础设施建设，推动氢利用的跨部门耦合实现规模经济等。2021年11月，美国总统拜登签署《基础设施投资和就业法案》（Infrastructure Investment & Jobs Act，IIJA），授权拨款95亿美元用于清洁氢的研发、示范项目建设等，其中80亿美元用于区域清洁氢枢纽建设，并将继续对清洁能源和储能项目提供投资税收抵免和生产税收抵免。2021年5月，美国财政部发布了“绿皮书”，提出为燃料电池厂提供投资成本30%的投资税收抵免；对天然气管道改造和储氢项目提供税收减免等。此外，美国财政部和国税局于2021年1月发布系统化的碳捕获与封存激励政策，即45Q条款最终法规，鼓励蓝氢生产，或将撬动数十亿私人资本投入蓝氢产能。

需求侧激励协同促进燃料电池设备快速发展。美国政府还为住宅燃料电池、液氢燃料提供消费税抵免。在燃料电池汽车方面，消费者购买指定的轻型燃料电池汽车可获得高达8000美元的退税抵扣；中、重型燃料电池汽车也可享受一定的退税抵扣。美国加利福尼亚州清洁车辆补贴项目（The Clean Vehicle Rebate Project，CVRP）为购买或租赁燃料电池汽车提供补贴，最高可达4500美元，符合条件的低收入家庭还可以获得额外的2500美元的补贴。燃料电池车车主还可享有无条件使用拼车专用道、免过桥费、免费加氢（预充4000美元）、免费租车、零利率车贷等多项优惠扶持政策。

2. 重视氢能技术，推动产业应用

美国是最早将氢能及燃料电池列入能源战略的国家，多年来始终将氢能作为重要能源战略储备技术，持续支持氢能全产业链技术研发，并将加大示范和部署力度，以期实现产业规模化发展。2021年6月，美国能源部启动了“能源地球计划”，计划加速氢能创新、增加绿色氢能需求，并计划十年内将绿色氢能的成本降低80%，至1美元/千克，增加5倍绿氢的产量。美国希望不断完善其氢能的生产、运输、储存和利用的各个环节，稳固其领先地位。此外，美国能源部还宣布投入5250万美元用于支持31个氢能相关项目，其中包括改进电解水制氢设备，开展生物制氢研究、电化学制氢研究和燃料电池系统设计等，以促进氢能行业的技术进步，加快市场化进程。2022年2月，美国能源部的化石能源和碳管理办公室又宣布了2800万美元的联邦资金，用于推动绿氢作为一种无碳燃料用于交通、工业和电力生产（表7-1）。

表7-1　美国氢能计划发展规划中提出的未来十年（2020—2030年）关键技术经济指标

技术阶段	技术经济指标
制氢阶段	电解槽：运行寿命8×10^4h、成本300美元/kW、转化效率65%
运氢阶段	交通部门氢输配成本：初期降至5美元/kg，最终降至2美元/kg
储氢阶段	车载储氢系统的成本：将能量密度2.2kW · h/kg、1.7（kW · h）/L降到8美元/（kW · h）

续表

技术阶段	技术经济指标
储氢阶段	便携式燃料电池电压系统成本：将能量密度1kW·h/kg、1.3kW·h/L降到0.5美元/（kW·h）
	储氢罐用高强度碳纤维成本达到13美元/kg
用氢/氢产品阶段	工业和电力部门用氢价格：1美元/kg
	交通部门用氢价格：2美元/kg
	用于长途重型卡车的质子交换膜燃料电池系统成本降至80美元/kW，运行寿命达到2.5×10^4h
	用于固定式发电的固体氧化物燃料电池系统成本降至900美元/kW，运行寿命达到4×10^4h

注：中国电动汽车百人会氢能中心根据公开资料整理。

2020年底美国燃料电池和氢能协会发布了美国氢能发展路线图，详细描绘了氢能发展具体路径和目标。2020—2022年：氢能发展初期将以各州和联邦政府层次的脱碳目标为指南，通过公共激励措施来解决市场推广初期面临的障碍。此阶段，各地加强对基础设施建设的支持力度，发展相对成熟的叉车，备用电源解决方案的应用规模继续扩大，全国推广燃料电池叉车，并在加州进一步部署轻型和重型车辆。预计2022年氢气需求量达到1200万吨，燃料电池叉车达到5万辆，燃料电池汽车达到3万辆。该文件虽然并非官方战略，但已清晰地勾勒出美国氢能发展的目标和路径。

3. 推动交通领域氢能应用

为了实现交通部门深度脱碳，美国已经出台或提案了一些支持氢能发展的政策。从联邦层面上，相关法规议案提出为清洁氢生产企业提供税收减免，其中绿氢的最高免税额为每公斤氢3美元。《两党基础设施法》（Bipartisan Infrastructure Law）为支持清洁氢能发展提供了95亿美元的资金，用于建设区域清洁氢供应中心和扩大可再生水电解制氢规模。虽然美国对于清洁氢的定义尚未确定，但大多数法规议案中要求清洁氢与天然气SMR方法制取的氢气相比，全生命周期温室气体排放量至少减少40% ～ 80%。假设美国天然气SMR制氢的排放量为77g(CO_2当量)/MJ，则清洁氢的全生命周期温室气体排放量应为15 ～ 46g(CO_2当量)/MJ[2 ～ 5.5kg(CO_2当量)/kg(H_2)]。

美国的一些州也在为交通部门使用燃料氢提供政策支持。例如，加州的《低碳燃料标准（LCFS）》允许为在加州销售燃料氢的制氢企业提供低碳积分。LCFS的目标是到2030年，在2010年平均燃料组合水平基础上，将加州交通燃料的全生命周期温室气体排放量减少20%。在考虑能源经济比EER调整后（重型车和轻型车的EER不同），会根据不同制氢方式的生命周期温室气体减排强度来决定制氢企业能够获得多少积分。目前，碳交易价格的上限为减排每吨二氧化碳当量可获得222美元，2022年初的实际交易价格不到上限的一半。如果按最高积分价格计算，绿氢生产企业考虑EER调整后的全生命周期碳强度为9g(CO_2当量)/MJ，按照《低碳燃料标准》的规定，每公斤氢可获得2.4美元的积分收益。

除了为制氢端提供补贴外，针对加氢站的支持政策也有助于加速交通部门使用燃料氢，通过增加需求的方式促进燃料氢生产与供应。例如，加州在其通过的《议会8号法案（AB8）》中每年拨款2000万美元，为加氢站建设提供资金，直至加州有至少100个公共加氢站投入运营。在这项补贴方案下，加氢站根据其日加注能力，可以获得平均每公斤日加注能力825 ～ 2350美元的资助。此外，根据LCFS的规定，部分加氢站还可以获得低碳燃料积分；具体而言，根据加氢站建设加注能力与燃料氢加注量之间的差值，为加氢站提供低碳燃料积分（加注燃料在激励方案下另外单独产生积分）。这种政策设计可以帮助推动市场前期发展，因其确保了加氢站在市场发展初期就能够获得补贴，而不需要等待市场发展到与加氢站建设能力相匹配。截至2021年11月，已有62家加氢站被批准获得LCFS的基础设施积分。在上述各项政策的推动下，加州的加氢站数量从2016年的25家增长至2020年的45家，平均日加氢量从340公斤增长至2800公斤。

（二）欧盟

1. 欧盟委员会

2020年7月，欧盟发布《欧盟氢能源战略》，计划到2050年将氢能在能源结构中的占比提高到12%～14%，各个成员国纷纷响应，制定出台国家级氢能发展战略及配套具体行动方案，跨欧洲氢能协作网络正逐渐形成。2021年6月，德国联邦经济部和联邦交通部宣布投资超80.5亿欧元支持16个氢能基础研究项目，以及包含整个氢能价值链的62个大型氢能项目，旨在扩大氢能短期内替代化石能源的规模。2020年底，意大利公布《国家氢能战略指南》草案，计划到2030年使氢气占本国能源需求的2%，到2050年升至20%。

欧洲的氢能项目覆盖全产业链，重点布局工业和交通运输领域，跨行业、跨区域合作特点明显。德国大瀑布电力公司、荷兰皇家壳牌公司、日本三菱重工业公司和德国汉堡市政供暖企业汉堡暖气公司签订计划，将建造一个拥有100兆瓦容量电解槽的“超级绿氢”工厂，每年将生产1300吨绿氢，总耗资约2000万欧元，是目前欧洲最大的绿氢项目。2021年2月，30家欧洲能源企业在西班牙联合启动了一个绿氢项目，目标是到2030年通过跨欧洲天然气运输和存储网络，以每千克1.5欧元的价格为欧洲国家提供绿氢，计划每年生产360万吨绿氢。法国可再生能源制氢项目开发商Lhyfe与Chantiers de l'Atlantique将于2022年建造并运行全球首个海上绿氢工厂。

欧盟委员会制定了多项战略政策，以加快和推动低碳氢，尤其是可再生电力制氢的生产和使用，以实现欧盟到2030年将温室气体排放量与1990年水平相比净减少至少55%的脱碳目标。具体而言，欧盟在

《2020年氢能战略》中设定了绿氢产量的阶段性目标，即到2024年达到100万吨，到2030年达到1000万吨，并在2030年至2050年之间构建起完全成熟的绿氢产业。新修订的《可再生能源指令》（REDII）要求非生物质来源的可再生燃料（RFNBOs）的全生命周期温室气体排放要在化石燃料94g(CO_2当量)/MJ的基础上减少70%，而绿氢也属于这类可再生燃料。该要求相当于全生命周期温室气体排放达到28g(CO_2当量)/MJ[3.5kg(CO_2当量)/kg(H_2)]。在最近对REDII法规的拟议修订中，欧盟委员会提出RFNBOs在交通运输部门的占比应达到2.6%。同时拟议修订案中还提出了另一个目标，即工业部门使用的氢能中，可再生氢占比应达到50%。因此，欧盟成员国可能会为了满足REDII法规中的上述要求而通过各种手段鼓励发展绿氢。

除了为氢能生产提供政策支持之外，欧盟委员会还针对扩大氢能基础设施方面提出了激励措施。具体而言，欧盟委员会在其拟定的气体燃料发展方案中提出要构建氢能管道网络，并要配套出台详细的管理方案。在这份提案中，可再生氢可以在接入氢能管网时享受折扣价格。除了管道基础设施，欧盟还在其2021年发布的《替代燃料基础设施管理法规》（AFIR）中设定了在城市和公路沿线部署加氢站的目标。此外，欧盟委员会还会在2021 ～ 2027年期间，在欧盟“连接基础设施与交通工具”为建设加氢站网络提供资金支持。不仅在欧盟层面上有政策支持，各成员国也在积极展开行动支持氢能发展。例如，德国在2021年拨款了6000万欧元，用于资助加氢站建设。

2020年7月，《欧盟氢能战略》（EU Hydrogen Strategy）发布，提出到2050年氢占欧盟能源消费的比重将由现阶段的不足2%提高到13% ～ 14%，分三个阶段推进绿氢发展，逐步降低绿氢成本：

第一阶段（2020—2024年），推进绿氢在化工、新型工业、重型运输等领域的应用，开发容量为6GW的电解槽，将绿氢产量提升至100万吨；

第二阶段（2025—2030年），氢能成为欧盟综合能源系统的关键组成部分，电解槽容量达到40GW，绿氢具备成本竞争力，产量突破1000万吨，应用场景扩展到炼钢、清洁交通、储能等领域，并建设氢能供能、供热、供电一体化的“氢谷”；

第三阶段（2030—2050年），绿氢制取技术成熟，可大规模应用，应用场景扩展至所有难以脱碳的领域。

产业联盟引领绿氢投融资发展。2020年12月，22个欧盟国家和挪威发起了《欧洲共同利益重点工程支持计划（Important Projects of Common European Interest，IPCEI）》，用于支持绿氢全产业链的各类项目，形成跨国绿氢网络。2020年，来自11个国家的12家天然气输送系统运营商共同发布《欧洲氢主干网络计划（European Hydrogen Backbone，EHB）》，拟到2040年建成长达3.97万千米、连接21个欧洲国家的氢气运输网络，69%的氢气运输网络由天然气管网改造而成。EHB所需总投资预计为430亿～810亿欧元，建成后每1000千米的氢气运输成本仅为0.09～0.17欧元/千克。同年，欧盟委员会也通过了《欧盟跨欧洲能源网络法（Trans-European Energy Networks，TEN-E）》修订案，提出欧洲将不再支持天然气管道的发展，转而支持氢跨境运输网络。

完善的分类标准与溯源认证机制为绿氢产融结合提供便利。2019年发布的《欧盟可持续金融分类方案》是欧盟可持续金融市场最重要的分类标准，已将绿氢全产业链纳入标准之中，包括氢气生产和使用设备制造，低碳氢、液体无水氨生产，储氢，氢输配网络基础设施，乘用车、低碳公路运输、低碳水运等各类加氢基础设施，氢技术与产品研发创新等，明确了产氢活动全生命周期的碳排放限值以及CCS产氢的技术筛选标准。具体在溯源认证方面，绿氢、蓝氢的认证是决定清洁制氢需付出的额外成本，即其绿色溢价的关键，也是绿氢、蓝氢参与全球贸易的前提。2020年12月，欧盟委员会提出推进氢气认证，多家机构联合开发可在整个欧洲部署的氢气溯源体系CertifHy，形成了包括制氢厂审核、绿氢或蓝氢生产批次认证、分销交易认证等在内的覆盖氢全生命周期的溯源机制。

2. 德国

（1）国家战略提出绿氢发展目标

德国绿氢产量约占全球总产量的20%。2020年德国发布《国家氢能战略》，为绿氢的“制储输用”制定了协调一致的行动框架，将绿氢确定为低碳工业原料，要求完善绿氢制、储、输、用的高质量基础设施，拓宽进口渠道。2021年，德国通过绿氢供给的电量达到55TW·h。预计到2030年，绿氢供电量将再翻一番，达到90～110TW·h，工业制氢电解槽容量总和将达5GW。

联邦政府提出多项扶持性政策。在资金方面，德国政府提出氢能专项投资框架，计划到2026年向氢产业投入123.6亿欧元；此外，德国设立了国家氢能基金，计划为氢能提供90亿欧元资金支持。在财税政策方面，德国《可再生能源法（2021）》首次提出支持绿氢的生产和工业使用，减免用于绿氢制取的可再生能源附加费，减免幅度可达85%甚至100%。德国还将试点碳差价合约（Carbon Contract for Difference，CCfD），即由政府补足合约约定的碳价格与碳市场交易价格的差额，此举能够显著降低碳市场价格波动的风险，继而保障绿氢企业的投资回报。

（2）积极开展绿氢国际合作

德国预计到2050年进口绿氢将达到4500万吨，因此推出了“绿色氢潜能地图”项目，对非洲地区30多个国家的绿氢生产和出口潜力进行了评估，通过积极的对外投资，逐步开展与非洲国家的绿氢贸易。2021年6月，德国政府宣布了总预算为9亿欧元的氢全球计划（H_2 Global），培育国际绿氢市场，在国外竞价收购绿氢，在国内市场竞价拍卖。该计划投入9亿欧元，拟撬动15亿欧元的私人投资。

（三）日韩

日韩均从国家能源战略视角制定了本国氢能发展目标。早在2017年，日本发布了《氢能基本战略》（表7-2），将氢能作为重要的二次能源进行示范应用，提出2030年实现氢燃料电池发电商业化，建立大规模氢能供给系统，2050年全面普及氢燃料电池汽车，建成零碳氢燃料供给系统。此外，日本还注重推广家用燃料电池，实施了家用氢能源燃料电池热电联供系统（ENE-FARM）项目，家用燃料电池热电联产正在加速走入日本家庭。韩国在2019年发布的《氢经济发展路线图》明确了三阶段发展路线图：2018—2022年为氢能立法、技术研发和基础设施投资准备期，2022—2030年为氢能推广发展期，2030—2040年为氢能社会打造期。2020年韩国还发布了《促进氢经济和氢安全管理法》，该法案于2021年正式生效，为氢能安全有序发展保驾护航。

1. 日本

日本政府将氢定义为零碳能源。2021年7月，日本经济产业省联合相关部委更新了“支持2050年实现碳中和目标的绿色增长战略”（以下简称“绿色增长战略”）。根据绿色增长战略安排，氢有望助力发电、运输和工业各领域实现脱碳。政府重点关注氢发电涡轮机、燃料电池汽车和氢还原冶金等日本公司拥有全球竞争力的技术领域，对燃料电池生产企业提供最高10%的税额抵扣或50%的特别折旧优惠。绿色增长战略将按照研发、验证、加大引进和削减成本、自主商用四个产业成长阶段，由政府基金率先支持氢能创新技术，逐步引入市场化资金，扩大需求的同时促进产业规模化，最终实现氢能产业市场化发展。

政府基金为行业发展提供有力支持。为实现2050年碳中和的目标，日本政府依托新能源产业技术综合开发机构（NEDO）成立了2万亿日元的“绿色创新基金”，“建设氢能社会”被列为重点支持领域。基金致力于建设大规模氢供应链，力争到2030年将每立方米制氢成本降低至

30日元甚至20日元，在考虑环境价值的情况下使氢发电成本与天然气发电成本持平。此外，日本计划在全球范围进口绿氢、蓝氢，并利用氢气液化技术实现远程海洋运输。2021年，环境省启动“国外氢能全供应链综合支持试点”项目，年度预算约为5亿日元，支持在风、光等可再生能源丰富的地区生产绿氢，供产能相对不足的伙伴国家运输和利用。

韩国几乎和日本同时开始关注和推广氨能，2021年日韩政府拓展了氢能发展内涵，将氨能作为富氢燃料，统筹推进氢能和氨能应用。2021年10月，日本政府发布第六版能源战略计划，首次提出发展氨能，其中提出到2030年利用氢和氨所生产出的电能将占日本能源消耗的1%。2021年12月7日，韩国产业通商资源部主持召开第二次氢气和氨气发电推进会议，宣布韩政府将2022年作为氢气氨气发电元年，并制定发展计划和路线图，力求打造全球第一大氢气和氨气发电国。会议宣布，政府明年共将投入400亿韩元用于有关设备基础设施建设，并于2023年前制定“氢气和氨气发电指南”，推广有关技术在LNG发电站使用。

表7-2　日本第六版《氢能基本战略》与上一版本对2030年能源结构展望对比

版别	太阳能	风能	氢能	地热能	生物质能	氢/氨发电	核能	天然气	煤炭	原油
上一版	7%	1.7%	8.8%～9.2%	1%～1.1%	3.7%～4.6%	—	20%～22%	27%	26%	3%
第六版	14%～16%	5%	11%	1%	5%	1%	20%～22%	20%	19%	2%

注：中国电动汽车百人会氢能中心根据公开资料整理。

氨能概念和相关政策的提出，主要是因为氨作为一种富氢化合物，与氢相比具有特有的优势。首先，氨是十分合适的储氢介质，能量密度较高。其次，合成氨技术成熟，是最宜生产的清洁燃料之一，并且具有完备的贸易和运输体系，理论上来说，可以利用可再生能源电解水制氢，再用绿氢合成氨，将氨运输到目的地，这样能够极大程度解决氢能的运输瓶颈，降低用能成本。第三，氨本身也具有推动电力等领域脱碳的潜力。

2. 韩国

氢经济路线图清晰刻画产业发展图景。2019年1月，韩国政府发布《氢经济发展路线图》（Hydrogen Economy Roadmap）。2021年11月，韩国工业部再次发布国家氢能目标，提出到2050年氢进口代替原油进口、氢能覆盖大型工业用能的发展目标。根据路线图规划，到2040年韩国氢年需求量可达526万吨，建立海外制氢基地通过进口满足绿氢需求，国内制氢成本下降到3000韩元/千克（约合人民币16元/千克）以下。

多项激励措施推动氢经济发展。2020年年初，韩国贸易、工业和能源部发布《2020年新能源和可再生能源技术开发利用和行动计划》，投资187亿韩元用于加氢站建设、燃料电池等的研发。在燃料电池车方面，韩国中央和地方政府提供了购车补贴，对市场需求的扩展起到了关键作用，韩国燃料电池车保有量从2019年到2020年翻了一番。在加氢站方面，韩国政府自2019年起为新建加氢站提供30亿韩元的建设补贴，为存续加氢站提供上一年运营费用66%的运营补贴；减免50%的国有土地租赁费，还为民营加氢站提供长期低息贷款。韩国贸易、工业和能源部联合韩国天然气、韩国现代等13家大型企业成立了一家名为HyNet的特别公司推动加氢站建设，该公司计划到2022年投资1350亿韩元建造100座加氢站[1]。

氢经济立法和行政管理设立全球典范。2020年2月，韩国颁布全世界首部《促进氢经济和氢安全管理法》，围绕氢定价机制、氢能基础设施以及氢全产业链的安全管理提出了系统的法律框架。根据该法律，政府可要求工业综合体、物流中心、高速公路休息站等21种设施的经营

[1] 除韩国天然气、韩国现代外，还包括韩国液化空气集团、伍德赛德、EcoBio控股、科隆工业、晓星重工业、Nel韩国、Bumhan工业、JNK加热器公司、SPG化学、德阳和Valmax Technology 11家企业。

者建造加氢站，可要求12类基础设施安装燃料电池。此外，该法律为氢能设备的研发生产提供了安全保障，任何氢能设施均需通过设计验收、完工检查以及年检等三道安全检查。

（四）对中国的启示作用

与发达国家相比，中国氢能产业总体还处于跟跑阶段，存在技术基础不牢固、产业体系不健全、规模效益不显著等问题。中国发展氢能应立足于具体国情，制定中国特色的氢能发展战略。考虑到中国能源结构、资源能源禀赋等因素，中国对能源的选择及调控的回旋空间较大，氢能应成为“优选项”，根据能源总体发展战略和产业发展需求，统筹谋划、科学定位、夯实基础，重视氢源结构和终端替代成本等问题，设定合理的发展规划及目标。

一是要注重关键科学技术突破，增强自主创新能力，追赶先进技术。科学技术是第一生产力，美国欧盟日本等发达国家和地区一直保持与氢能发展的领先地位，根本原因在于一直重视相关核心技术并投入大量研发力量。中国应组织产业链龙头企业参与，汇聚“政产学研用”力量集中进行科研攻关，有助于快速实现技术突破，也避免了分散研发带来的资源浪费和恶性竞争。

二是推动氢能应用场景多样化，逐步开启多领域规模应用示范。全球范围来看，氢能在多个领域均具有较大替代潜力，中国国内目前氢能发展的主要应用示范多集中在交通领域，不少车企开始积极布局氢燃料电池汽车。此外，氢能在工业、建筑等领域具有广泛用途和巨大的脱碳潜力。同时，氢能对能源体系的支撑作用也是多方面的，在发电、储能等领域，氢能都将大有可为。

三是稳妥有序推进示范应用，避免无序竞争和产能过剩风险。对氢能市场应持谨慎乐观态度，对相关产业的价值创造能力也不可有过于乐观的预判。中国示范应用项目不能一拥而上，各个地方政府更不应该跟风冒进，不顾当地资源条件，走以订单换产能的老路，盲目开展全产业链布局。建议各地方政府紧密结合其资源禀赋，培育差异化竞争力，重视产业生态打造，理性引导投资，短期不高估、长期不低估氢能的价值，实现氢能产业的可持续发展。

二、中国氢能政策

碳达峰、碳中和目标提出以来，我国政府将促进氢能等新能源发展放在更加迫切、更加重要的位置，相关政策法规与标准规范密集出台，氢能产业发展驶入“快车道”，氢能产量增长迅速。

（一）氢能政策体系建设综述

1. 国家政策频发，绿氢为工业绿色发展重点领域

近年来，国务院以及各部委发布的多项政策文件部署氢能产业发展方向，在技术研发、重大工程、支持项目等方面均有布局，基本涵盖了制储输用的全产业链，为产业突破发展提振了信心。

2020年10月至2021年末，国家出台了9项氢能相关政策。

在国务院发布的《2030年前碳达峰行动方案》进一步明确了“双碳”目标下氢能的发展使命，明确开展氢冶金示范，拓展富氢原料进口来源，扩大氢能在交通领域的应用，推广氢燃料重型货运车，推进加氢站建设，加强人才培养，深化基础研究，加快低成本可再生能源制氢技术研发，加快推动氢在工业、交通运输、建筑等领域规模化应用等十一条关键举措。

2021年11月，四部委发布《关于加强产融合作推动工业绿色发展的指导意见》，为氢能拓展应用场景、大力推进产融结合提供了系统支持。人民银行明确推出碳减排支持工具，通过结构性货币政策工具，以

稳步有序、精准直达的方式支持可再生能源、减排技术，其中包括氢能利用。12月，工信部发布《"十四五"工业绿色发展规划》，将加快氢能技术创新和基础设施建设，推动氢能多元利用作为工业降碳的实施路径之一，且强调发挥央企、大型企业集团示范作用，实施绿色氢能重大工程。

值得一提的是，2018年起，国家重点研发计划连续三年启动实施"可再生能源与氢能技术"重点专项，累计部署了27个氢能研发项目，研发经费投入约5亿元。在2021年2月发布的《关于对十四五国家重点研发计划氢能技术等18个重点专项2021年度项目申报指南征求意见的通知》中，重点专项研发项目在燃料电池技术类、制氢技术类和储氢技术类的分布比例分别为32%、32%和32%。

氢能处于产业化初期，政策驱动是快速发展的关键。2021年，氢能成为政府文件中的高频词。从国家到地方各级政府，关于氢能的相关政策频出。政策数量超过往年，政策涉及面涵盖氢能技术突破、氢能全产业链的细分领域、氢能财政资金支持、税收优惠等方面内容，极大推动了氢能产业的快速发展。

2021年，国家层面上有30余项氢能相关政策发布。主要部门从产业发展、科技创新、能源转型等不同角度考虑，对氢能寄予厚望。在《"十四五"规划和2035年远景目标纲要》中，氢能被列为"未来产业"之一，文件指出：在类脑智能……氢能与储能等前沿科技和产业变革领域，组织实施未来产业孵化与加速计划，谋划布局一批未来产业。在科技创新领域，氢能被列入国家重点研发计划，提出打造"氢能高速""氢能港口""氢能园区"试点工程，开展"氢进万家"综合示范等。在《关于完整准确全面贯彻新发展理念做好碳达峰碳中和工作的意见》中，共11处提及氢能。意见明确提出，推动加氢站建设；统筹推进氢能"制储输用"全链条发展；推进可再生能源制氢等低碳前沿技术攻关；加强氢能生产、储存、应用关键技术研发、示范和规模化应用。

国家发展改革委、工信部等也多次提出开展氢能产业试点示范工作。从国家政策上体现出：氢能将在双碳目标中扮演重要角色，这也筑牢了氢能发展的顶层设计，有利于各市场主体把握氢能产业战略方向。《"十四五"新型储能发展实施方案》提出拓展氢（氨）储能应用领域，开展依托可再生能源制氢（氨）的氢（氨）储能，重点试点示范可再生能源制氢、制氨等更长周期储能技术。

地方层面，2021年全年各级政府关于氢能的政策有数百项，涉及面之广远超以往。在国家层面政策的引导下，各级政府对氢能产业认同感进一步提升，地区氢能产业发展规划陆续出台，相关地区通过规划等方式，明确了氢能在双碳目标中的作用、氢能示范应用方向，以及"十四五"时期氢能产业布局。这些政策文件能够有效调动地方政府、企业、科研机构的主体积极性，形成氢能高质量发展的工作合力。

氢能作为实现碳达峰、碳中和目标的重要新能源技术支撑，其产业发展战略定位和中长期发展目标已经明确。2019年，氢能及燃料电池首次被写入我国政府工作报告，要求在公共领域加快充电、加氢等基础设施建设。2020年4月，《中华人民共和国能源法（征求意见稿）》将氢能列入能源范畴。2021年9月，中共中央、国务院印发的《关于完整准确全面贯彻新发展理念做好碳达峰碳中和工作的意见》提出，要统筹推进氢能"制储输用"全链条发展。2022年1月，习近平总书记在中共中央政治局第三十六次集体学习上强调，要积极有序发展氢能源。2022年3月，国家发展改革委、国家能源局联合印发《氢能产业发展中长期规划（2021—2035年）》（简称《规划》），明确了氢能在我国能源绿色低碳转型中的战略定位：氢能是未来国家能源体系的重要组成部分，氢能是用能终端实现绿色低碳转型的重要载体，氢能产业是战略性新兴产业和未来产业重点发展方向。《规划》同时还提出氢能产业中长期发展目标：到2025年，形成较为完善的氢能产业发展制度政策环境，基本掌握核心技术和制造工艺，初步建立较为完整的供应链和产业体系，初步建立以工业副产氢和可再生能源制氢就近利用为主的氢能供应体系。燃料电池车辆保有量约5万辆，部署建设一批加氢站。可再生能源制氢量达到10万～20万吨/年，成为新增氢能消费的重要组成部分，实现二氧化碳减排100万～200万吨/年。到2030年，形成较为完备的氢能产业技术创新体系、清洁能源制氢及供应体系，产业布局合理有序，可再生能源制氢广泛应用，有力支撑碳达峰目标实现。到2035年，形成氢能产业体系，构建涵盖交通、储能、工业等领域的多元氢能应用生态。可再生能源制氢在终端能源消费中的比重明显提升，对能源绿色转型发展起到重要支撑作用。

在此背景下，多部门发布了“十四五”支持和规范氢能源发展的具体政策，内容涉及氢能的制取、储存、运输、加注、应用等方面（见表7-3）。在氢能制取领域，政策鼓励优先利用工业副产氢，支持开展可再生能源制氢示范。近期，部分城市还就绿氢制取推出了补贴政策，例如四川省成都市、广东省深圳市和河南濮阳市。这些政策主要面向设备购置成本补贴和项目运营的电费补贴。

在氢能储运领域，政策鼓励开展可再生能源制储氢（氨）、氢电耦合等储能技术试点示范，支持开展掺氢天然气管道、纯氢管道等试点示范。

在氢能加注领域，政策鼓励传统加油站、加气站建设油气电氢一体化综合交通能源服务站。

截至2022年底，超过30个省、市发布支持氢能产业发展的政策和规划。按照现有规划，至2030年，中国将建成超过1000座加氢站，氢燃料电池车的保有量将超过25万辆。

为发展氢能产业，近年来中国政府制定了一系列的支持政策，涉及规划、法规、财税等各个方面，国家层面主要政策如表7-3所示。

表7-3 近年来中国主要的氢能政策

时间	部门	政策名称	主要内容
2020年9月	财政部、工信部、国家能源局、国家发展改革委、科技部	《关于开展燃料电池汽车示范应用的通知》	对符合条件的城市群开展燃料电池汽车关键核心技术产业化攻关和示范应用给予奖励，形成布局合理、各有侧重、协同推进的燃料电池汽车发展新模式
2021年2月	全国人大	《“十四五”规划和2035年远景目标纲要》	要前瞻谋划未来产业，在氢能与储能等前沿科技和产业变革领域，组织实施未来产业孵化与加速计划，谋划布局一批未来产业
2021年4月	科技部	“氢进万家”科技示范工程	以“一条氢能高速、二个氢能港口、三个科普基地、四个氢能园区、五个氢能社区”为建设目标，开展副产氢纯化、可再生能源制氢、管道输氢、氢能交通、热电联供、氢能产业链数据监控等氢能生产和利用技术的工程化示范
2021年10月	国家发展改革委、生态环境部等9部门	《“十四五”全国清洁生产推行方案》	石化化工行业实施绿氢炼化、二氧化碳耦合制甲醇等降碳工程，支持开展氢能冶金等领域清洁生产技术集成应用示范
2021年11月	工信部	《“十四五”工业绿色发展规划》	开展非高炉炼铁、二氧化碳耦合制化学品、可再生能源电解制氢等重大降碳工程示范；鼓励氢能等替代能源在钢铁、水泥、化工等行业的应用；发展氢燃料燃气轮机、超高压氢气压缩机、高效氢燃料电池等氢能装备
2021年11月	交通运输部	《综合运输服务“十四五”发展规划》	大力发展清洁化运输装备，加快充换电、加氢等基础设施规划布局和建设

续表

时间	部门	政策名称	主要内容
2021年12月	工信部、自然资源部	《"十四五"原材料工业发展规划》	突破储氢材料、富氢碳循环高炉、氢能窑炉、氢基直接还原等关键材料技术，推动石化化工行业探索可再生能源发电制氢产业发展；实施氢冶金、非高炉炼铁等低碳冶炼试点项目，开展低碳水泥、氢能窑炉及固碳建材试点
2021年12月	国家能源局	《"十四五"能源领域科技创新规划》	突破氢气制储运加、燃料电池设备及系统集成、氢安全防控及氢气品质保障等方面的关键技术，开展氢能和燃料电池技术研究
2022年1月	国家发展改革委、国家能源局	《关于完善能源绿色低碳转型体制机制和政策措施的意见》	引导工业企业开展清洁能源替代，建设分布式清洁能源和智慧能源系统；推进交通运输绿色低碳转型，推行大容量电气化公共交通和电动、氢能、先进生物液体燃料、天然气等清洁能源交通工具；探索输气管道掺氢输送、纯氢管道输送、液氢运输等高效输氢方式
2022年2月	工信部、国家发展改革委、生态环境部	《关于促进钢铁行业高质量发展的指导意见》	钢铁行业研发投入强度力争达到1.5%，氢冶金、低碳冶金、洁净钢冶炼等先进工艺技术取得突破进展。关键工序数控化率达到80%左右，生产设备数字化率达到55%，打造30家以上智能工厂，推动钢铁工业绿色低碳可持续发展
2022年3月	国家发展改革委、国家能源局	《"十四五"新型储能方案实施意见》	拓展氢（氨）储能、热（冷）储能等应用领域，开展依托可再生能源制氢（氨）的氢（氨）储能、利用废弃矿坑储能等试点示范，因地制宜促进多种形式储能发展，支撑综合智慧能源系统建设

续表

时间	部门	政策名称	主要内容
2022年3月	国家发展改革委、国家能源局	《氢能产业发展中长期规划（2021—2035年）》	明确氢能产业是战略性新兴产业和未来产业重点发展方向，统筹推进制氢设施、储运体系、加氢网络等基础设施建设，有序推进氢能在交通领域的示范应用，拓展在储能、分布式发电、工业等领域的应用，加快探索形成有效的氢能产业发展的商业化路径
2022年3月	国家能源局	《2022年能源工作指导意见》	因地制宜开展可再生能源制氢示范，探索氢能技术发展路线和商业化应用路径，加快新型储能、氢能等低碳零碳负碳重大关键技术研究，围绕新型电力系统、新型储能、氢能和燃料电池等重点领域，增设若干创新平台

由表7-3可知，在国家层面，政府各部门和机构都出台了许多支持氢能产业发展的规划和政策（表7-4），而各地方政府也结合本地实际情况，出台了很多支持政策，形成了覆盖氢能全产业链发展的政策支持体系。

表7-4　氢能产业政策梳理

制氢	2022年3月，国家发改委、国家能源局《氢能产业发展中长期规划（2021—2035年）》。加快提高可再生能源制氢转化效率和单台装置制氢规模。构建清洁化、低碳化、低成本的多元制氢体系。在焦化、氯碱、丙烷脱氢等行业集聚地区，优先利用工业副产氢，在风光水电资源丰富地区，开展可再生能源制氢示范，逐步扩大示范规模。推进固体氧化物电解池制氢、光解水制氢、海水制氢、核能高温制氢等技术研发 2022年1月，工信部、住建部等5部门《智能光伏产业创新发展行动计划（2021—2025年）》。支持智能光伏制氢等试点示范项目建设，加快开展制氢系统与光伏耦合技术研究 2021年10月，国务院《2030年前碳达峰行动方案》。集中力量开展低成本可再生能源制氢、低成本二氧化碳捕集利用与封存等技术创新

续表

制氢	2021年10月，国务院《关于完整准确全面贯彻新发展理念做好碳达峰碳中和工作的意见》。推进高效率太阳能电池、可再生能源制氢、可控核聚变、零碳工业流程再造等低碳前沿技术攻关 2020年11月，国务院《新能源汽车产业发展规划（2021—2035年）》。因地制宜开展工业副产氢及可再生能源制氢技术应用
储运	2022年3月，国家发改委、国家能源局《氢能产业发展中长期规划（2021—2035年）》。提高高压气态储运效率，加快降低储运成本，有效提升高压气态储运商业化水平。推动低温液氢储运产业化应用，探索固态、深冷高压、有机液体等储运方式应用。开展掺氢天然气管道、纯氢管道等试点示范。逐步构建高密度、轻量化、低成本、多元化的氢能储运体系 2022年3月，国家发改委、国家能源局《"十四五"新型储能发展实施方案》。开展钠离子电池、新型锂离子电池、铅炭电池、液流电池、压缩空气、氢（氨）储能、热（冷）储能等关键核心技术、装备和集成优化设计研究。开展可再生能源制储氢（氨）、氢电耦合等储能技术试点示范 2022年2月，国家发展改革委、国家能源局《关于完善能源绿色低碳转型体制机制和政策措施的意见》。探索输气管道掺氢输送、纯氢管道输送、液氢运输等高效输氢方式 2020年11月，国务院《新能源汽车产业发展规划（2021—2035年）》。加快推进先进适用储氢材料产业化。开展高压气态、深冷气态、低温液态及固态等多种形式储运技术示范应用，探索建设氢燃料运输管道，逐步降低氢燃料储运成本
加注	2022年3月，国家发改委、国家能源局《氢能产业发展中长期规划（2021—2035年）》。支持依法依规利用现有加油加气站的场地设施改扩建加氢站。探索站内制氢、储氢和加氢一体化的加氢站等新模式 2022年2月，国家发改委、国家能源局《关于完善能源绿色低碳转型体制机制和政策措施的意见》。完善充换电、加氢、加气（LNG）站点布局及服务设施。鼓励传统加油站、加气站建设油气电氢一体化综合交通能源服务站 2022年1月，国务院《"十四五"节能减排综合工作方案》。有序推进充换电、加注（气）、加氢、港口岸电等基础设施建设 2022年1月，国家发改委、工信部等7部门《促进绿色消费实施方案》。加强充换电、新型储能、加氢等配套基础设施建设

续表

加注	2021年10月，国务院《2030年前碳达峰行动方案》。有序推进充电桩、配套电网、加注（气）站、加氢站等基础设施建设 2021年10月，国务院《关于完整准确全面贯彻新发展理念做好碳达峰碳中和工作的意见》。推动加氢站建设 2020年11月，国务院《新能源汽车产业发展规划（2021—2035年）》。支持利用现有场地和设施，开展油、气、氢、电综合供给服务

注：内容来自中国清洁发展机制基金管理中心。

从氢能应用方面来看，近期政策主要集中在交通运输领域，也有部分涉及工业和电力领域。

在交通运输领域，氢燃料电池汽车试点推进顺利、并且已经取得明显效果。2022年1月，交通运输部印发的《绿色交通“十四五”发展规划》提出，鼓励开展氢燃料电池汽车试点应用，在张家口等城市推进城际客运、重型货车、冷链物流车等开展氢燃料电池汽车试点应用；积极探索燃料电池在船舶、航空器等领域的应用，推动大型氢能航空器研发。

在工业领域，政策鼓励进行以氢作为还原剂的氢冶金技术研发应用，支持开展绿氢在合成氨、甲醇、炼化、煤制油气等行业耦合示范。

在电力生产领域，政策鼓励在清洁能源生产基地开展氢储能在可再生能源消纳、电网调峰等应用场景的示范，探索培育“风光发电+氢储能”一体化应用新模式；在偏远地区、海岛等具有用电需求的地方，鼓励开展燃料电池分布式发电示范应用。

在地区层面，很多地区的“十四五”规划也涉及了氢能产业布局。《内蒙古自治区“十四五”氢能发展规划》提出，到2025年建成60座加氢站，推广燃料电池汽车5000辆，氢能产业总产值达1000亿元，打造10个以上氢能应用示范项目。吉林省提出实施“氢动吉林”氢工程，着力打造氢能“一区、两轴、四基地”发展格局，力争到2025

年，可再生能源制氢产能达到6～8万吨/年，氢能产业产值达到百亿级规模。山东省提出围绕创建“国家氢能产业示范基地”，形成“中国氢谷”“东方氢岛”两大高地，打造山东半岛“氢动走廊”；同时，实施“氢进万家”科技示范工程，推动氢能创新链与产业链的融合发展。广东省提出将努力打造氢能产业集群，建立广州、佛山、东莞、云浮氢能高端装备产业集聚区和惠州、茂名、东莞、湛江氢能制储运产业集聚区，并提出《广州市氢能基础设施发展规划（2021—2030年）》。

国家还加大了对氢能技术与氢储能技术研发的支持力度。2021年国家科技部设立的国家重点研发计划重点专项包含了氢能技术、制氢和燃料电池催化剂、氢能汽车等共31项氢能领域相关技术项目；同时，结合“氢进万家”示范工程，由国拨经费1.5亿，启动了1个定向项目，包含氢能动力及装备关键技术开发与应用、氢能高速及零碳服务区关键技术集成与示范、氢能港口关键技术集成及示范、氢能园区关键技术集成及示范、氢能车辆推广与规模化运营模式研究等5个子课题。2022年12月，科技部发布《关于国家重点研发计划“氢能技术”重点专项2022年度项目安排公示的通知》。“氢能技术”专项共24项，分为氢能绿色制取与规模转存体系、氢能安全存储与快速输配体系、氢能便捷改质与高效动力、“氢进万家”综合示范四大方向。

2. 多地明确发展方向，提出氢能产业具体目标

近年来，国家政策密集出台的同时，多省级地区已着力布局氢能产业，2019年至2021年，全国各地共提出氢能相关政策391项，仅2021年全年，各地发布的氢能政策就达279项。截至2021年末，全国21个省、5个自治区、4个直辖市提出了氢能产业发展方向。其中，北京、天津、重庆、上海、青海、江苏、云南、四川、广东、河南、安徽、内蒙古、贵州、湖北、浙江发布了新能源、燃料电池汽车专项文件，河北、四川、广东、内蒙古、安徽、江西、天津、湖南、湖北、北京、河南、山西、山东、江苏、辽宁、上海、浙江、贵州等地区均发布了氢能发展规划。

截至2021年末，全国共15个省、3个自治区、4个直辖市明确了氢能产业具体发展目标，目标大多集中于交通领域，包括发展燃料电池车和加氢站，提升氢能产业规模成为多地区推动氢能产业发展的首选。包括北京、河北、上海、江苏在内的16个省级地区提出了大力发展燃料电池车的目标，广东、河北、内蒙古、山东等18个省级地区提出氢能产业产值目标，广东、山东、上海、山西等17个省级地区提出加快建设加氢站的具体目标，河南、重庆、北京等11个省级地区提出了培育行业龙头企业的数量目标。依据各省级地区提出的目标，到2030年氢能产业总规模有望达到1.55万亿元，氢燃料电池汽车突破20万辆，建成加氢站1464座，培育龙头企业百余家。

3. 氢能示范广泛开展，培育全产业链生态体

2021年被誉为“氢产业示范元年”，国家层面，由北京、上海、广东、河北、河南牵头申报的燃料电池示范应用城市群先后获批，共覆盖全国38个市（包括直辖市、地级市）。示范城市群积分奖励分为“燃料电池汽车推广应用”“关键零部件研发产业化”和“氢能供应”三大部分，单个示范城市群积分上限为17000分（折合17亿人民币），对超额完成示范任务的城市群，最高可以获得积分奖励18700分（折合18.7亿人民币）。“燃料电池汽车推广应用”提出发展大重载商用车；“关键零部件研发产业化”部分，强调对八个关键零部件进行重点激励；“氢能供应”部分，体现了对低碳氢、绿氢扩大应用范围的突出引导。

以“京津冀氢燃料电池汽车示范城市群”为例，示范拟构建北京—天津—保定—淄博产业发展链和北京—保定—滨州氢能供应链，在延庆、滨海新区、唐山市和保定市分别打造冬奥、港区、矿石钢材和建材运输四大特色场景示范区，最终形成燃料电池汽车关键零部件和装备制造产业集群。

省市层面，多地依据自身情况积极开展氢能示范项目建设。截至2021年末，全国共有26个省级地区计划开展氢能示范项目，按照产业链属性初步划分，将氢制取示范为上游、储运为中游、应用为下游，可一窥各类示范在我国的地理分布。其中，河北开展示范项目最多且覆盖全产业链，北京、浙江、江苏、广东、上海、甘肃、四川、安徽、云南也有覆盖全产业链的示范项目；吉林、陕西、青海、新疆、西藏等地专注于制氢、储氢产业示范项目；北京、浙江、江苏、广东、山东示范（试点）项目多集中在应用领域（详见图7-1）。

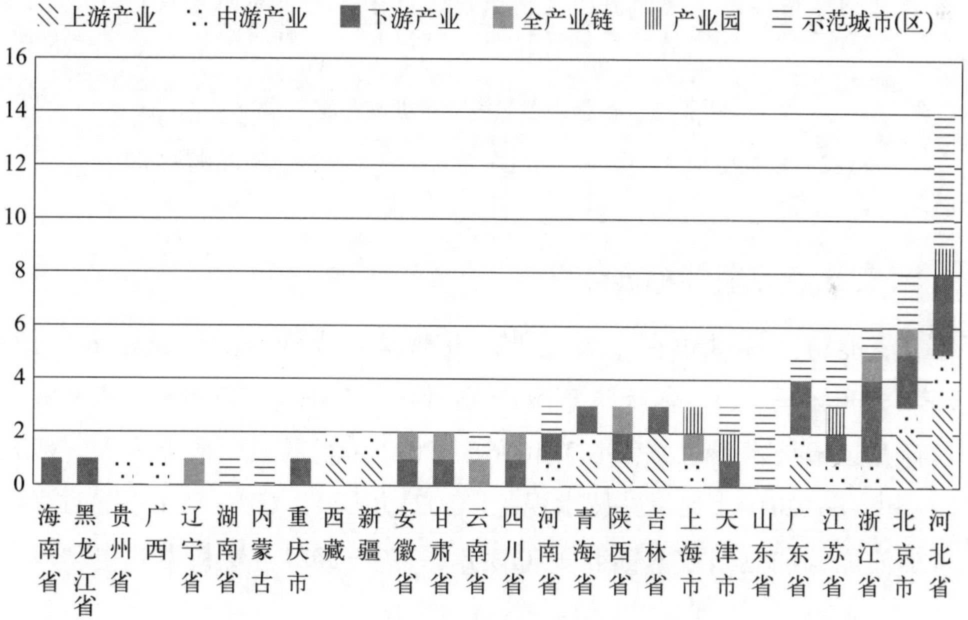

图7-1　各省级地区开展示范项目类型分布

（中国电动汽车百人会氢能委员会氢金融数据库）

示范项目的开展离不开配套资金的专项支持，通过提取各地出台政策的支持手段，产业基金、信贷、股权投资与上市融资鼓励成为最主要的支持方式，浙江、河北、内蒙古、湖北、宁夏、甘肃、山东、辽宁和吉林也提出了对产融集合的金融服务平台的迫切需求（详见图7-2）。

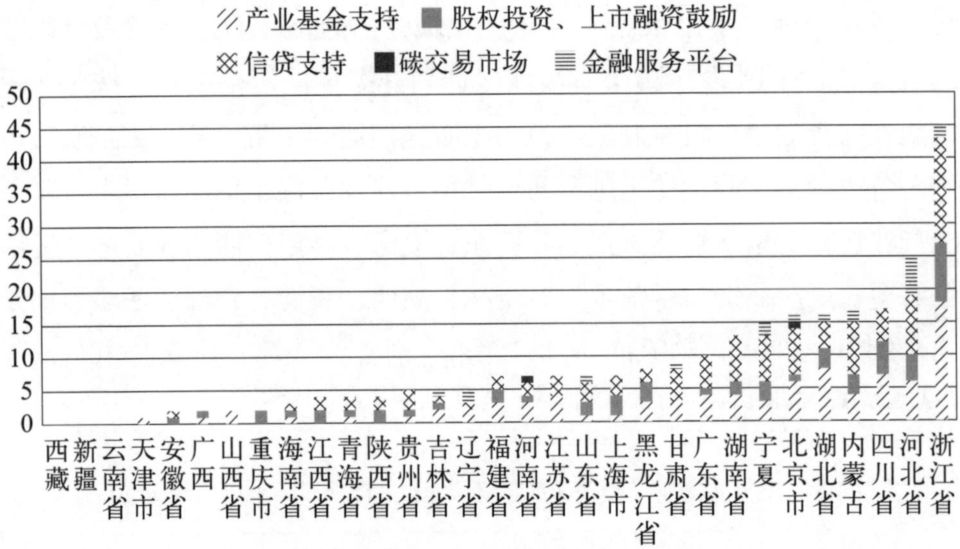

图7-2　各省级地区氢能产业政策出台情况

（按政策类型统计，中国电动汽车百人会氢能委员会氢金融数据库）

（二）建立氢能标准体系

氢能行业标准也在不断完善，近期发布或修订的国家标准包括：GB/T 40045—2021《氢能汽车用燃料 液氢》、GB/T 40060—2021《液氢贮存和运输技术要求》、GB/T 40061—2021《液氢生产系统技术规范》、GB 50516—2010《加氢站技术规范（2021年版）》、GB 50156—2021《汽车加油加气加氢站技术标准》、GB/T 26779—2021《燃料电池电动汽车加氢口》等。

经过多年建设，中国初步建成了覆盖氢能全产业链的标准体系，包括国家标准、行业标准以及团体标准，截至2022年，各类标准的数量如图7-3所示。

由图7-3可知，现有的中国氢能标准体系涉及氢能制、储、运、用的各环节，但各层面标准的侧重点有所不同，国家层面更多侧重于氢检测、氢安全方面，而行业和团体标准更侧重于氢能应用方面。不同层面的标准体系为中国氢能产业的发展提供了向导。

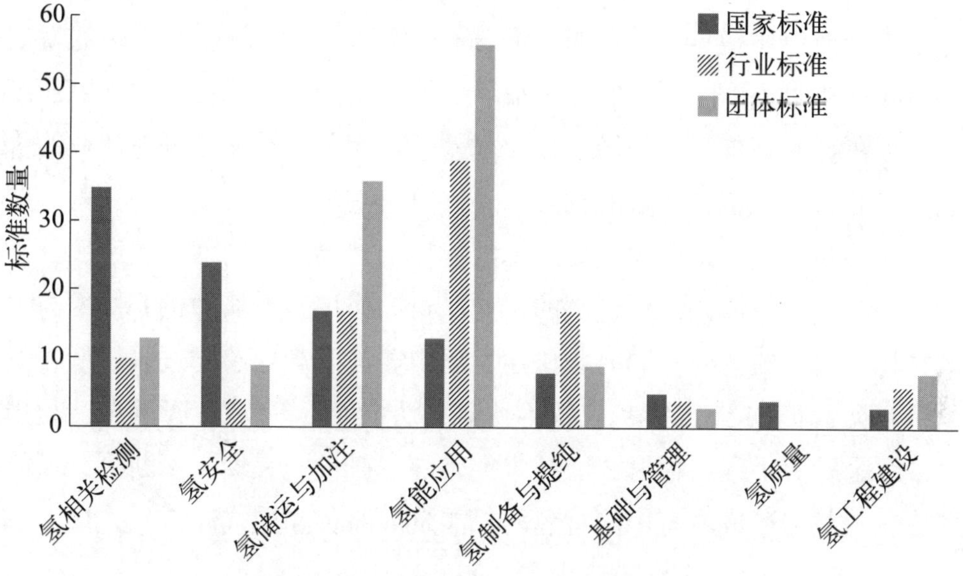

图7-3　中国氢能标准体系的构成

三、政策建议：氢能产业发展与政策体系建设

氢能产业具有巨大的发展潜力，但需理性推进。中国绿氢占氢气总产量的比例不足1%，产业链供应链不健全、成本过高，短期内氢能难以直接助力保障国家能源安全和实现双碳目标。近年来，中国氢能产业受到新能源汽车和可再生能源产业高速发展的积极影响，被视为带动经济增长的下一个突破口。然而氢能的规模应用还面临技术、成本和产业化等多方面挑战。近期来看，在交通领域，燃料电池汽车将面临比电动汽车产业化初期更大的困难。在工业、建筑、储能等领域，氢能应用也还处于探索示范阶段。长期来看，还需要更完善的政策体系、更前沿的技术创新、更契合的应用场景和更合理的商业模式，共同促进氢能产业

的规模化应用。

2025年，氢能产业将迎来历史性拐点，有望建成初步完整、自主可控的产业链供应链。作为能源系统的“新成员”，氢能在中国的发展必须服从和服务于能源转型总体战略。需要认清的是，目前中国氢能产业还存在氢源高碳、认知局限和技术差距等问题，短期不可对产业的价值创造能力抱有不合实际的预期，还需要“一步一个脚印”地探索、试错、完善和升级。过程中，要发挥氢能作为“高效清洁的二次能源、灵活智慧的能源载体、绿色低碳的工业原料”作用，要兼顾核心技术与关键材料、装备的突破；同时，快速发展中要注意产业趋同过剩、低端竞争等风险。面向2025年，应统筹协调各方资源，明确发展重点，利用政策、金融等手段，促进核心技术突破与基础设施完善，不断推进氢能规模化示范，形成具有中国特色的氢能发展路径和模式。

（一）现有政策体系评价

国家政策密集出台，但顶层设计仍缺位。2020年4月，国家能源局发布的《中华人民共和国能源法（征求意见稿）》中，氢能被纳入能源范畴，这是我国第一次从法律上确认氢能属于能源。2020年11月至2021年末，国家出台了9项与氢能产业相关的政策。其中，2021年10月，国务院发布的《2030年前碳达峰行动方案》涉及氢能的内容多达11处。12月，工业和信息化部发布的《“十四五”工业绿色发展规划》将绿氢作为构建绿色低碳技术体系的内容之一。尽管如此，中国仍缺乏关于氢能产业整体定位、发展目标和关键举措的顶层设计。

各地区政策频出，但缺乏多领域协同的系统性政策支持。各地区主要将氢燃料电池车及其产业链作为重点发展方向，支持领域和手段较为单一，缺乏与产业转型升级相适应的系统性、多领域协同支持的政策体系。

多地开展示范项目，规模化、可复制的商业模式仍有待培育。截至2021年末，共有26个省（自治区、直辖市）计划开展氢能示范项目。氢能基础设施、应用及示范区建设均需要大量前期投资支持，以大规模应用摊薄固定资产和研发投资成本，实现商业可持续。因此，加快培育氢能产业商业模式，实现全产业链条的金融支持，构建互利共赢的产融合作生态体系，形成资本与产业互动互促的良性循环，对于处在发展初期的氢能产业十分关键。

绿色金融发展取得积极成果，但对氢能产业的支持不足。目前，绿色金融分类标准中纳入了加氢设施制造、燃料电池装备制造、氢能利用设施建设和运营、加氢设施建设和运营等内容，但尚未体现对绿氢及其全产业链的支持。同时，对氢能企业还缺乏精准的绿色信贷支持政策，绿色债券、绿色基金等对氢能产业的支持还较为有限，配套的担保工具、征信服务、评级与认证服务等仍处于发展初期。

氢能多场景应用尚未实现，市场基础设施与技术标准仍缺乏。一是尚未制定面向民用的产业安全标准，氢气的制取与储运、加氢站的建设与运营等多个产业链细分领域缺乏安全管理细则。二是缺乏绿氢的国家标准及溯源机制，综合考虑氢能产业全周期的碳排放核算方法学与统计制度需要完善。三是氢能商品化、金融化交易平台有待发展。支持绿氢市场盘查、核算、认证核证的机构和专业化的市场研究机构还很缺乏。

（二）建立氢能战略与基础服务体系

当前，我国氢能产业“顶层设计”正在加快完善，国家层面氢能规划呼之欲出，全社会发展氢能的合力正在加速形成，氢能已成为我国发展绿色经济的重要引擎和我国实现“双碳”目标的必选路径。面向2025年，相信伴随氢能产业生态体系的建立，基础设施网络的不断成熟，关键技术材料的创新突破，多元场景的规模示范和绿色金融市场的正向激励，氢能产业链相关企业将逐渐降低对补贴的依赖，依托产品核心竞争力提升，建立可持续商业模式，为我国构建全球最大的氢经济体

系打下坚实基础。

1. 强化顶层设计，明确绿氢在国家“双碳”战略中的角色定位

目前，欧盟、德国、日本、韩国等多个经济体均制定了氢能顶层发展战略，对于绿氢、蓝氢的发展目标及定位予以明确。建议以“双碳”目标为导向，进一步明确2030年各主要行业使用蓝氢和绿氢的比例，最大程度地降低对化石能源制氢的路径依赖；明确2060年能源体系中绿氢的重要角色定位，在此基础上逐步完善氢能产业的法律、法规，如制氢安全规范、燃料电池汽车技术法规等。

由于顶层设计仍然不够明确，很大程度上制约了中国氢能产业发展。目前中国氢能示范以交通领域为先导，在其他领域的应用刚起步。各地发展氢能经济规划出现同质化现象。氢能产业链还存在着明显薄弱环节。为此，中国有必要对国外有价值的政策经验进行吸收和借鉴，做好以下几个方面的工作。

（1）尽快明确氢气作为能源的基本定位。2020年的国家能源法（征求意见稿），首次将氢气定义为能源，但在日常的生产管理中，氢气仍被列为危化品，受到严格的限制。例如，由于氢气的危化品属性，目前氢气生产要求必须在化工园区内进行，这严重限制了站内制氢和可再生能源发电氢储能项目。因此，一方面需要有关部门组织论证，尽快在实操层面落实氢气的能源定位；另一方面研究出台氢气作为能源产品的安全管理办法，使地方政府和企业有法可依。

（2）形成氢电互补协同的发展思路。按照“宜电则电、宜氢则氢，有电先电、无电用氢”原则，在能源发展战略中找准氢能定位。例如中长期看，电动汽车与氢燃料电池汽车各有优势，是互补的关系，在不同的场景各有优劣，不是简单的替代关系。考虑到纯电动路线无法企及的领域及相关产业发展面临的突出问题，各尽所长、认清电动汽车与氢燃料电池汽车的优势领域，正确有效引导资源的合理配置，防止顾此失彼。

（3）加快推动氢能综合示范应用。针对氢能应用场景的扩展，尤其是绿氢的应用，在近期内应以示范项目为突破口，率先开展绿氢生产、储存、应用的试点工程，除交通领域的应用外，更多地聚焦氢能在工业（石化加氢、合成氨/甲醇生产等）、建筑（社区或家庭的热电联供）、储能（弃风、弃光的氢储能）等领域的推广和应用。鼓励模式创新，加快氢能产业园区、氢能示范项目等试点的推广，探索园区内以清洁能源制氢为纽带的多能互补模式。

2. 发挥公共部门在氢市场创设期的多重作用

（1）充分发挥地方科技金融体系对氢产业相关技术研发的支持作用。建议鼓励地方通过设立政府投资基金、引导基金等方式支持氢领域关键技术、示范应用，鼓励建设产业联盟、研发中心等产业服务机构，为氢科技创新企业成长发展提供资金支持。探索设立政府性融资担保基金，搭建多元化科技融资体系，深入持续地推进氢能全产业研发和示范。

（2）充分发挥财政资金对社会资本投入的杠杆效应。依托示范城市群或示范区，明确示范项目的公共资金支持机制。对于制氢、储运、燃料电池、加氢站等关键细分产业，可通过补贴、奖励、税费优惠、人才引进等多种方式，给予定向支持。地方政府可探索建立氢产业发展促进中心，引入国际赠款、优惠贷款等优惠资金。选择条件合适的示范区探索采用碳差价合约。

（3）加强需求侧公共政策协同支持。在产业需求方面，公共部门既可以直接产生需求，也可以间接刺激市场需求。建议通过政府采购对氢能产业提供直接支持，例如推动公共服务用车向氢燃料电池车升级。在市场需求激励方面，可考虑为购置氢燃料电池车的企业和消费者提供补贴、消费券、消费税减免等激励以及路权、停车费、过路费减免等消费便利性政策。

3. 攻克核心技术

中国在氢能自主技术研发、装备制造等方面仍有一定差距，确保技术自主可控未来是氢能产业发展的重要命题，因此应加快氢能核心技术及装备国产化进程，建立装备自主化长效机制。中国部分技术的实验数据已接近国外的先进技术水平，但多数停留在实验室和样品阶段，还没有形成大批量生产技术和成熟的国产化产品。因此，亟待加强上述关键材料核心部件的技术转化，加快形成具有完全自主知识产权的批量制备技术和建立产品生产线，全面实现关键材料核心部件的国产化与批量生产。

（1）支持技术研发、产业化和关键基础设施建设。氢能产业的高质量发展需要获得政府在技术创新等方面的政策支持。在示范城市启动之际，既要对氢燃料电池车辆示范性运营给予持续性资助，也要鼓励燃料电池技术的研发和储备，同时，对包括加氢站、大规模储运氢示范装置、纯氢管道、绿电制氢、建筑氢气热电联供等关键基础设施出台支持政策。

（2）建设技术装备研发制造的评价检验体系。目前我国氢能技术装备从部件到系统的评价检测体系仍不健全，从安全到性能测试大型涉氢装备的国家级测试中心缺乏，导致氢能产业全链条产品的批量生产与推广严重受限。因此，应加快完善相关标准体系，建立完整、有效的材料、部件、系统等检测体系，为产品应用提供基础保障。

（3）鼓励国产装备的商业化应用。任何一种技术或装备的成熟，都要经过长时间的示范应用、验证、改进完善，逐步发展成熟，这一过程需要供需两方齐心协力。整体来看，进口装备已经或更接近于完成示范应用、验证、改进完善的过程，在稳定性、一致性、系统匹配性等方面具有一定优势。国产装备的售后更便利、价格更低廉。因此，一方面要持续支持技术创新，加快缩小国产装备与国际先进产品的差距，一方面要引导鼓励国产化装备的商业化应用。

4. 完善基础设施

加氢站是氢能产业发展不可或缺的一环，也是燃料电池汽车发展的必需基础设施。为加快加氢站建设进度，助推氢能社会的建设步伐。建议从以下几方面着手：

（1）政策创新。从产业政策方面，需要做好油氢合建加氢站具体规划发展路线图，明确地方主管部门，细化审批流程；地方企业及协会组织积极争取国家的财政支持和当地政府财政投入，希望国家在合建站税费等方面予以支持。

（2）技术创新。从加注压力等级和氢源方面，以35MPa氢气压力加注为主，逐步过渡到70MPa为主，以离站型加氢站为主，兼顾在站制氢型加氢站，优选发展电解水制氢、橇装天然气重整制氢技术。

（3）装备创新。加大相关科研投入，尽快使加氢站核心设备国产化。

（4）宣传引导。相关单位、科技媒体大力开展人民群众的氢能科普工作，避免出现“谈氢色变”的现象。

除加氢站外，纯氢管道、建筑的燃料电池热电联供设施、工业和氢储能的电解水设施广义上都属于氢能产业的基础设施，相比于加氢站，目前这些基础设施落地较少，在国内很多还停留在概念阶段，政策、技术、金融、配套等方面需多方发力，协同发展共同支撑氢能基础设施快速落地和运营。

（三）推动氢能产业高质量发展

氢能，特别是绿氢，作为未来能源体系中不可或缺的关键一环，其全产业链将迎来前所未有的发展机遇，同时也面临政策、技术与需求的多重不确定性：一是我国绿氢的战略定位有待进一步明确；二是迫切需要培育互利互赢的产融合作生态体系，探索适宜行业发展的规模化、可复制的商业模式；三是绿氢多场景应用的市场基础设施与技术标准体系刚刚萌芽；四是绿色金融政策与产品的创新支持不足。为推动中国绿氢产业加快发展，本文提出以下建议。

1. 低碳制氢、绿色发展，鼓励氢能生产由“灰”转“绿”

加强氢能产业顶层设计和区域布局，尤其是绿氢大规模集中制取与跨区域输送的区域布局。各地区应从各自的资源禀赋、产业基础、市场空间、地方财力等多方面因素理性规划，培育差异化竞争力，重视产业生态打造，避免盲从。在西北、西南、东北、沿海等可再生资源丰富地区，要积极开展集中式水电、风电、光伏发电以及风光互补发电制氢项目试点示范，优先选择弃水、弃风、弃光率相对偏高的地区，探索氢能在季节性储能和电网调峰等场景的应用潜力，培育“风光发电+氢储能”一体化应用新模式，提高能源综合利用效率。在氢能应用规模较大且需要跨地区输送氢能的地区，要积极与可再生资源丰富地区共商共建，推进氢气输送管网规划与建设，可根据具体情况采取绿电直供制氢试点示范。

对于可再生能源制氢给予适当的政策倾斜，控制化石能源制氢规模在合理范围增长。针对绿氢项目核准、规划等行政许可建立绿色审批通道，早日实现氢能商业化和规模化开发利用。鼓励利用绿氢制备实现可再生能源消纳和电网调节，出台相关电价优惠政策降低绿氢制取用电成本。建立企业绿氢应用绿色信用等级评定机制，加大评定结果在财政、信贷、试点示范等方面的应用。

2. 开拓创新、多元发展，打造形成多元氢能应用生态

科学引导氢能多元应用，探索氢能在交通、储能、发电、工业等领域的试点应用。氢能在交通、工业、建筑、发电等诸多领域具有广泛用途和巨大的脱碳潜力。加快氢能汽车产业发展，逐渐普及乘用车、商用车、有轨电车和飞机的氢能燃料电池应用。结合国内冶金和化工行业市场环境和产业基础，探索氢能冶金示范应用。推进可再生能源制氢在合成氨、甲醇、炼化、煤制油气等行业替代化石能源的示范。利用绿电、绿氢等新能源与现代煤化工耦合发展。推动氢能在新型建筑“冷、热、电”三联供试点，推动天然气掺氢和卫星热电联供等。结合增量配电改革和综合能源服务试点，开展氢电融合的微电网示范，推动燃料电池热电联供应用示范，促进“电、氢、气、冷、热”系统融合。

3. 统筹规划、科学布局，有序推进氢能基础设施建设

统筹布局氢能基础设施建设，打通氢能“制氢—运氢储氢—加氢用氢”的全链条。强调需求导向原则，有序推进跨区域输氢管网、城市内供氢管网、加氢站网络等基础设施规划与建设，提高储运效率、降低储运成本，有效提高商业化水平。采取掺氢天然气管道、纯氢管道并举，提升绿氢长距离、跨区域输送能力。鼓励规划建设氢能一体化项目（包括可再生能源发电场，制氢、储氢、加氢等设施）试点示范，通过售氢增加项目收益。鼓励利用现有加油加气站的场地设施改扩建加氢站，探索站内制氢、储氢和加氢站一体化的加氢站等新模式。

4. 因地制宜、分类施策，建立健全科学规范的价格和补贴制度

建立健全科学合理的氢能价格与补贴机制，加强绿色金融对氢能全产业链的支持。综合考虑本地区氢能“制、储、运、加”等环节的实际经济性水平，探索氢能项目投融资、税费减免、用电电价优惠、过网费优惠、消费终端补贴、氢储能价格补贴与电力市场交易等过渡期扶持政策，保障项目投资收益在一定合理范围。妥善处理好可再生能源发电与可再生能源制氢之间的关系，科学引导水电、风电、光伏发电企业积极参与可再生能源制氢项目试点示范，核定本地区绿氢最低保障收购年利用小时数，并及时调整。拓展氢能企业及相关设备制造企业的投融资渠道，鼓励银行业金融机构按照风险可控、商业可持续性原则支持氢能产业发展，运用科技化手段为优质企业提供精准化、差异化、多元化的金融服务。建立可再生能源制氢技术评价标准体系，明确绿色项目资金使用的信息披露规则，提升产业整体的信息披露水平。支持符合条件的氢能企业在科创板、创业板等注册上市融资。

5. 创新引领、自立自强，综合提升氢能产业自主创新能力

加大对可再生能源制氢技术创新的政策扶持，打造具有完全自主知识产权的技术链条。鼓励企业积极参与可再生能源制氢关键技术研发，针对绿氢制取技术、装备关键技术及材料研究和科技成果产业化应用设立科技专项，突破低成本、高灵活、高效率、规模化等工程技术难题；促进可再生能源制氢与上游波动性可再生能源发电，与下游绿氢化工生产工艺以及碳捕集技术的衔接。加快省级以上绿氢制备技术创新平台建设，构建产学研用合作体系，加速高校、研究机构最新研究成果的产业化应用，避免分散研发带来的资源浪费和恶性竞争。完善可再生能源制氢管理与标准体系建设，明确绿氢生产、储运、应用等环节的归口管理部门，完善相关管理章程和法规。

（四）建立碳标准与认证体系

基于对11种制氢方式开展的全生命周期温室气体排放评估、对三个示范城市群进行的详细案例研究以及国际经验，在此为中国国家层面和地方政府层面就推动清洁、低碳氢能产业发展提供若干建议。我们的建议主要包括三个方面：（1）为燃料氢制定严格的碳强度要求并确保合规性；（2）扩大对低碳氢生产的财政和非财政支持；（3）发展稳健有力的燃料氢和燃料电池汽车供应链。本节提供的政策建议可以支持更好地实施示范城市群项目。同时，这些建议还可以为中国国家政府和地方政府制定未来的氢能发展政策提供参考。

1. 为燃料氢设定相对严格的碳强度要求

目前中国示范城市群项目中制定的燃料氢碳强度要求以及测算范畴不够严格。虽然短期内可以推动包括电网水电解制氢、工业副产氢在内的制氢方式的发展，但从长期来看，对总气候目标的实现并未起到积极作用。我们建议从燃料氢全生命周期的角度出发，在示范群项目的经验基础上，探索制定更为严格的燃料氢碳强度核算评估标准，真正推动清洁低碳的制氢方式在中国的发展。就这一问题，我们提出了两项具体建议：（1）扩大系统边界，涵盖全生命周期温室气体排放；（2）加强碳强度要求。

我们在表7-5中总结了中国示范城市群项目的碳强度要求和行业标

准，并将这些限值与欧盟和美国的限值以及柴油燃料的碳强度进行了比较。中国与其他国家限值之间的最大差异在于，在定义燃料氢的碳强度时，中国仅考虑了制氢环节的排放量，而非全生命周期“油井到车轮”排放。尽管行业标准T/CAB 0078—2020中提供了全生命周期温室气体排放评估指南，但标准中对于低碳或清洁氢的定义本质上还是基于生产环节的排放。忽略燃料氢生命周期中其他环节的排放可能会导致对某些制氢方式气候影响作用的认识偏差，例如平均电网水电解制氢。平均电网水电解制氢在氢气生产过程中的排放为零，因此符合示范城市群项目中的两项碳强度要求（准入要求和奖励要求）。然而，以上海为例，平均电网水电解制氢的全生命周期温室气体排放高达443g(CO_2当量)/MJ[53kg(CO_2当量)/kg(H_2)]，远高于煤制氢等化石能源制氢。而全国平均电网水电解制氢的生命周期排放也高达301g(CO_2当量)/MJ[36kg(CO_2当量)/kg(H_2)]。这一结果，从长期来看，并不是长期可持续发展的制氢路线。此外，除了从全生命周期来计量碳排放以外，还应该纳入CO_2之外的其他温室气体，尤其CH_4和N_2O的气候影响力比CO_2更强，其排放量和气候影响都不应忽视。

表7-5　中国示范城市群项目碳强度限值、中国T/CAB 0078—2020标准、欧盟限值、美国限值以及中国柴油碳强度

	中国示范城市群项目		中国T/CAB 0078—2020标准	欧盟交通燃料氢碳强度限值	美国清洁氢碳强度限值	中国柴油碳强度
	准入要求的碳强度限值	奖励要求的碳强度限值				
制氢环节的CO_2排放/[g(CO_2)/MJ]	125	42	—	—	—	—
制氢环节的温室气体排放/[g(CO_2当量)/MJ]	—	—	清洁氢：41；低碳氢：121	—	—	—

续表

	中国示范城市群项目		中国T/CAB 0078—2020标准	欧盟交通燃料氢碳强度限值	美国清洁氢碳强度限值	中国柴油碳强度
	准入要求的碳强度限值	奖励要求的碳强度限值				
全生命周期温室气体排放/[g(CO_2当量)/MJ]	—	—	—	28	15至46	90

第二项建议是设定更加严格的碳强度限值。目前，示范城市群项目要求的燃料氢碳强度准入限值或是行业标准下定义的“低碳氢”的碳强度甚至比柴油燃料的碳强度还要高——燃料氢碳强度的准入要求为125g(CO_2)/MJ，而柴油为90g(CO_2当量)/MJ，并且柴油燃料的碳强度值还是基于全生命周期温室气体排放。碳强度要求不够严格，将会违背中国通过从传统车辆转向燃料电池汽车来减少碳排放的目标，也就意味着氢能将无法作为助力中国实现碳中和的有力能源工具。若参考其他国家的碳强度要求，例如欧盟要求交通部门使用的燃料氢满足全生命周期温室气体较化石燃料减排70%，这项要求相当于燃料氢碳强度需要达到28g(CO_2当量)/MJ或3.5kg(CO_2当量)/kg (H_2)的水平。欧盟的这个要求比中国示范城市群项目下设定的清洁氢奖励要求限值或T/CAB 0078—2020标准中的“清洁氢”碳强度限值都更为严格。通过参考欧盟经验，中国可以制定更为严格并且符合中国实情的碳强度要求。虽然在发展初期中国很难设定像欧盟那样激进的目标，但中国仍然有必要对燃料氢实施更加严格的碳强度要求，以确保燃料氢能够比使用化石燃料更加低碳环保，实现交通部门温室气体减排的目标。

2. 要求水电解制氢提供绿电证书并控制使用煤炭作为制氢原料

分析研究的结果表明，并非所有制氢方式都能带来气候收益；相反，有些甚至可能会产生不利的气候影响。在评估的11种制氢方式中，燃料氢的全生命周期温室气体排放从−429g(CO_2当量)/MJ（填埋气重整制氢）到301g(CO_2当量)/MJ（国家平均电网水电解制氢）不等。因此，我们建议采取严格管理措施，逐渐减少全生命周期温室气体排放高于125g(CO_2当量)/MJ[15kg(CO_2当量)/kg(H_2)]碳强度准入要求限值的两种制氢方式[1]。具体而言，未来应当逐渐引导使用电网电力进行水电解制氢的生产企业购买与其电力消耗量相等的绿电证书。同时，还应当严格控制煤炭作为制氢原料。这两项规定应不仅适用于示范城市群项目，还应适用于中国的整个氢能市场，因为其他未参与示范城市群项目的城市也可能拥有大规模的氢能市场。在更加严格的碳强度限值制定实施之前，上述政策可以作为一种保障性措施先行出台。

煤制氢的全生命周期温室气体排放明显超标，比碳强度准入要求高66%。即使结合应用CCS技术，其排放结果也仅仅是略低于碳强度准入要求，且仍高于柴油的碳强度。严格控制使用煤炭作为制氢原料符合向清洁燃料过渡的国家目标。在11种制氢方式中，平均电网水电解制氢的全生命周期温室气体排放估值是最高的，是准入要求的两倍多。就入选的五个示范牵头城市而言，其所在的区域电网的火电占比均高于全国平均水平，导致在这些地区使用平均电网水电解制氢会造成更为严重的气候影响。尽管中国的电网结构因地区而异，但只有青海、四川、云南和西藏四个省级地区电网的火电占比低于20%，可以实现平均电网水电解制氢的温室气体排放量低于12g(CO_2)/MJ[1.5kg(CO_2)/kg(H_2)]。此外，要求提供绿电证书只解决了电网水电解制氢电力达到“绿氢”的定义，仍然需要额外的政策工具来解决可再生电力的额外性问题，我们将在下一节中提供这方面的具体建议。

---

[1] 在本次研究中，甲醇裂解制氢的全生命周期温室气体排放估值也高于碳强度准入限值，但研究假设甲醇来源于天然气原料，如果采用其他原料制取甲醇则可以实现较低的排放结果。

3. 为燃料氢开发强有力的碳核算、认证和审核体系

为燃料氢设定严格的碳强度要求仅仅是迈出了第一步，要满足碳强度管理要求则需要构建一套强有力的监管、报告和审核体系。为确保合规性，燃料氢市场将需要一套强效的认证体系，以确保示范项目下制取的燃料氢与其申报的生产参数与碳强度相匹配。一个健全的认证流程可确保碳核算的准确性，并避免虚假申报带来的潜在气候风险。

目前，中国尚未制定明确的方法对燃料氢的温室气体排放进行评估，也没有明确的认证机制。这一问题不仅在示范城市群项目中存在，在更广泛的全国燃料氢市场中也同样存在。由于在数据收集和碳核算方面缺乏共识，即使是同一种制氢方式，中国不同制氢企业也会采用不同的碳强度评估方法。尽管发布了T/CAB 0078—2020标准，但并未明确在什么情况下应使用该标准，例如示范城市群项目就未说明是否采用该标准。此外，虽然T/CAB 0078—2020标准列出了关于温室气体排放的一些评估和认证要求，但却缺少具体细节。例如，该标准在全生命周期评估方法部分引用了其他两项国家标准（GB/T 24040和GB/T 24044），但这两项标准并不是针对氢能或燃料的专用标准。此外，排放测量的技术细节也不够详细；例如，标准中未说明测量应在现场进行还是通过排放系数进行估算，也未说明需要收集的具体数据和可用数据来源、详细的认证过程以及认证机构的资格。

构建一套强有力的燃料氢排放测量和认证标准是必要的，也是至关重要的；同时，如果不提供详细的指导方针，也很难成功实施该标准。全生命周期温室气体分析非常复杂，需要大量基础数据和假设条件来支持开展全面分析。因此，我们建议中国集中开发一套全生命周期评估工具和数据库，通过详细的方法论和说明指南来引导企业和相关部门进行碳核算。以加州的《低碳燃料标准》为例，在该标准下，加州为每种燃料生产方式提供了默认的生命周期温室气体排放值，燃料生产企业可以在表格中查询数值使用。此外，《低碳燃料标准》中还提供了由管理部

门开发的全生命周期评估模型并在模型中配套输入了加州本地的全生命周期评价因子。燃料生产企业可以通过该模型评估计算生产燃料的生命周期温室气体排放量，而这样的评估结果需要申报批准认证后才能使用。

在开发碳核算方法论时，可能需要特别注意工业副产氢这一制氢方式。工业副产氢是中国第二大氢来源，由于经济和技术障碍相对较小，中国政府在短期内更倾向于推广使用副产氢，因此更好地了解工业副产氢的气候表现至关重要。为了避免使用不同的全生命周期评估方法所产生的潜在不确定性，并考虑到对社会整体气候影响，我们建议采用系统扩展法来评价工业副产氢的碳强度。为了在进行全生命周期评估时准确地反映出中国的产业情况，可能有必要进行调查，包括对工业副产氢当前的用途进行评估。除了温室气体排放方面的不确定性之外，工业副产氢的另一个缺点是其可用性受到工业规模的限制。但从长期来看，尤其是随着氢能需求激增和实现脱碳目标的紧迫性，中国可能将逐渐减少工业副产氢的依赖，转而投资其他低碳氢，例如可再生电力水电解制氢（绿氢）。当前，尽早进行投资扩大绿氢产业规模，可以避免劣币驱逐良币，以及避免低成本但实际具有气候危害的制氢技术抢占市场。

如果由燃料生产企业自己对其温室气体排放量进行评估，则有必要由独立的第三方机构来对评估结果进行审核和认证。认证审核过程能够帮助确保碳核算过程正确、估算结果准确。此外，对于示范城市群项目而言，由于碳强度要求针对的是加氢站加注的燃料氢，而并非制氢厂内生产的氢，健全有效的认证体系就变得尤为重要，特别是在一家企业同时使用不同原料制氢的情况下。

对于水电解制氢而言，电力来源是十分重要的，不同电力来源可以导致非常显著的温室气体排放差异。例如，平均电网水电解制氢不具有积极的气候影响。未来，中国不仅需要控制使用平均电网水电解制氢，还需要制定强有力的认证和审核方案，以确保可再生电力的额外性，避免从其他用电部门挪用到可再生电力制氢，导致被挪用的可再生能源不得不由普通电网电力替代，带来更高的碳排放。关于这一点，建议中国相关部门严格监督，明确水电解制氢的电力来源以及额外性，如果使用电网电力制氢则需要提供绿电证书。

4. 为清洁氢、低碳氢提供更大力度的财政支持

示范城市群项目根据城市在燃料电池汽车推广或燃料氢供应方面的成绩来提供资金。2020年至2023年度，清洁氢最高可分别获得12、11、9、8元人民币的资金奖励，但根据ICCT研究人员的评估，上海的绿氢生产成本为每公斤77元人民币，北京为每千克94元人民币，即使获得最高的资金奖励，距离示范城市群的目标“加氢站氢气零售价格不高于35元/kg”，也存在不小的差距。2020年，中国的柴油价格约为每千克7.6元人民币（氢热值比柴油热值大约3倍多），相比之下，现阶段燃料氢的使用成本明显高于柴油的使用成本。此外，在燃料电池汽车推广方面，示范城市群最高可获得15亿元人民币资金，是燃料氢供应资金上限（2亿元人民币）的7.5倍，两者存在不小的差距。因此，我们建议中国国家和地方政府考虑为制氢行业提供更多的财政支持，以降低车用燃料氢的销售价格，以迅速推动其规模化应用。此外，在提供支持时，应优先考虑在全生命周期基础上真正低碳的制氢方式，例如绿氢。

5. 放宽绿氢生产区域限制

在中国发布的《氢能产业发展中长期规划（2021—2035年）》中，氢能的能源属性已经被确定，但生产仍然受限于其易燃易爆的化学品属性。根据现有法规，氢气的生产受到严格监管，规定其生产必须进入合格的化工园区（或集中区）。但在现实生产中，化工园区与部分制氢资源，特别是可再生能源在空间分布上难以重叠。在中国，化工园区主要分布在东部沿海地区，可再生能源主要分布在三北地区，三北地区的可再生能源制氢几乎不可能按照法规进入化工园区。这对可再生能源制氢形成较大的政策障碍。未来，放宽生产限制，让可再生能源制氢“走出化工园区”，是燃料电池汽车示范城市群绿氢生产规模化的前提。在这方面，可以借鉴河北省“风力发电配套制氢项目可不进化工园区”以及佛山市制氢-加氢一体站的创新政策，在燃料电池汽车示范城市群推广一类或多类可再生能源制氢不必进入化工园区的政策。

6. 探索更多氢能产业的非财政补贴扶持政策

如何刺激氢能产业发展，在初期发展阶段，归根结底在于对生产端有完善的扶持政策以及对消费端有足够的可替代性。生产端的扶持政策，除了直接财政补贴手段，如加氢站建设补贴、加氢站经营补贴、整车购置补贴、整车运营补贴、零部件推广补贴等之外，在土地、税收、电价方面，建议有条件的地区探索适合本地的优惠政策，以此降低企业的生产成本以及减少地方财政的直接支出，同时减轻企业和地方政府的财务压力；探索放宽在氢能产业用地、流程审批等方面的限制。消费端的可替代性，是指燃料电池汽车相比传统燃油车，对消费者是否具有某方面的可替代性；在示范城市群的部分地区，例如淄博燃料电池渣土车可在城区上路，天津等地区对燃料电池汽车免限行、发放新能源汽车专用号牌等政策，放宽燃料电池汽车的出行、路权政策，通过配置营运指标、公共部门采购以及更新置换等强制性手段扩大需求，鼓励消费端选择燃料电池汽车。未来对于这类非财政补贴的扶持政策，示范城市群可以做更多的探索。

第八章

氢金融

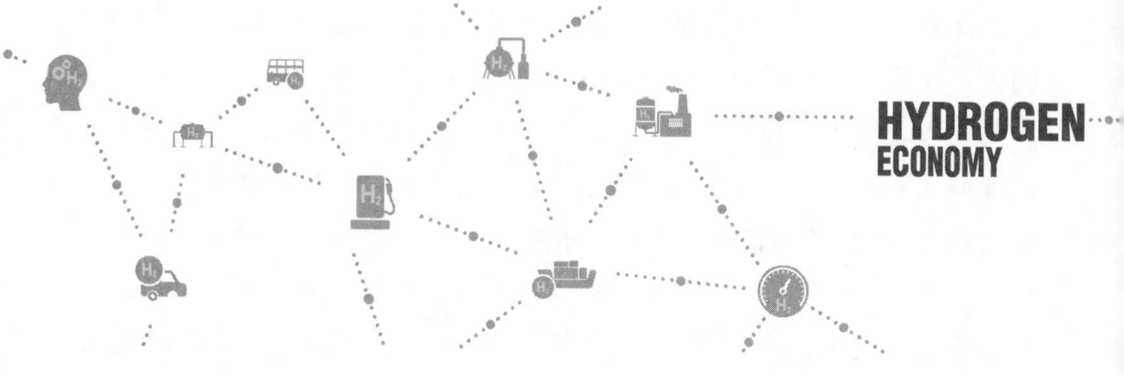

据国际能源机构（IEA）预测，到2030年全球对氢能产业的融资需求高达1.2万亿美元，而当前的投资规模仅为这一目标的四分之一，绿氢的资金仍严重依赖于公共部门支持。因此，加快完善绿氢激励措施尤为关键。

一、世界主要国家和组织对氢战略的金融政策支持

截至2021年初，已有包括日本、韩国、法国、澳大利亚、加拿大、德国在内的30多个国家和经济体发布了氢能路线图（图8-1）。据IEA统计，全球各国政府承诺的公共资金支持已超1万亿美元。作为较早发布氢能产业规划的经济体和国家，欧盟、德国、美国、日本、韩国在绿氢战略地位、发展目标、配套财政金融激励措施等方面形成了各具特色的发展模式。充分借鉴上述国家和经济体的发展经验，对于我国氢能产业及配套投融资市场发展具有重要意义。

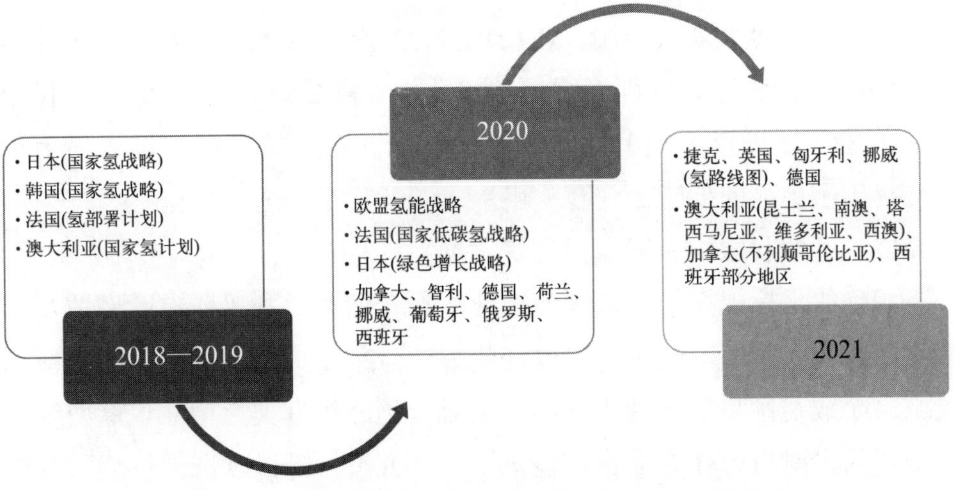

图8-1　30余个国家和经济体相继明确氢产业发展方案

（中国电动汽车百人会氢能委员会氢金融数据库）

（一）欧盟

1. 欧盟委员会：为氢能战略提供法律与联合融资支持

（1）氢能战略为绿氢产业指明发展路径

明确的发展战略是推动产融互促、产业规模化发展的前提。2020年7月，欧盟启动《欧盟氢能战略》（EU Hydrogen Strategy），提出到2050年氢能占欧盟能源消费的比重将由现阶段的不足2%提高到13%～14%，且明确了绿氢的优先发展地位，欧盟将致力于逐步降低绿氢成本，提升其市场竞争力。

《欧盟氢能战略》提出分三个阶段推进绿氢发展：第一阶段（2020—2024），推进绿氢在化工、新型工业、重型运输等领域的应用，发展容量为6GW的电解槽，将绿氢产量提升至100万吨；第二阶段（2025—2030），氢能成为欧盟综合能源系统的关键组成部分，可再生能源电解槽容量达到40GW，绿氢具备成本竞争力，产量突破1000万吨，应用场景进一步扩展到炼钢、清洁交通、储能等领域，并建设氢能供能、供热、供电一体化的“氢谷”；第三阶段（2030—2050），绿氢制取技术成熟，可大规模应用，应用场景进一步扩展到所有难以脱碳的领域。预计到2050年，欧洲在绿氢的累计投资可达到1800亿～4700亿欧元，蓝氢领域投资可达30亿～180亿欧元，巨大的潜在市场规模为投融资提出了更高的要求。

（2）产业联盟引领绿氢投融资发展

明确的目标提振了欧洲绿氢产业的投资信心，几乎所有欧盟成员国都将绿氢纳入了国家能源与气候变化战略，26个成员国共同签署氢能倡议，14个成员国将氢能纳入其能源基础设施政策框架之中，以联盟为主要依托的投融资合作在欧盟广泛展开。2020年6月，欧洲清洁氢能联盟（European Clean Hydrogen Alliance）正式成立。欧洲清洁氢能联盟由政府、企业及社会各界机构共同组成，负责具体制定欧盟投资计划。自成立以来，联盟构建了专门的项目融资渠道，截至2021年11月末，储备了包括制氢、储运以及终端应用等三大类750个绿氢项目。

2020年，来自11个国家的12家天然气输送系统运营商共同发布了欧洲氢主干网络计划（European Hydrogen Backbone，EHB），拟到2040年建成长达3.97万公里、连接21个欧洲国家的氢运输网络。EHB计划69%的管道由天然气网改造建成，其余31%为新建管道。EHB所需总投资预计为430亿～810亿欧元，建成后每1000公里的氢运输成本仅为0.09～0.17欧元/千克。同年，欧盟委员会也通过了欧盟跨欧洲能源网络法（Trans-European Energy Networks，TEN-E）修订案，提出欧洲将不再支持天然气管道的发展，转而支持氢跨境运输网络。

2020年12月，22个欧盟国家和挪威发起了欧洲共同利益重点工程支持计划（Important Projects of Common European Interest，IPCEI），用于支持绿氢全产业链的各类项目，形成跨国绿氢网络。2021年5月，德国申请的62个大型项目获得IPCEIs首批80亿欧元支持，用于建设2GW的电解槽，铺设1700公里的氢管道建设，支持氢在冶金、港口交通中的应用。

（3）完善的基础设施为绿氢产融结合提供便利

2019年发布的《欧盟可持续金融分类方案》是欧盟可持续金融市场最重要的分类标准，识别了7大类67项经济活动技术标准，已将绿氢全产业链纳入标准之中，具体包括氢生产和使用设备制造，低碳氢、液体无水氨生产，储氢，氢输配网络基础设施，乘用车、低碳公路运输、低碳水运等各类加氢基础设施，氢技术与产品研发创新等。《欧盟可持续金融分类方案》为金融市场精准支持绿氢产业提供了重要依据，并明确了产氢活动全生命周期的碳排放限值以及CCS产氢的技术筛选标准。

溯源认证方面，绿氢、蓝氢的认证是决定氢能绿色溢价的关键，也是氢能作为优质能源参与全球贸易的前提。2020年12月，欧盟委员会提出推进氢认证，实现氢与其他低碳足迹燃料的统一管理。在欧盟的燃料电池和氢联合项目（Fuel Cells and Hydrogen Joint Undertaking，FCHJU）支持下，Hinicio机构[1]与荷兰能源研究中心（Energy Research Centre of the Netherlands，ECN）及南德意志集团（Technischer Überwachungs-Verein，TÜV SÜD）[2]等多家机构联合开发，推进可在整个欧洲部署的氢溯源项目CertifHy。CertifHy形成了包括制氢厂审核、绿色或低碳氢生产批次认证、分销交易认证等在内的覆盖氢全生命周期的溯源机制。该项目目前已推出首个欧盟范围的绿色氢源保证（CertifHy GO）认证计划，并向市场发放超过75000个GO认证。

2. 德国：全面支持政策助推绿氢发展

（1）明确氢能在未来能源体系中的关键角色

德国绿氢产量约占全球总产量的20%。2020年6月，德国发布《国家氢能战略》，提出未来能源完全由可再生能源构成，由氢作为储能介质，实现工业、交通和电网的灵活运转。战略主要涉及三大方面，一是将绿氢确定为低碳工业原料，持续保障德国的工业领先地位；二是完善绿氢制储输用的高质量基础设施；三是拓宽进口渠道，建立绿氢国际市场和合作框架。

根据计划，德国氢能产业发展可划分为两个阶段，第一阶段从2020～2024年，致力于为德国氢能国内市场打好基础；第二阶段从2024～2030年，在国内市场稳步提升的前提下，同步加强与全球市场的合作。为了保障战略目标的落实，德国在处于全球领先水平的储能、燃料电池、电解槽制造等方面，正在酝酿拟定独立的氢基础设施法，进一步保障氢能战略的实施。

2021年，德国通过绿氢供给的电量达到55TW·h。预计到2030年，绿氢供电量将再翻一番，达到90～110TW·h。为满足这一需求，德

---

[1] Hinicio可持续能源和交通运输的战略咨询公司。

[2] TÜV SÜD提供测试和认证相关服务。

国于2021年开发出容量为6MW的电解槽，到2030年工业制氢电解槽容量总和将达5GW；2030到2035年（最迟至2040年），绿氢电解设备装机容量将再增加5GW。

（2）国家氢能基金与投融资框架为产业提供精准金融支持

资金方面，德国政府提出了氢能行业专项投资框架，计划到2026年向氢能产业投入123.6亿欧元。此外，联邦政府设立了国家氢能基金，计划为氢能产业提供90亿欧元资金支持，其中70亿欧元用于国内市场发展及技术进步，20亿欧元用于支持国际合作。值得一提的是，德国联邦外贸与投资署提供及时咨询与免费服务，帮助氢能企业落地德国，适应当地框架条件，争取补贴政策，帮助企业与研究机构建立联系（详见表8-1）。

表8-1　德国氢能产业投资资金表

<table>
<tr><th>战略的核心目标</th><th>主要政策</th><th>预算额度</th></tr>
<tr><td rowspan="9">（1）绿氢将在德国能源转型政策中发挥核心作用
—降碳
—储存可再生能源
—新的能源
—新原料
（2）履行全球责任
（3）欧盟共同建设氢社会</td><td>支持燃料电池动力汽车、火车以及沿海和内河运输船舶（到2023年）</td><td>36亿欧元</td></tr>
<tr><td>支持加氢基础设施建设（到2023年）</td><td>34亿欧元</td></tr>
<tr><td>支持氢技术研究（到2026年）</td><td>19.1欧元</td></tr>
<tr><td>支持将电力转换为液氢的设施</td><td>11亿欧元</td></tr>
<tr><td>支持新技术和大型设施的投资（到2023年）</td><td>10亿欧元</td></tr>
<tr><td>支持加热、供暖领域引入燃料电池（到2024年）</td><td>7亿欧元</td></tr>
<tr><td>通过示范支持氢研究和工业化（到2023年）</td><td>6亿欧元</td></tr>
<tr><td>支持燃料电池动力飞机和船舶的实际应用研究（到2024年）</td><td>5000万欧元</td></tr>
<tr><td>从新冠疫情经济刺激计划中拨款：
支持启动氢市场（70亿欧元）
国际合作（20亿欧元）</td><td>90亿欧元</td></tr>
<tr><td colspan="3">总计：213.6亿欧元</td></tr>
</table>

财税政策方面，2021年1月德国《可再生能源法（2021）》生效，首次提出支持绿氢的生产和工业使用，减免用于绿氢制取的可再生能源附加费，减免幅度可达85%甚至100%。德国还将试点碳差价合约（carbon contract for difference，CCfD），由政府补偿约定碳价与实际成交价的差额。若欧盟碳市场实际碳价低于合约中约定价格，则政府补偿企业碳价差；反之则政府可以要求分享企业碳交易利润。碳差价能够显著降低碳市场价格波动的风险，继而保障低碳技术研发的投资回报。

（3）推动氢能国际合作重塑全球能源价值链

德国预期国内绿氢产能无法满足潜在需求，到2050年进口绿氢将达到4500万吨，因此推出了“绿色氢潜能地图”项目，对非洲地区30多个国家的绿氢生产和出口潜力进行了评估，筛选合作国家和地区。2021年6月，德国政府发布氢全球计划（H_2 Global），培育海外绿氢市场，在国外竞价收购绿氢，在国内市场竞价拍卖。该计划将制定为期十年的氢产品购买协议，同时为处于初创阶段的市场参与者提供担保，便于其进行中长期融资。该计划投入9亿欧元，拟撬动15亿欧元的私人投资。目前，德国已计划在摩洛哥建设非洲第一个工业规模的可再生氢项目，年均碳减排量可达10万吨。

（二）美国：新激励政策有望为氢产业加速

1. 氢能计划为产业发展注入新动能

2020年11月，美国能源部发布最新《氢能计划》（Hydrogen Program Plan），提出了未来10年及更长时期氢能研究、开发和示范的总体战略框架，提出了2030年美国氢能发展的技术和经济指标（见表8-2）。氢能计划主要包括以下三方面：一是明确氢能产业链重点技术的发展目标，提高技术稳定性，降低成本，加快一批氢能技术和产品的商业化应用；二是研究可再生能源、化石能源和核能制氢技术，开发多种氢源，开发储氢运氢先进技术、储氢介质及储氢设施，满足各种规模的储运需求，开发高性能燃料电池和合成燃料产品等，拓展氢能应用领域；三是，开展氢能标准的研究和制定。美国计划开展标准化制造流程、质量控制和优化制造设计等研究，期望通过制定统一的标准，保障氢能生产、输配、储存和应用的安全性和标准一致，从而打造最佳实践示范，快速推进产业规模化发展。

表8-2　美国未来10年（2020—2030年）要达到的关键技术经济指标

产业链	技术经济指标
制氢	电解槽：运行寿命8万小时，成本300美元/kW，转换效率66%
运氢	交通部门氢输配成本：初期降至5美元/kg，最终降至2美元/kg
储氢	车载储氢系统成本：将系统能耗降至8美元/（kW·h）
	便携式燃料电池电源系统成本：将能耗1kW·h/kg、1.3kW·h/L降至0.5美元/（kW·h）
	储氢罐用高强度碳纤维成本达到13美元/kg
用氢/氢产品	工业和电力部门用氢价格：1美元/kg
	交通部门用氢价格：2美元/kg
	用于长途重型卡车的质子交换膜燃料电池系统成本降至80美元/kW，运行寿命达到2.5×10^4h
	用于固定式发电的固体氧化物燃料电池系统成本降至900美元/kW，运行寿命达到4×10^4h

2021年，美国能源部启动了“能源地球计划”（Hydrogen Earth Shot），旨在十年内将绿氢的成本降低80%，至1美元/公斤，将氢需求提升至目前水平的5倍。该计划由能源效率和可再生能源办公室（Energy Efficiency and Renewable Energy，EERE）、化石能源和碳管理办公室（Fossil Energy and Carbon Management，FECM）为50个项目提供5250万美元资助。

2021年11月，美国总统拜登签署《基础设施投资和就业法案》

（Infrastructure Investment & Jobs Act，IIJA），授权拨款95亿美元用于绿氢的研发、示范项目建设等，其中80亿美元用于区域绿氢枢纽建设。据彭博新能源财经统计，美国2022年全球绿氢新增产能攀升至全球第二。

2. 多项公共支持政策推动产业协同发展

2021年，美国燃料电池和氢能协会（Fuel Cell& Hydrogen Energy Association，FCHEA）发布《美国氢能经济路线图》，建议推动更多的州设立明确的碳中和目标；在市场启动阶段提供公共激励机制，且通过政府采购政策强化对氢的支持，强化氢产业链基础设施建设，推动氢利用的跨部门耦合，实现规模经济。此外，还需要进一步加大对研发、示范和市场化应用的支持，协调技术规范与安全标准；加强对外合作与人才培育；重新审视能源法规和政策，将对氢能的支持纳入其中。

2021年5月，美国财政部发布了“绿皮书”，提出为燃料电池生产企业提供相当于投资成本30%的投资税收抵免；为住宅燃料电池、液氢燃料提供消费税抵免；为购买燃料电池车的消费者提供加氢成本30%的税收抵免；对天然气管道改造和储氢项目提供税收减免等。《基础设施投资和就业法案》也提出，将继续对清洁能源和储能项目提供投资税收抵免（Investment Tax Credit，ITC）和生产税收抵免（Production Tax Credit，PTC）。

此外，美国财政部和国税局于2021年1月发布全球最系统化的碳捕获与封存激励政策，即45Q条款最终法规。这一举措利好蓝氢生产，或将撬动数十亿私人资本投入蓝氢产能中。45Q条款赋予了纳税人较大灵活度，允许纳税人从企业所得税应纳税额中按照CCS减碳数量计算获得税收抵免。自碳捕获装置投入使用算起，纳税人将获得税收抵免的期限为12年，如若实现捕捉的碳氧化物永久封存，2020年的抵免额为每吨31.77美元，根据通货膨胀率逐年调整后，2026年抵免额将提高至每吨50美元。

3. 需求侧激励协同促进氢燃料电池交通体系快速发展

美国政府还对所有安装氢能及燃料电池设备的企业和个人提供消费补助。对于装机规模在0.5千瓦以上且发电效率30%以上的家用燃料电池，在建设和安装成本上政府可给予每500瓦最高500美元的退税抵扣，补贴比例约10%。

在燃料电池汽车方面，联邦政府对购买指定的轻型燃料电池汽车（fuel cell electric vehicle，FCEV）的消费者可提供高达8000美元的退税抵扣，若按照现代Nexo 5.89万美元和丰田Mirai 4.95万美元的售价计算，最高补贴比例分别为13.6%和16.2%。中、重型燃料电池汽车也可享受一定的退税抵扣。

除联邦政府补贴外，美国各州政府在燃料电池车及配套基础设施发展上多有着力，以加州最为典型。加州近十年来积极部署燃料电池电动汽车，为全球燃料电池车推广最为成熟的地区之一。1990年加州提出了发展零排放汽车的法律要求，在此后多项财政、金融以及消费者激励政策配合加州交通工具、燃料替代与基础设施的协同发展。2010年6月，加州能源局发放第一笔拨款，支持35个零售加氢站建设。加州空气资源委员会（California Air Resources Board，CARB）和加州燃料电池联盟（California Fuel Cell Partnership，CFCP）在推进氢燃料电池车商业化进程方面发挥了重要作用。加州空气资源委员会开发了评估模型，采用交通密度、燃料电池车消费者利用程度等指标来优化加油站容量和覆盖范围，以确保加氢站和燃料电池车产能实现动态平衡。

加州燃料电池联盟发布了燃料电池发展愿景，提出到2030年将州燃料电池市场发展为由私人投资主导的市场，实现燃料电池车成本竞争力，产氢100%脱碳；加氢站数量突破1000个，可支持一百万辆燃料电池车（汽车、公交车、卡车）运营。加州为“可替代和可再生燃料车辆技术计划”（alternative and renewable fuel and vehicle technology program，ARFVTP）项目每年投入2000万美元，为每座加氢站提供150万美元建设资金，在运营的前3年给予10万美元/年的运行资金支持。该项目相继支持了100个加氢站的建设，获得支持的加州加氢站基本可实现收支平衡。

加州为扩大氢燃料电池车市场设计了多项激励措施。加州政府通过“清洁汽车返利项目”（Clean Vehicle Rebate Project，CVRP），为每辆燃料电池汽车提供购车补贴。2021年对本田、现代、丰田三款氢燃料电池车均提供4500美元的补贴，低收入家庭还可额外获得2000美元，补贴政策将持续至2024年1月1日。此外，燃料电池车车主还可享有无条件使用拼车专用道、免过桥费、免费加氢（预充4000美元）、免费租车等多项福利政策。

如果同时享受联邦以及加州的补贴，再叠加燃料电池车企业提供的价格减免，消费者可将燃料电池车购车成本降低到原价的三分之一，多措并举对燃料电池车推广起到了关键激励作用。

（三）日本：绿色增长战略明确氢能产业长期发展目标

1. 绿色增长战略全面指引氢能产业发展

日本政府将氢能与可再生能源、核电并列为零碳能源，正式纳入能源体系。2020年1月推出的“环境创新战略”（Environment Innovation Strategy，EIS）将氢纳入到2050年实现碳中和的技术创新战略中。2021年7月，日本经济产业省（Ministry of Economy, Trade and Industry，METI）联合相关部委更新了“支持2050年实现碳中和目标的绿色增长战略”。根据最新战略安排，氢有望助力发电（燃料电池、汽轮机）、运输（汽车、航运、飞机、铁路等）和工业（炼钢、化工、炼油等）各领域实现脱碳。政府重点关注氢发电涡轮机、燃料电池汽车和氢还原冶金等日本公司拥有全球竞争力的技术领域，对满足条件的燃料电池生产企业提供最高10%的税额抵扣或50%特别折旧的税收优惠政策。

绿色增长战略将按照研发、验证、加大引进和削减成本、自主商用四个产业成长阶段，针对绿色创新型技术，提供差别化公共支持。研发阶段，通过政府设立的基金结合民间研发投资加以推进；市场验证阶段则通过公司合作伙伴关系，引导民间投资；在加大引进和削减成本阶段主要通过公共采购、管控与标准化等制度建设，扩大需求促进产业规模化，促进成本降低，最终自主商用阶段，可在管控和标准制度框架下，实现市场化发展。

2. 政府研发基金为行业技术突破提供有力支持

2020年，日本氢和燃料电池总投资额达到了770亿日元（约合人民币43.07亿元），主要来自环境省（Ministry of the Environment，MOE）和经济产业省。2021年两个部门将保持770亿日元的投资额。此外，环境省与经济产业省还在协同推进，探讨利用碳定价增强产业竞争力、促进创新与投资。

为实现2050年碳中和的目标，日本政府依托新能源产业技术综合开发机构（NEDO）成立了2万亿（约合1250亿元人民币）日元的“绿色创新基金”，建设氢能社会被列为重点支持领域。基金致力于建设大规模氢供应链，力争到2030年将每立方制氢成本降低至30日元甚至20日元，在考虑环境价值的情况下使氢发电成本与天然气发电成本持平。

3. 为培育全球氢能产业链提供项目支持

考虑本国制氢能力与用氢需求，日本计划在全球范围进口绿氢，并利用氢气液化技术实现远程海洋运输。2021年，环境省启动“国外氢能全供应链综合支持试点”支持项目，年度预算约为5亿日元（约2797万元人民币）。该项目以全球环境中心基金会（global environment centre foundation，GEC）作为融资计划的执行组织，支持在风、光等可再生能源丰富的地区生产绿氢，供产能相对不足的伙伴国家运输和利用。

（四）韩国：加速氢经济布局，力争成为全球领导者

1. 氢经济路线图清晰刻画产业发展图景

韩国承诺到2050年实现碳中和，届时氢能将为韩国提供33%的能

源，预计氢年需求量可达2790万吨。2019年1月，韩国政府发布《氢经济发展路线图》（Hydrogen Economy Roadmap），提出在2030年进入氢能社会，率先成为世界氢经济领导者。2021年11月，韩国工业部再次发布国家氢能目标，提出到2050年清洁能源取代化石能源、氢进口代替原油进口、氢能覆盖大型工业用能的发展目标，届时韩国仅生产20%的氢，其余通过进口实现。

作为全球最早落地商用燃料电池车的国家，韩国在燃料电池以及燃料电池车具备全球领先的技术优势，将氢能在交通领域的应用作为推动氢经济发展的关键。2020年，韩国有超过一万辆燃料电池轿车和超过50辆燃料电池公共汽车上路。韩国计划到2040年生产燃料电池车超620万辆（290万辆用于国内，其余出口），其中私用轿车超过590万辆，出租车12万辆，公交车6万辆，卡车12万辆。基础设施方面，截至2020年底，韩国有5个加氢站投入运营，路线图提出到2040年，加氢站计划达到1200个。

韩国计划到2040年，国内30%的城市过渡到氢社会。为此，韩国启动氢示范城市试点，每个试点城市规划出3到10平方公里示范区，在住宅和交通区域广泛引入氢能，如联合住宅小区和独立建筑将使用氢来制冷、供暖和供电。

庞大的氢需求下，韩国对于绿氢发展提出了更高的要求。根据路线图规划，到2040年韩国氢年需求量可达526万吨，其中70%由工业副产氢、绿氢以及进口构成，仅30%由碳排放较高的天然气重整制氢构成。为此，韩国计划逐步提高绿氢占比，到2030年达到20%，到2040年达到30%～35%，制氢成本下降到每公斤3000韩元（约合人民币16元）以下。

2. 颁布全球首个氢安全法

韩国在氢经济的立法和行政管理方面为全球设立了典范。2020年2月韩国颁布全球首部《促进氢经济和氢安全管理法》，围绕氢定价机制、氢能基础设施以及氢全产业链的安全管理提出了系统的法律框架。根据该法律，政府可要求工业综合体、物流中心、高速公路休息站等21种设施的经营者建造加氢站，可要求12类基础设施安装燃料电池。此外，该法律为氢能设备的研发生产提供了安全保障，任何氢能设施均需通过设计验收、完工检查以及年检等三道安全检查。

3. 多措并举推动氢经济发展

为推动氢能产业发展，韩国发布多项补贴政策。2020年初，韩国贸易、工业和能源部发布《2020年新能源和可再生能源技术开发利用和行动计划》，投资187亿韩元用于氢能研发，包括加氢站、燃料电池国产化和增强安全性，还为制氢基地项目提供299亿韩元的资金支持。

韩国政府自2019年起对新建加氢站提供30亿韩元的建设补贴，对已存续加氢站提供上一年运营费用66%的运营补贴；减免加氢站50%的国有土地租赁费，还为民营加氢站提供长期低息贷款。韩国贸易、工业和能源部联合韩国天然气、韩国现代等13家大型企业成立了一家名为HyNet的特别公司推动加氢站建设，计划到2022年投资1350亿韩元建造100座加氢站。

燃料电池车方面，韩国中央和地方政府提供了相当于国产现代Nexo购买价格一半左右的补贴，对市场需求的扩展起到了关键作用，推动韩国燃料电池车保有量从2019年到2020年翻了一番。

二、中国氢能财政金融支持的现状

中国氢能产业具备良好基础。据中国煤炭工业协会数据统计，2012—2020年，我国氢产量从1600万吨稳步增加到2500万吨。金属储氢材料产销量2020年已超过日本，成为世界最大的储氢材料产销国。2020年我国氢燃料电池车销售量达1177台，是全球第二大氢燃料电池汽车销售市场。截至2021年末我国累计建成加氢站超过230座，其中2021年新增101座，增量位居全球第一。“2020上半年全球氢能产业发明专利排行榜”，前100名企业主要来自13个国家和地区，中国占比45%。

近年来，国家密集出台支持政策，多省市依据自身资源禀赋及发展优势，提出了氢能产业发展的具体目标以及配套财税金融支持政策，示范项目在多地开展，融资工具日益多样化。市场层面，以国有企业为主的产业力量在氢能产业初创期发挥了关键作用，多个产业基金落地，资本市场对氢能产业的关注度日益提高。

（一）财税政策强化精准支持，助推产业链全面升级

当前，氢能产业整体处于发展初期，迫切依赖公共政策支持。多地积极出台氢能产业的各类财政、税收激励政策，包括了供给侧激励政策、需求端激励政策、专项支持政策三大类的二十余类具体支持手段。

其中供给侧激励政策包括为加氢站改扩建或运营提供补贴，土地供给和租赁优惠，企业电价优惠，固定资产投入补贴（加速折旧），企业所得税减免，氢销售奖补，氢燃料电池车销售奖励，氢企业扶持补贴等。需求侧包括政府采购，对个人、企业与氢有关的消费品购置和消费的补贴。专项支持政策包括国家或地方专项资金示范奖补，地方氢示范支持，土地供给和租赁优惠，支持研发中心建设，支持产业联盟创立，对氢能标准制定的奖励和补贴以及对氢能领域人才引进的奖励等。

截至2021年末，除新疆、西藏外，全国29个省、市、自治区均出台了具有针对性的财政激励政策，从发布数量来看，浙江高居榜首，河北、四川、内蒙古、江苏位列前五。从政策类型来看，上海、北京、河北等9个省级地区基本覆盖了三大主要类别。从产业覆盖情况来看，广东、河北、浙江、江苏和四川财政政策支持范围广，覆盖产业链较为全面，政策协同性强。

（二）地方金融支持逐步丰富，融资工具多样化发展

在财政、税收精准支持下，金融体系的支持也在发挥更大的作用。截至2021年末，全国28个省、市、自治区，包括50个地级市（直辖市区）和6个县级市（地级市区），共提出了21类、265条氢产业投融资支持政策。

金融支持所覆盖的融资工具也日益丰富。当前，各个地区所提出的融资支持手段主要分为17类，其中产业基金支持、股权投资与上市融资、贴息担保与风险补偿最多，其他支持政策包括产业链核心企业绿色信贷和绿色通道、绿色债券、融资租赁、知识产权抵押贷款、产业链保险、氢产业不动产信托投资基金（REITs）等（详见图8-2）。

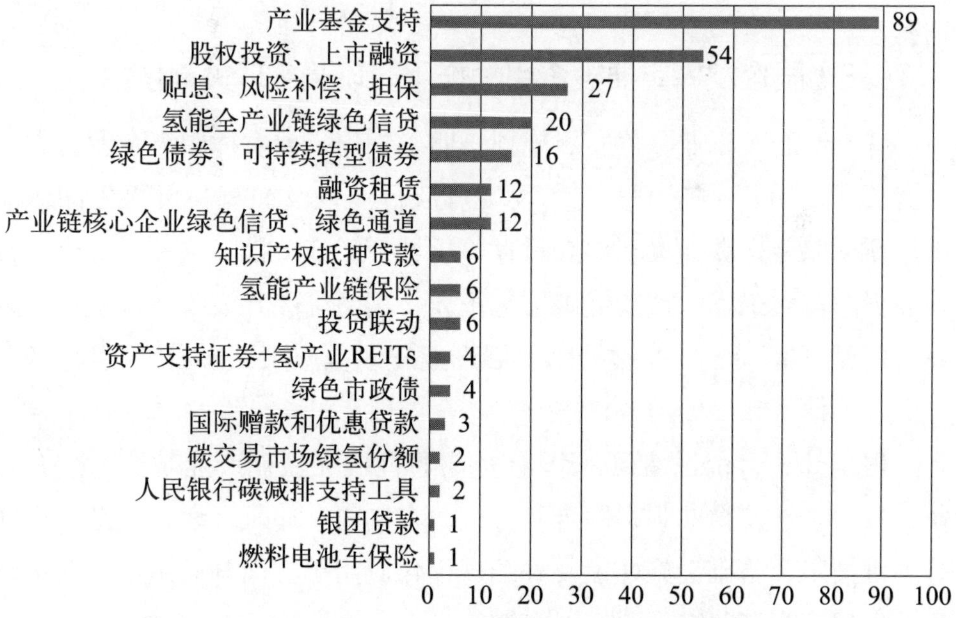

图8-2　中国氢能产业金融支持工具政策发布情况

（中国电动汽车百人会氢能委员会氢金融数据库）

地方发布氢能产业具体目标对金融政策的出台具有显著指引作用。从地区分布来看，28个发布金融支持的省级地区中，27个省级地区明

确了氢能产业目标。金融支持手段较为丰富的地区主要集中在华北、华中区域及珠三角、长三角地区，其中北京、四川、湖南等地较为突出。

以北京市为例，2021年8月北京市政府发布了《北京市氢能产业发展实施方案（2021—2025年）》，制定了明确的产业发展目标，同时也提出了“吸引社会资本投资，建立产业投资基金，重点支持车辆推广融资租赁等商业模式，在示范初期降低企业投资和成本压力”，降低企业投融资成本和投资风险。此外，北京市创新性地提出了建设碳交易中心氢能产业板块交易机制；建立较为完善的绿氢认证、碳减排核算方法体系等创新制度体系，推动绿氢产生的减排量纳入核证减排信用（CCER）市场交易，搭建能源互联网交易平台，服务绿色氢能产业发展等多个与碳市场、能源市场衔接的激励政策。

（三）国企发挥重要投资引领作用，攻坚多项关键技术

《“十四五”工业绿色发展规划》明确指出，要发挥中央企业、大型企业集团示范引领作用，在主要碳排放行业以及绿氢与可再生能源应用、新型储能、碳捕集利用与封存等领域，实施一批降碳效果突出、带动性强的重大工程。推动低碳工艺革新，实施降碳升级改造，支持取得突破的低碳零碳负碳关键技术开展产业化示范应用，形成一批可复制、可推广的技术和经验。

据统计，目前已有40家国有企业通过成立氢能产业基金、政企合作、校企合作及企业强强联合等方式，在制氢、储氢、燃料电池、材料等关键技术，基础设施建设及终端规模化应用等方面开展示范，对推动产业发展起到了关键作用。

隧道股份、国家电投、中国能源、华能、华电、中广核、中石化率先布局制氢和加氢站领域。隧道股份的加氢站建设项目已超过46座，已经建成的20座加氢站，按每座站年运行330天、日供氢600公斤计算[15吨（CO_2）/天]，年减碳量可达10万吨。中石化也于近年积极布局氢

产业，目前已投资氢能源项目不少于117亿元，涉及风光制氢、化工副产品产氢、煤制氢等上游产业，氢产能总和可达560吨/天，加氢站、氢充装等下游产业多个项目也已落成。国家电投、中船重工等企业，发挥资金优势，以规模化加“定向车贷”等方式推动燃料电池车降低成本。三峡集团、中广核、东风汽车、中船重工等行业领军企业，与行业协会、地方政府、上下游企业充分合作，对产业链、区域产业生态一体化协同发展起到了重要的协同中枢作用（详见表8-3）。

表8-3 国企布局氢能产业概况及代表性技术分布

企业名称	公开的代表性技术领域	企业名称	公开的代表性技术领域
宝武钢铁	氢纯化技术	卫星石化	丙烷脱氢、乙烷裂解的清洁工艺
滨化股份	氯碱氢净化技术	兖矿集团	燃料电池车、新材料和高端化工
大同股份	制氢加氢一体化	中广核	制氢、燃料电池
东风汽车	燃料电池乘用车动力系统	中船重工	制氢、加氢、车载氢、燃料电池
东方电气	制氢、储氢、加氢	东华能源	氢气充装
浙江能源	基于氦膨胀制冷循环的氢液化系统	中国核工业	陆上核电、新能源装备制造
钢研科技	氢燃料电池及氢能利用	中国一汽	燃料电池车
国家电网	氢燃料电池直流互联与稳定控制技术	国家电投	混合动力技术，轨道交通装备
国家能源	大型氢能矿车，储氢、风光互补制氢示范，氢气纯化技术	晋城煤业	煤气化制氢、化工尾气制氢、氢储运、加氢站建设、天然气管网掺氢
鸿达兴业	液氢生产	中国大唐	制氢示范
航天氢能	车用燃料电池电堆技术、燃料电池动力系统	中国石化	制氢、加氢、输氢网络
厚普股份	加氢装备安装技术	美锦能源	氢燃料电池等

续表

企业名称	公开的代表性技术领域	企业名称	公开的代表性技术领域
华昌化工	氢燃料电池催化剂	中国中车	新型氢储运技术
华电集团	可再生能源制氢关键技术及核心装备、电解水制氢	中国华能	可再生能源与氢能耦合、CCUS、高温气冷堆制氢
中化集团	燃料电池电堆及核心部件国产化；氢储运、加氢站、天然气管网掺氢	雪人股份	燃料电池空压机和氢循环泵的核心技术，加氢站、储能及充电桩设备研发及制造
华润电力	综合能源服务、多能互补、电储能、氢能、智能微网	中泰股份	副产氢提纯、化石能源制氢、氢液化
嘉化能源	氢能源、页岩气分离和加工	华电重工	二氧化碳制氢
中国石油	制氢、加氢	南方电网	氢能设备入网评价、运维体系等
金通灵	生物制氢、氢燃料电池空压机	三峡集团	“水风光储”一体化
潍柴动力	燃料电池汽车	深冷股份	绿氢的氧液化系统

注：中国电动汽车百人会氢能委员会氢金融数据库。

（四）多地通过政府基金给予专项支持

产业基金作为氢能产业当前主要的金融支持手段之一，对于示范项目开展、氢能基础设施建设、关键技术研发提供了资金支持。当前，我国氢能产业基金参与方包括国有企业（如国家电投、中车集团）、研究机构（如清华四川能源互联网研究院）、高校（如同济大学、中国地质大学）、地方政府（如武汉、苏州）、金融机构和民营企业。各基金规模从千万到百亿级人民币不等。从基金规模来看，大型氢能产业基金包括航锦科技等企业设立的150亿元氢能产业投资基金，中国神华、国华能源等设立的100.2亿元国能新能源产业投资基金，以及国家能源集团投资的百亿级清洁能源投资基金等。

广东云浮于2017年12月发布《云浮市推进落实氢能产业发展和推广应用工作方案》，最早提出争取将氢能与燃料电池产业纳入省战略性新兴产业创业投资引导基金、珠江西岸先进装备制造产业发展基金、广东省中小企业发展基金、粤东西北振兴发展股权基金、省基础设施投资基金等的扶持范围。安徽六安于2019年4月发布《六安市人民政府关于大力支持氢燃料电池产业发展的意见》研究制定市、区股权投资及专项基金支持方案，建立健全政府引导、企业为主、社会参与的多元化投入体系。

2020年以来，随着国家示范城市群渐次获批，地方通过政府引导基金和政府投资基金进一步加码对氢能产业的支持。截至2021年末，针对氢能产业的投资基金累计规模超800亿元人民币。2015年到2018年我国氢能产业基金规模约为220亿元，2019年到2021年期间超过630亿元，增长近三倍（详见表8-4）。

表8-4　中国氢能产业基金设立概况及规模

单位：元（人民币）

设立时间	基金	规模	设立时间	基金	规模
2015	同创富瑞基金	2亿	2018	氢技术和产业相关投资基金	约6.62亿
2016	氢能汽车产业发展基金	100亿	2018	氢能源产业投资基金	50亿
2017	氢能基金	30亿	2019	太仓昆池氢能产业基金	5亿
2017	新能源产业基金	12亿	2019	深圳白鹭氢能产业股权投资基金	5亿～10亿
2017	氢能产业投资基金	10亿	2019	氢能产业投资基金	10亿
2018	苏州氢能产业基金	10亿	2019	氢能产业投资基金	150亿

续表

设立时间	基金	规模	设立时间	基金	规模
2019	双阳产业转型基金	30亿	2021	新能源产业基金	20亿
2019	广州开发区湾顶新动能产业投资基金	6亿	2021	氢能产业投资基金	100亿
2020	张家口-中植氢能产业基金	10亿	2021	嘉兴氢能产业基金	5亿
2020	水木氢源基金	5.81亿	2021	氢能源产业发展基金	不低于1000万
2020	氢能产业基金	10亿	2021.9	绿色产业基金	54亿
2020	清洁能源产业基金	百亿级	2021.10	成都厚普清洁能源股权投资基金	1.67亿
2020	国能新能源产业投资基金	100.2亿	2021.10	山能新业（山东）新旧动能转换股权投资基金	10亿
2021	氢能源及燃料电池相关产业发展基金	1亿	2021.11	武汉佰仕德新能源基金	2.7亿

注：中国电动汽车百人会氢能委员会氢金融数据库。详见附表8-1。

（五）融资案例显著增加，资本市场对氢能的关注度日益提升

近年来，氢能产业已成为全球资本关注的热点，2021年新出炉的《财富》世界500强中，前10名企业中有三家均投资了氢产业，前135家企业中有27家均涉及氢业务。

国内市场方面，据统计，氢能全产业的主要融资案例由2020年的11起增加至2021年的22起，燃料电池是最主要的融资行业。从机构来看，国家开发投资公司（SDIC）、中国国际金融公司（CICC）和省级

投资基金等投资者扮演了重要角色，参与众多2000万美元或以上的投资。从融资规模来看，国内企业单次融资金额多处于5亿元人民币以下，行业龙头如国家电投氢能公司、东风汽车、重塑科技等可以获得数十亿的大额融资（详见表8-5）。

表8-5　氢能产业企业资本市场融资概况（2019—2021年）

单位：元（人民币）

公司	融资阶段	融资金额	时间	公司	融资阶段	融资金额	时间
氢途科技	B轮	3000万	2019	锋源新创	A轮融资	900万	2021
骥翀氢能	天使轮	数千万	2019	重塑科技	IPO	20.17亿	2021
清能股份	新三板定增	4500万	2019	美锦能源	公开发行可转债	6亿	2021
骥翀氢能	Pre-A	数千万	2020	治臻新能源	B轮融资	—	2021
氢晨新能源	A轮	数千万	2020	治臻新能源	C轮融资	近2亿	2021
臻驱科技	B轮	1.5亿	2020	唐锋能源	B轮融资	亿级	2021
理工氢电	—	7200万	2020	潍柴动力	A股定增	20亿	2021
清能股份	定增	5000万	2020	臻驱科技	B+轮融资	3亿	2021
舜华新能源	战略投资	1.92亿	2020	氢晨科技	A+轮融资	2.5亿	2021
东岳未来	Pre-IPO	3亿	2020	锋源氢能		超亿	2021
富瑞特装	A股定增	4.71亿	2020	中鼎恒盛		超3亿	2021
重塑科技	Pre-IPO	数亿	2020	融科氢能	B轮	1亿	2021
国家电投氢能公司	A轮融资	2.5亿	2020	爱德曼氢能	B轮	2亿	2021
东风汽车	IPO	13亿	2020	未势能源	A轮	9亿	2021
爱德曼氢能	A轮融资	1亿	2021	赛克赛斯		0.54亿	2021
全柴动力	A股定增	7.5亿	2021	江苏申氢宸		0.69亿	2021
擎动科技	战略投资		2021	国电投氢能	A+轮	10.8亿	2021

注：中国电动汽车百人会氢能委员会氢金融数据库（数据详见附表8-2）。

三、“双碳”目标下氢金融体系的构建

氢能作为碳中和能源体系中不可或缺的关键一环，其全产业链将迎来前所未有的发展机遇，同时也面临巨大挑战。

氢产业发展面临政策、技术与需求的多重不确定性，且破解氢产业投融资困局仍面临着以下多个层面的系统性障碍：一是我国氢产业顶层设计缺位，尚缺乏系统的公共政策安排；二是迫切需要培育互利互赢的产融合作生态体系，探索适宜本行业发展的规模化、可复制的商业模式；三是绿氢多场景应用的市场基础设施与技术标准体系刚刚萌芽；四是绿色金融政策与产品的创新支持不足。因此，构建我国氢金融体系是围绕双碳目标的氢产业市场创设与发展的关键。

本研究提出构建与我国“双碳”目标相一致的“1+2+4+N”氢金融政策体系，通过构建一套顶层设计，强化两大关键支柱，推动四类创新支持，持续推动氢金融政策体系的完善，助推以绿氢为目标导向的本土氢产业产融互通，为氢能行业健康跨越式发展，为我国加速低碳、零碳转型提供产融结合的绿色创新方案。

（一）氢产业尚缺乏低碳转型发展的系统支持

力争在2030年前实现碳达峰，2060年前实现碳中和，是党中央经过深思熟虑作出的重大战略决策。氢能作为碳中和能源体系中不可或缺的关键一环，其全产业链将迎来前所未有的发展机遇，同时也面临巨大挑战。我国各地资源禀赋的天然差异以及由此形成的市场需求，为氢产业与氢经济的长期发展提供了庞大市场基础。然而灰氢作为现阶段最主要的制氢技术碳排放量较高，蓝氢、绿氢又受到CCS发展水平、可再生能源制氢技术与成本等多重因素掣肘。氢产业发展仍面临政策、技术与需求的多重不确定性，由此产生的投融资需求必将难以满足，破解氢产业投融资困局仍面临着以下多个层面的系统性障碍。

其一，国家政策密集出台，但顶层设计仍缺位。目前全球各国均在加速部署氢能顶层设计，我国围绕“双碳”目标正在强化政策保障、健全法制和政策体系，而氢能在我国“双碳”目标的能源战略中仍缺乏明确定位，以“双碳”目标为导向的氢能国家战略仍未形成，缺乏关于产业整体定位、发展目标和关键举措的顶层设计。

其二，地方政策频出，但缺乏多产业协同耦合发展的支持。服务于“双碳”目标，以创新为导向的氢能产业政策需要至少三个方面突破：一方面，传统化石能源市场政策、体制与机制的重构，是包括氢能在内的“零碳能源”创新发展的基础条件；另外，建立电力与氢能应用场景关联的市场机制是实现氢能市场价值的必备条件；此外，将氢能产业减碳外部性价值内部化的碳价格机制是产业低碳发展的重要保障。目前各地政策尚缺乏以上三个方面的突破。

其三，缺乏系统的公共政策支持。根据欧盟对全球氢谷示范项目的调查，获得公共补贴或补助，需求端有所保障，降低投资的财务风险是影响绿氢项目持续融资的三个主要因素。欧洲若干绿色氢谷全产业链培育项目均得益于欧盟层面、国家及本地公共资金对私人投资的撬动。如何更精准有效撬动市场资金支持氢产业发展仍需要更多的投融资政策、工具及模式的创新实践。

其四，缺乏规模化、可复制的商业模式，亟待培育互利互赢的产融合作生态体系。当前，氢能基础设施建设，氢能在工业脱碳、绿色交通、绿色建筑、储能领域相关技术创新，以及绿氢工厂、氢能产业园区示范等均需要大规模先期投资支持；亟待以大规模应用摊薄固定资产和研发投资，实现商业可持续。加快培育氢能产业商业模式，打通全产业链条金融支持，培育互利互赢的产融合作生态体系，对于处在发展初期的氢能产业十分关键。

其五，缺乏支持绿氢发展的市场基础设施与技术标准。一是尚未建立明确的民用产业安全标准，在氢的制取与储运，加氢站的建设运营等多个产业链细分环节缺乏安全管理细则。二是缺乏绿氢国家标准及溯源机制，氢能产业全周期的碳排放核算方法学与统计制度也需要完善。三是氢能商品化、金融化交易平台有待发展。另外，支持绿氢市场的核算、认证、核证以及专门的市场研究机构还很缺乏。

其六，绿色金融政策与产品的创新支持不足。中国是最早通过“自上而下”的顶层设计引导绿色金融发展的国家之一。随着碳减排支持工具的出台，绿色金融能够发挥更大的支持潜力。目前《绿色产业指导目录（2019年版）》以及《绿色债券支持项目目录（2021年版）》（详见附表8-3）中纳入了加氢设施制造（节能环保产业），氢能利用设施建设和运营（清洁能源产业），氢设施建设和运营（基础设施绿色升级）等三项内容，但还未体现对绿氢及其全产业链的支持。产品方面，对氢能企业还缺乏精准的绿色信贷支持政策，绿色债券、基金等对氢能产业的已有支持还相当有限，与之配套的担保工具、征信、评级与认证等服务仍然有待发展。

（二）明确氢在国家“双碳”战略中的角色定位

目前，欧盟、德国、日本、韩国等多个经济体均制定了顶层发展战略，明确了氢能在能源体系中的作用及产业发展路线图，且正在完善与氢相关的法律条款，提出了制取、储运、应用及基础设施等氢能全产业链在内的具体发展目标。由政府进一步明确氢在未来能源结构中的战略地位，以顶层设计为战略先导对于产业发展以及投融资市场建设十分关键。

建议以“双碳”目标为导向，尽早出台中国氢能产业的顶层设计，阐明氢能发展战略及产业定位，明确政府相关部门分工与协同机制，提出氢能潜在的应用场景与具体发展目标，为中国的氢金融体系建设指明方向、明确重点。包括但不限于：明确在2030年各主要行业使用蓝氢和绿氢的比例，最大程度降低对灰氢的路径依赖；明确2060年能源体系中绿氢的重要角色定位，在此基础上逐步完善氢能产业的法律、法规；以促进我国“双碳”目标为导向，落实氢能产业的整体发展目标和公共政策措施；明确支持绿氢发展的可再生能源开发利用、基础设施建设、投资贸易、国际合作等相关政策，为氢能投融资体系的搭建和持续发展提供明确的政策信号。

（三）发挥公共部门在氢产业投资中的多重作用

各国公共部门对氢产业的支持主要有三个核心挑战，一是成本挑战，需要公共政策有利于降低低碳氢的生产成本；二是市场挑战，需要保障氢在终端部门的应用需求；三是竞争挑战，需要提升绿氢或低碳氢的成本竞争力，降低产业发展的不确定性风险。纵观全球，可以从规划基础设施网络，为制氢可再生能源提供税收优惠，对支持蓝氢的CCUS提供税收优惠支持，出台地方规划、政府采购、消费补贴等激励政策出发，设计市场规则，促进规模化、可复制的商业模式等方式支持氢布局，助推集成度高、流动性好、供需灵活平衡的氢产业供需态势。

一是充分发挥地方科技金融体系对氢产业相关技术研发的支持作用。实践证明，地方政府设立的投资基金和引导基金是科技金融体系的重要支撑，对于引导社会资本支持创业创新发挥着关键作用。建议鼓励地方通过设立政府投资基金、引导基金等方式支持氢领域关键技术、示范应用，鼓励建设产业联盟、研发中心等产业服务机构，为氢科技创新企业成长发展提供资金支持。探索设立政府性融资担保基金，有效引导科技信贷、创投基金、科技保险等社会资本共同搭建多元化科技融资体系，深入持续地推进氢能全产业研发和示范。

二是充分发挥财政资金对社会资本投入的杠杆效应。依托示范城市群或示范区，明确对示范项目的公共资金支持机制，推动示范项目建设。对于制氢、储运、燃料电池、加氢站等关键细分产业，可通过补贴、奖励、税费优惠、人才引进等多种方式，给予定向支持，力争培育可规模化、可复制的商业模式。除财政资金直接支持外，地方政府可探索建立氢产业发展促进中心，引入国际赠款、优惠贷款、非政府组织和基金会等优惠资金。选择条件合适的示范区探索采用碳差价合约的可能性，通过碳差价合约，提升绿氢项目投资回报确定性。

三是加强需求侧公共政策协同支持。在产业需求方面，公共部门既可以直接产生需求，也可以间接刺激市场需求。建议通过政府采购对氢能产业提供直接支持，例如推动公共服务用车向氢燃料电池车升级。市场需求激励方面，可考虑为购置氢燃料电池车的企业和消费者提供补贴、消费券、消费税减免等激励以及路权、停车费、过路费减免等消费便利性政策。

（四）强化绿色金融对氢能全产业链的创新支持

一是建议将绿氢全产业链纳入各项绿色金融标准。目前欧盟已经将绿氢全产业链纳入欧盟《可持续金融分类方案》，包括氢生产和使用设备制造、低碳氢生产、液体无水氨生产、储氢发电与氢的电气化、氢输配网络基础设施、水陆空运中的加氢基础设施、氢技术与产品研发创新等。欧盟《可持续金融分类方案》明确了产氢活动全生命周期的碳排放限值，以及制氢结合CCUS的技术筛选标准。2023年3月发布的《绿色产业指导目录（2023年版）》（征求意见稿）中，已经将氢能、储能的部分细分产业纳入。建议进一步与《绿色债券支持项目目录（2021年版）》等绿色金融标准相结合，尽快补充绿氢全产业链项目。

二是加强绿色信贷对氢能基础设施的支持。绿色信贷是规模最大的绿色金融产品，截至2021年3季度末，我国绿色信贷规模已突破14万亿元。建议结合氢能产业特点，鼓励银行支持加氢站、输氢管道等氢能基础设施建设，建议运用碳减排支持工具，推动信贷资产积极向氢能产业配置。鼓励面向氢能产业链核心企业构建绿色信贷专项通道，创新知识产权质押贷款，建立氢能专项投贷联动机制。积极探索政策性绿色融资担保业务服务氢产业链。鼓励金融机构开发低息氢燃料电池汽车消费贷款、绿氢产品消费贷款等信贷产品。

三是充分发挥资本市场作用，鼓励氢能产业通过多种渠道融资。支持符合条件的氢能企业在境内外上市融资，鼓励上市公司为推动氢能项目建设进行再融资。鼓励市场机构发行绿色债券支持氢产业的相关项目，地方政府也可通过绿色政府债券为示范项目融资。部分现金流稳定、项目营收情况较好的氢能项目可探索发行绿色资产支持证券或REITs。鼓励创设氢能证券指数和相关证券投资基金，为证券市场的投资者积极参与提供便利。

四是做强做优氢能产业发展基金。鼓励国家绿色发展基金、政府绿色产业引导基金、私募基金、风险投资等各类绿色基金加大对氢能重点领域的投资力度，通过资本支持推动氢能关键核心技术攻关、快速市场化应用以及产业链的资源优化整合。

五是创新绿色债券政策。（1）积极推动地方法人金融机构发行低成本绿色债券，为氢能全产业链发展提供债券融资支持。应加强与包括金融租赁公司等域外金融机构融资合作，利用这些金融机构成熟的绿色债券发行机制，争取绿色债券资金贷款解决自身融资需求问题。（2）核心企业或项目可申请发行绿色债券融资，中小微氢能企业可以集群打包形式发行绿色债券融资。通过发行碳中和债券等贴标债券，提高债券发行影响力，降低债券融资成本。为增强绿色债券融资支持氢能产业发展，在初始阶段对确需辅以财税等政策支持的科技项目融资、技术研发和改造融资等还需给予政策激励。

六是优化财政补贴政策。（1）财税政策应优先关注并精准支持可推广、可复制的价格机制关键性改革探索，重点支持可再生能源制氢，推动成本快速下降。（2）财政奖励应发挥杠杆作用，在市场化初期应优先将财政奖励收入作为第一还款来源发放信用贷款，探索财税金融协同支持产业发展的政策。（3）在已有试点基础上加快推进碳排放权交易制度实施，尽快将氢能替代项目纳入碳排放交易体系，间接提升氢能终端应用的市场竞争力。

七是建立风险补偿机制。目前中国在氢能科技领域与发达国家仍然存在一定差距，为提高氢能产业技术自主化水平，须加快推动先进技术示范和产业化进程。因此，除了加大对科技创新型初创企业的政策帮扶和补贴外，更需要加大对氢能核心技术研发企业的科技金融支持，重点加强知识产权等贷款担保基金和风险补偿制度设计，探索建立国产“首台套”设备应用的担保机制，培育增强中国氢能产业发展的科技竞争力。

（五）推动碳市场对氢能发展的精准助力

高度重视碳价机制对绿氢发展的促进作用。我国已启动并开始建设全国统一碳排放权交易市场，碳市场发展过程中建立的碳排放统计、监测和核查体系有助于推动氢能产业在未来由“灰氢”向“绿氢”转变，并有利于提高氢能企业在碳排放方面的公信力和碳减排的透明度。建议尽快发挥碳市场等碳价格调节机制对氢能发展的支持作用。建议推进氢能产业碳减排核算方法学开发，推动绿氢产生的减排量纳入核证减排信用（CCER）市场交易。

（六）完善氢金融基础设施建设

绿色金融对氢产业的支持有赖于认证机制、交易平台、统计与报告平台、溯源机制、价格形成机制等一系列氢金融基础设施的完善和发展。

一是尽快完善氢产业标准和认证机制。结合国情，对标国际，尽快完善氢产业的相关产品标准和安全标准，以及在制取、储运和营运方面的管理制度。制定氢能产业的分类及认证标准，如制氢企业标准、运氢企业标准、储氢企业标准、用氢企业标准、氢能配套企业标准等。

二是推动氢特别是绿氢的现货交易，研究创设氢期货产品。探索、建立绿氢的认证机制，促进绿氢的商品交易，培育市场化、透明的绿氢价格机制。

三是建立和完善氢产业统计制度和碳减排方法学系统。开发自愿减排标准，编制氢核算方法指南、碳减排算法等绿色量化方案，开发氢产业技术排放数据体系，制定氢能排放统计制度，规范氢能碳排放测算标准，发展覆盖氢能全产业链碳排放测算、统计、报送体系。

四是鼓励氢金融新兴业态发展。鼓励氢标准化机构、认证机构，绿色产品溯源与认证机构，绿色减排量盘查、核证机构，氢金融产品资产管理与咨询机构发展，培育氢金融服务市场，支持氢金融体系的健康、可持续发展。

（七）强化氢能数字化发展与共享机制建设

一是加强氢产业金融服务平台建设。建立氢产业链发展信息共享平台。组织遴选符合“双碳”目标要求的绿氢及蓝氢产品、工艺技术装备、解决方案、企业、项目、园区等，建立氢产业绿色发展指导目录和项目库。探索建立氢能企业温室气体排放信息平台，鼓励企业参照成熟经验主动披露相关信息。推动建立跨部门、多维度、高价值绿色数据对接机制，整合企业排放信息等“非财务”数据，探索构建系统直连、算法自建、模型优选、智能对接、资金直达的平台生态，推动金融资源精准对接企业融资需求，提高平台服务质效。

二是搭建绿氢产业链及数字化平台。形成从基础研究、应用研究到示范演示的一体化数字体系，逐步建立完善的绿氢产业链数据系统。构建绿氢产业链全生命周期的智能化运营管理机制及制度体系，推动氢能产业与新一代信息技术和数字经济的互融互通，实现氢安全及氢能制备、储运、加注、应用全链条的数字化协同管理。搭建能源互联网交易平台，服务绿色氢能产业发展。

三是开发基于区块链技术的绿氢溯源平台。鼓励充分利用互联网+、大数据、云计算、区块链等新兴技术的优势，通过建设区块链平台，创建真实的追踪链条，显示氢“从哪里来”“到哪里去”和“在哪里用”，进而实现对氢运营和市场需求的监管，既可增加氢产业透明度，又可削减运营开支。

（八）加强国际合作

近年来，多个经济体将氢特别是绿氢视为重塑全球能源贸易体系话语权的关键要素。中国在绿氢的国际贸易方面也同样具有竞争优势，氢贸易有望加快我国能源体系转型进程，推动我国在世界能源体系转型和能源替代革命中发挥引领作用。

一是加强氢能产业的绿色金融国际合作。加强与欧盟、日本等氢能技术领先经济体的双边技术和标准合作，加强与发展中国家的能源项目合作和市场开发。将绿氢纳入“一带一路”绿色发展公共金融服务平台的合作范畴，通过与东道国当地金融机构、主权财富基金、私人资本以及融资机构开展氢金融合作，充分利用多层次的融资市场和机制，充分运用综合金融服务为绿色“一带一路”提供充足、适用的金融资源，与长期投资者开展合作，降低氢项目开发风险，弥合绿色产业投资缺口。

二是加强各国氢产业标准对接。鼓励相关行业协会制定发布与国际标准接轨的氢产业安全、环境、绿色相关的标准、规范及指南，推动在实践中的标准对接和融合，形成无空白、无交叉、无冲突的绿色氢标准规范。合作完善氢产业项目全生命周期碳排放核算方法，包括碳排放检测方法、评价方法及核算指标等，形成低碳量化方法体系，推动绿氢产业碳排放相关标准多边互信互认。

附表8-1　中国氢能产业基金设立概况及规模

单位：元（人民币）

设立时间	基金	规模	参与的企业和机构
2015	同创富瑞基金	2亿	张家港富瑞特种装备股份有限公司、深圳同创锦绣资产管理有限公司、江苏省张家港经济开发区实业总公司等
2016	氢能汽车产业发展基金	100亿	武汉市政府、同济大学、中国地质大学
2017	氢能基金	30亿	中广核集团、中金前海发展（深圳）基金管理有限公司、清华四川能源互联网研究院
2017	新能源产业基金	12亿	旅顺口区政府、中国光大银行
2017	氢能产业投资基金	10亿	国家电力投资集团氢能科技发展有限公司、腾华氢能、博石资产
2018	苏州氢能产业基金	10亿	苏州市创新产业发展引导基金、张家港弘盛产业资本母基金
2018	氢技术和产业相关投资基金	约6.62亿	现代汽车、北京清华工业开发研究院
2018	氢能源产业投资基金	50亿	张家港市政府、中车集团
2019	太仓昆池氢能产业基金	5亿	美克国际家居用品股份有限公司、通联金控（北京）投资有限公司、上海娄江投资管理中心（有限合伙）
2019	深圳白鹭氢能产业股权投资基金	5亿～10亿	中广核资本、中广核产业投资基金与南都电源
2019	氢能产业投资基金	10亿	武汉地质资源环境工业技术研究院有限公司、湖北高通投资基金管理有限公司
2019	氢能产业投资基金	150亿	航锦科技等
2019	双阳产业转型基金	30亿	阳泉煤业（集团）有限责任公司
2019	广州开发区湾顶新动能产业投资基金	6亿	广州恒运企业集团股份有限公司、广州开发区
2020	张家口-中植氢能产业基金	10亿	康盛股份、中植集团、张家口政府

续表

设立时间	基金	规模	参与的企业和机构
2020	水木氢源基金	5.81亿	滨化股份、三峡资本控股有限责任公司、北京市东升锅炉厂、水木氢元
2020	氢能产业基金	10亿	国华能源投资有限公司、湖北高投引导基金管理公司、东湖新技术开发区管委会、武汉资环工研院
2020	清洁能源产业基金	百亿级	国家能源集团
2020	国能新能源产业投资基金	100.2亿	中国神华、国华能源投资有限公司、国华投资开发资产管理（北京）有限公司
2021	氢能源及燃料电池相关产业发展基金	1亿	山西金信
2021	新能源产业基金	20亿	佛燃能源、中银粤财股权投资基金管理（广东）有限公司
2021	氢能产业投资基金	100亿	协鑫新能源、中建投资本管理（天津）有限公司、建银国际资产管理有限公司
2021	嘉兴氢能产业基金	5亿	嘉化能源、嘉兴市南湖股权投资基金有限公司、浙江氢能产业发展有限公司
2021	氢能源产业发展基金	不低于1000万	濮耐股份、上海宇苑投资合伙企业
2021.9	绿色产业基金	54亿	山东省新旧动能转换基金、省发展投资集团、石横特钢等
2021.10	成都厚普清洁能源股权投资基金	1.67亿	厚普清洁能源股份有限公司、成都市香融创业投资有限公司
2021.10	山能新业（山东）新旧动能转换股权投资基金	10亿	山东丰元化学股份有限公司、新业新动能（枣庄）股权投资合伙企业
2021.11	武汉佰仕德新能源基金	2.7亿	湖北和远气体股份有限公司等

注：中国电动汽车百人会氢能委员会氢金融数据库。

附表8-2　氢能产业企业资本市场融资概况（2019—2021年末）

单位：元（人民币）

公司	融资阶段	融资金额	投资方	时间
氢途科技	B轮	3000万	浙商创投	2019
骥翀氢能	天使轮	数千万	中科创星、重塑科技	2019
清能股份	新三板定增	4500万	上海儆耘股权投资基金管理有限公司、个人投资者	2019
骥翀氢能	Pre-A	数千万	水木易德投资、中金汇融、悦丰金创、江诣创投	2020
氢晨新能源	A轮	数千万	申能能创	2020
臻驱科技	B轮	1.5亿	君联资本	2020
理工氢电	—	7200万	盛堃投资、贝特瑞、跃岭股份	2020
清能股份	定增	5000万	中南资本	2020
舜华新能源	战略投资	1.92亿	上海电力（国电投）	2020
东岳未来	Pre-IPO	3亿	中金资本、中车时代、上海国和、江苏高投	2020
富瑞特装	A股定增	4.71亿	—	2020
重塑科技	Pre-IPO	数亿	丰田通商、博华资本、元贯企业等	2020
国家电投集团氢能科技	A轮融资	2.5亿	珠海普盛资本、三峡资本、农银投资、东风资管	2020
东风汽车	IPO	13亿	—	2020
爱德曼氢能	A轮融资	1亿	清新资本	2021
全柴动力	A股定增	7.5亿	安徽全柴集团等	2021
擎动科技	战略投资		申能能创	2021
锋源新创	A轮融资	900万	丰厚资本	2021
重塑科技	IPO	20.17亿	—	2021
美锦能源	公开发行可转债	6亿	—	2021
治臻新能源	B轮融资	—	龙腾资本、朗玛峰创投、东证资本、自贸区基金、兴证资本、志鑫投资	2021

续表

公司	融资阶段	融资金额	投资方	时间
治臻新能源	C轮融资	近2亿	兴富资本、复容投资	2021
唐锋能源	B轮融资	亿级	光速中国（领投）、金浦投资、朗玛峰创投、高瓴创投、昆仲资本、北汽产投、临港科创投	2021
潍柴动力	A股定增	20亿		2021
臻驱科技	B+轮融资	3亿	中金资本（领投）、容亿投资、招商资本、浦东科创、君联资本、福睿基金、联想创投	2021
氢晨科技	A+轮融资	2.5亿	IDG资本、临港智兆、申能能创、北京京能、自贸股权基金等共同领投	2021
锋源氢能		超亿	飞图创投、雷神资本、武岳峰资本	2021
中鼎恒盛		超3亿	中国石化、国家能源、东方电气、美锦能源、厚普能源	2021
融科氢能	B轮	1亿		2021
氢蓝时代	A轮		诚通基金（领投）、申能能创	2021
氢动力	A轮		阿拉丁传奇、普拓氢能、浙江工企环保、吉电股份	2021
捷氢科技	IPO	—	捷氢科技启动IPO，接受国泰君安证券上市辅导	2021
爱德曼氢能	B轮	2亿	元禾重元（领投）、建信信托	2021
未势能源	A轮	9亿	国投招商与人保资本联合领投	2021
赛克赛斯		0.54亿	美锦能源	2021
江苏申氢宸		0.69亿	长春致远新能源	2021
国家电投氢能公司	A+轮	10.8亿	中信建投等16家战略投资者	2021

注：中国电动汽车百人会氢能委员会氢金融数据库。

附表8-3 中国与欧盟绿色金融标准支持氢能产业活动比较

欧盟《可持续金融分类标准》	中国《绿色产业指导目录（2019年版）》	中国《绿色债券支持项目目录（2021年版）》
氢生产和使用设备制造 低碳氢生产 液体无水氨的生产 储氢发电与氢的电气化 储氢 氢输配网络基础设施 乘用车加氢基础设施 低碳公路货运、公共客运的加氢基础设施 低碳水运中船舶、港口和码头的加氢基础设施 低碳空运中飞机、机场加氢基础设施 贴近市场的氢技术与产品研究、开发和创新	充电、换电及加氢设施制造 氢能利用设施建设和运营 充电、换电、加氢和加气设施建设和运营	充电、换电及加氢设施制造 氢能利用设施建设和运营 充电、换电、加氢和加气设施建设和运营

参考文献

[1] Williamson S, Lukic M, Emadi A. Comprehensive drive train efficiency analysis of hybrid electric and fuel cell vehicles based on motor-controller efficiency modeling. Xplore IEEE, 2006,21(3): 730–740. doi:10.1109/TPEL.2006.872388.

[2] 时璟丽.关于后补贴时代可再生能源发展机制的思考[R/OL].(2019-10-10)[2023-9-11].https://news.bjx.com.cn/html/20191010/1011810.shtml.

[3] 中国氢能联盟. 中国氢能源及燃料电池产业白皮书（2019版）[R/OL].(2022-07-19)[2023-11-30].https://www.xdyanbao.com/doc/tvwrrdzo34?bd_vid=11403894460152445844.

[4] International Energy Agency. The Future of Hydrogen: Seizing Today's Opportunities[R]. Paris: IEA, 2019.

[5] 中国社会科学院数量经济与技术经济研究所"能源转型与能源安全研究"课题组. 中国能源转型：走向碳中和[M]. 北京：社会科学文献出版社，2021.

[6] 毕马威会计师事务所. 一文读懂氢能产业[R/OL]. (2022-09-15)[2023-11-30].https://kpmg.com/cn/zh/home/insights/2022/09/understand-the-hydrogen-energy-industry-in-one-article.html.

[7] 头豹研究院. 2022年中国氢能行业白皮书 发展燃料电池，助力氢能社会[R]. 2022.

[8] IEA. Global Hydrogen Review 2022[R/OL]. (2022-09-30)[2023-11-30].https://iea.blob.core.windows.net/assets/c5bc75b1-9e4d-460d-9056-6e8e626a11c4/GlobalHydrogenReview2022.pdf.

[9] Hydrogen Council, McKinsey & Compang.Hydrogen Insights 2021[R/OL].(2021-07-15)[2023-11-30].https://hydrogencouncil. com/en/hydrogen-insights-2021/.

[10] 挪威船级社. 2050氢能展望报告[R]. 2022.

[11] Abejón R, Fernández-Ríos A, Domínguez-Ramos A, Laso J, Ruiz-Salmón I, Yáñez M, Ortiz A, Gorri D, Donzel N, Jones D, Irabien A, Ortiz I, Aldaco R, Margallo M.

Hydrogen Recovery from Waste Gas Streams to Feed (High-Temperature PEM) Fuel Cells: Environmental Performance under a Life-Cycle Thinking Approach. Applied Sciences, 10(21): 7461. https://doi.org/10.3390/app10217461.

[12] Argonne National Laboratory. GREET Model: The Greenhouse gases, Regulated Emissions, and Energy use in Technologies Model, 2020. https://greet.es.anl.gov/index.php.

[13] Baronas J, Achtelik G. Joint Agency Staff Report on Assembly Bill 8: 2020 Annual Assessment of Time and Cost Needed to Attain 100 Hydrogen Refueling Stations in California[R]. California Energy Commission, 2020.

[14] Jia Dingding. World's largest hydrogen refueling station at Daxing International Hydrogen Demonstration Zone. BDCN Metia, 2021. https://www.bdcn-media.com/a/7642.html.

[15] Cao Zheng. Beijing: Over 800 hydrogen fuel cell vehicles by end of 2022. Beijing Daily, 2022. https://bj.bjd.com.cn/5b165687a010550e5ddc0e6a/contentShare/5b1a1310e4b03aa54d764015/AP6204a681e4b0dc2473e0f1ff.html.

[16] 北京市经济和信息化局. 北京市氢能产业发展实施方案（2021—2025年）. https://www.ncsti.gov.cn/zcfg/zcwj/202108/t20210816_38829.html.

[17] Cai B, Lou Z, Wang J, Geng Y, Sarkis J, Liu J, Gao Q. CH_4 mitigation potentials from China landfills and related environmental co-benefits. Science Advances, 2018, 4(7). https://doi.org/10.1126/sciadv.aar8400.

[18] California Air Resources Board. Low Carbon Fuel Standard. 2020.https://ww2.arb.ca.gov/sites/default/files/2020-09/basics-notes.pdf.

[19] California Air Resources Board. LCFS Regulation. 2021. https://ww2.arb.ca.gov/our-work/programs/low-carbon fuel-standard/lcfs-regulation.

[20] California Air Resources Board. LCFS Credit Clearance Market. 2022. https://ww2.arb.ca.gov/resources/documents/lcfs-credit-clearance-market.

[21] Thomson Reuters Westlaw. California Code of Regulations. 2020. https://govt.westlaw.com/calregs/Browse/Home/California/CaliforniaCodeofRegulations?guid=I06FA57F08B1811DF8121F57FB716B6E8&originationContext=documenttoc&transitionType=Default&contextData=(sc.Default).

[22] 中国城市温室气体工作组. 中国产品全生命周期温室气体排放系数库. 2022. http://lca.cityghg.com/.

[23] 中国汽车工业协会. 统计数据. 2022. http://www.caam.org.cn/tjsj.

[24] 中国产学研合作促进会. 低碳氢、清洁氢与可再生氢的标准与评价（T/CAB 0078—2020）. 2020. http://www.ttbz.org.cn/StandardManage/Detail/42014/.

[25] 中国汽车工程学会. 汽车生命周期温室气体及大气污染物排放评价报告2019. 2020. http://www.sae-china.org/news/society/202005/3694.html.

[26] Chinanews. Hydrogen fuel cell vehicles is the main transportation mode of the 2022 Beijing Winter Olympics, creating the largest scale of use in international events. http://www.bj.chinanews.com.cn/news/2022/0216/85219.html.

[27] European Commission. Communication COM/2020/301: A hydrogen strategy for a climate-neutral Europe. 2020. https://knowledge4policy.ec.europa.eu/publication/communication-com2020301-hydrogen-strategy-climate-neutral-europe_en.

[28] European Commission. Connecting Europe Facility—Transport. https://ec.europa.eu/growth/industry/strategy/hydrogen/funding-guide/eu-programmes-funds/connecting-europe-facility-transport_en.

[29] European Commission. Gas networks—Revision of EU rules on market access. 2021. https://ec.europa.eu/info/law/better-regulation/have-your-say/initiatives/12766-Gas-networks-revision-of-EU-rules-on-market-access_en.

[30] Gan Y, El-Houjeiri H M, Badahdah A, Lu Z F, Cai H, Przesmitzki S, Wang M. Carbon footprint of global natural gas supplies to China. Nature Communications, 2020, 11: 824. https://doi.org/10.1038/s41467-020-14606-4.

[31] Heinrich M. Text: S.1017—117th Congress (2021-2022): Clean Hydrogen Production Incentives Act of 2021 [Legislation]. https://www.congress.gov/bill/117th-congress/senate-bill/1017/text.

[32] European Standards. BS EN ISO 14040:2006+A1:2020. Environmental management. Life cycle assessment. Principles and framework. 2020. https://www.en-standard.eu/bs-en-iso-14040-2006-a1-2020-environmental-management-life-cycle-assessment-principles-and-framework/?gclid=Cj0KCQjwpreJBhDvARIsAF1_BU0P6fsoYxHMAnrHe2hmeg0ZSpvk-A9sUmdmzajfvjwAsV_

vtdovK30aAgqZEALw_wcB.

[33] Joseck F, Wang M, Wu Y. Potential energy and greenhouse gas emission effects of hydrogen production from coke oven gas in U.S. steel mills. International Journal of Hydrogen Energy, 2008, 33(4): 1445-1454. https://doi.org/10.1016/j.ijhydene.2007.10.022.

[34] Larson J B. H.R.5192—117th Congress (2021-2022): Clean Hydrogen Production and Investment Tax Credit Act of 2021 [Legislation]. http://www.congress.gov/bill/117th-congress/house-bill/5192?q=%7B "search"%3A%5B"hr+5192-117th"%5D%7D&s=3 & r=2.

[35] Lee D-Y, Elgowainy A. By-product hydrogen from steam cracking of natural gas liquids (NGLs): Potential for large-scale hydrogen fuel production, life-cycle air emissions reduction, and economic benefit. International Journal of Hydrogen Energy, 2018, 43(43): 20143-20160. https://doi.org/10.1016/j.ijhydene.2018.09.039.

[36] Lee D-Y, Elgowainy A A, Dai Q. Life Cycle Greenhouse Gas Emissions of By-product Hydrogen from Chlor-Alkali Plants (ANL/ESD-17/27-141151). Argonne National Lab., Argonne, IL, United States. https://doi.org/10.2172/1418333.

[37] Luo G F, Zhang J J, Rao Y H, Zhu X L, Guo Y Q. Coal Supply Chains: A Whole-Process-Based Measurement of Carbon Emissions in a Mining City of China. Energies, 2017, 10(11): 1855. https://doi.org/10.3390/en10111855.

[38] 财政部网站. 关于开展燃料电池汽车示范应用的通知（财建[2020]394号）. http://www.gov.cn/zhengce/zhengceku/2020-10/22/content_5553246.htm.

[39] Mintz M, Han J, Wang M, Saricks C. Well-to-Wheels analysis of landfill gas-based pathways and their addition to the GREET model. (ANL/ESD/10-3 TRN:US201014%%746). https://doi.org/10.2172/982696.

[40] 国家发展和改革委员会，住房城乡建设部. "十四五" 城镇生活垃圾分类和处理设施发展规划（发改环资[2021]642号）. 2021. https://www.ndrc.gov.cn/xxgk/zcfb/tz/202105/t20210513_1279763_ext.html.

[41] 国家发展和改革委员会. 氢能产业发展中长期规划（2021—2035年）. 2022. https://www.ndrc.gov.cn/xxgk/zcfb/ghwb/202203/t20220323_1320038.html?code=&state=123.

[42] Petrol Plaza. Germany provides €60M to build hydrogen stations for HDV. 2021.

https://www.petrolplaza.com/news/28423.
[43] Qin Y, Edwards R, Tong F, Mauzerall D L. Can Switching from Coal to Shale Gas Bring Net Carbon Reductions to China? Environmental Science & Technology, 2017, 51(5): 2554-2562. https://doi.org/10.1021/acs.est.6b04072.
[44] 国务院. 国务院关于印发2030年前碳达峰行动方案的通知（国发[2021]23号）.2021. http://www.gov.cn/zhengce/content/2021-10/26/content_5644984.htm.
[45] Sun P P, Young B, Elgowainy A, Lu Z F, Wang M, Morelli B, Hawkins T. Criteria Air Pollutants and Greenhouse Gas Emissions from Hydrogen Production in U.S. Steam Methane Reforming Facilities. Environmental Science & Technology, 2019, 53(12): 7103-7113. https://doi.org/10.1021/acs.est.8b06197.
[46] Tonko P. H.R.5965—117th Congress (2021-2022): Clean Hydrogen Deployment Act of 2021 [Legislation]. http://www.congress.gov/bill/117th-congress/house-bill/5965?q=%7B “search” %3A%5B “hr+5965%2C+117th” %5D%7D&s=5&r=1.
[47] 杜祥琬. 能源革命——为了可持续发展的未来. 北京理工大学学报（社会科学版），2014, (5): 1-8.
[48] 史丹，王蕾. 能源革命及其对经济发展的作用. 产业经济研究，2015,(1): 1-8.
[49] 孙德强，习成威，郑军卫，张涛，孙焌世，卢玉峰，姚悦，王维一. 第四次工业革命对我国能源的发展影响和启示. 中国能源，2019, 41(11): 26-29, 41.
[50] 谢言许. 中国新能源技术创新战略研究 [D]: 锦州：渤海大学，2014.
[51] 桂华. 科学有序地推进我国碳达峰碳中和. 中国行政管理，2021,(11): 154-156.
[52] 张圣洁. 氢能产业将进入黄金发展期. 流程工业，2021, (z01): 1.
[53] Debe M K. Electrocatalyst approaches and challenges for automotive fuel cells. Nature, 2012, (486): 43-51.
[54] Kohler H. Technology Development of Advanced Fuel Cell Drive Systems[C]. Proceedings of the International Hydrogen Energy Forum. Beijing, China, 2004, 105-110.
[55] 侯明，衣宝廉. 燃料电池技术发展现状与展望. 电化学，2012, 18(1): 1-12.
[56] 国务院. “十三五” 国家战略性新兴产业发展规划（国发[2016]67号）. 2016.
[57] 工信部装备工业司.《中国制造2025》解读之：推动节能与新能源汽车发展. 2016.
[58] 李雪松. 努力实现 “十四五” 发展目标及2035年远景目标. 经济研究参考，2020,

(24): 100-102.
[59] 赵洪雪，李枭，庞知非，余海涛，高润泽. 氢燃料电池汽车发展现状浅析. 交通节能与环保，2020, 16(4): 11-15.
[60] 张素娟，胥彦玲，凡庆涛，刘静. 奥运会氢燃料电池汽车应用及启示. 科技中国，2022, (5): 56-59.
[61] 韩敏芳. 碳中和愿景下燃料电池产业机遇. 中国车用氢能产业发展报告（2021）. 2021, 54-56.
[62] 魏志威，李晨曦. “双碳” 背景下，燃料电池产业的狂欢. 船舶经济贸易，2021,(12): 27-31.
[63] 鞠亚莉，杨明明，张丽媛. 燃料电池发展的历史. 黑龙江教育学院学报，1995,(2): 82-84.
[64] Joon K. Fuel cells—a 21st century power system. Journal of Power Sources, 1998, 71(1-2): 12-18.
[65] 张丽彬，陈晓宁，吴文健，高洪涛. 质子交换膜燃料电池发展前景探讨. 农业工程技术（新能源产业），2011, (04): 15-19.
[66] Costamagna P, Srinivasan S. Quantum jumps in the PEMFC science and technology from the 1960s to the year 2000: Part Ⅱ. Engineering, technology development and application aspects. Journal of Power Sources, 2001, 102(1-2): 253-269.
[67] Peighambardoust S J, Rowshanzamir S, Amjadi M. Review of the proton exchange membranes for fuel cell applications. International Journal of Hydrogen Energy, 2010, 35(17): 9349-9384.
[68] Vishnyakov V M. Proton exchange membrane fuel cells. Vacuum, 2006, 80(10): 1053-1065.
[69] Wee J-H. Applications of proton exchange membrane fuel cell systems. Renewable and Sustainable Energy Reviews, 2007, 11(8): 1720-1738.
[70] Furusho N, Kudo H, Yoshioka H. Fuel cell development trends and future prospects. Fuji Electric Review, 2003, 49: 60-63.
[71] 卢善富，徐鑫，张劲，相艳. 燃料电池用磷酸掺杂高温质子交换膜研究进展. 中国科学（化学），2017,(5): 565-572.
[72] 张巨佳，张劲，王海宁，相艳，卢善富. 高温聚合物电解质膜燃料电池膜电极中

磷酸分布及调控策略研究进展.物理化学学报，2021, 37 (9): 172-186.
[73] 相艳，李文，郭志斌，张劲，卢善富.磷酸掺杂型高温质子交换膜燃料电池关键材料研究进展.北京航空航天大学学报，2022, (9), 1791-1805.
[74] 严文锐，张劲，王海宁，卢善富，相艳.重整甲醇高温聚合物电解质膜燃料电池研究进展与展望.化工进展，2021, 40(6): 2980-2992.
[75] Soloveichik G L. Liquid fuel cells. Beilstein J Nanotechnol, 2014, 5: 1399-1418.
[76] Yadav M, Xu Q. Liquid-phase chemical hydrogen storage materials. Energy & Environmental Science, 2012, 5(12): 9698-9725.
[77] Demirci U B, Miele P. Sodium borohydride versus ammonia borane, in hydrogen storage and direct fuel cell applications. Energy & Environmental Science, 2009, 2(6):627-637.
[78] Zakaria Z, Kamarudin S K, Timmiati S N. Membranes for direct ethanol fuel cells: An overview. Applied Energy, 2016, 163: 334-342.
[79] Kumar A, Daw P, Milstein D. Homogeneous Catalysis for Sustainable Energy: Hydrogen and Methanol Economies, Fuels from Biomass, and Related Topics. Chem Rev, 2022, 122(1): 385-441.
[80] Zhao X, Yin M, Ma L, et al. Recent advances in catalysts for direct methanol fuel cells. Energy & Environmental Science, 2011, 4(8):2736-2753.
[81] Olah G A. Towards oil independence through renewable methanol chemistry. Angew Chem Int Ed, 2013, 52(1): 104-107.
[82] Olah G A. Jenseits von Öl und Gas: die Methanolwirtschaft. Angewandte Chemie, 2005, 117(18): 2692-2696.
[83] Justesen K K, Andreasen S J. Determination of optimal reformer temperature in a reformed methanol fuel cell system using ANFIS models and numerical optimization methods. International Journal of Hydrogen Energy, 2015, 40(30): 9505-9514.
[84] Justesen K K, et al. Modeling and control of the output current of a reformed methanol fuel cell system. International Journal of Hydrogen Energy, 2015, 40(46): 16521-16531.
[85] Specchia S. Fuel processing activities at European level: A panoramic overview. International Journal of Hydrogen Energy, 2014, 39(31): 17953-17968.
[86] UltraCell redesigns XX55 military RMFC portable system. Fuel Cells Bulletin,

2013(10): 5.

[87] 明海，等. 军用便携式燃料电池技术发展. 电池，2017, 47(06): 362-365.

[88] Renouard-Vallet G, Saballus M, Schmithals G, et al. Improving the environmental impact of civil aircraft by fuel cell technology: concepts and technological progress. Energy & Environmental Science, 2010, 3(10): 1458-1468.

[89] 中国氢能源及燃料电池产业创新战略联盟. 中国氢能源及燃料电池产业白皮书[M]. 北京：人民日报出版社，2020.

[90] Timur Gül. An Energy Sector Roadmap to Carbon Neutrality in China[R].Paris: IEA, 2021.

[91] Michael Fuhrmann. Germany's National Hydrogen Strategy[R]. Japan: Mitsui & Co. Global Strategic Studies Institute, 2020.

[92] 范珊珊. 氢能商业化的德国模式[J]. 能源，2019(6): 42-43.

[93] 王彦雨，高璐，刘益东. 美国国家氢能计划及其启示[J]. 未来与发展，2015, 39(12): 22-29.

[94] de Marigny, B S. Taxing for Takeoff: The Hydrogen Economy in the United States[EB/OL]. Hydrogen Economist, [2021-04-26]. https://pemedianetwork.com/hydrogen-economist/articles/sponsored-content/2021/taxing-for-takeoff-the-hydrogen-economy-in-the-us.

[95] 丁曼. 日本氢能战略的特征、动因与国际协调[J]. 现代日本经济，2021, (4): 28-41.

[96] IRENA. Global hydrogen trade to meet the 1.5℃ climate goal: Part Ⅰ—Trade outlook for 2050 and way forward. Abu Dhabi: International Renewable Energy Agency, 2022.

[97] IRENA. Global hydrogen trade to meet the 1.5℃ climate goal: Part Ⅱ—Technology review of hydrogen carriers. Abu Dhabi： International Renewable Energy Agency, 2022.

[98] IRENA. Global hydrogen trade to meet the 1.5℃ climate goal: Part Ⅲ—Green hydrogen cost and potential. Abu Dhabi: International Renewable Energy Agency, 2022.

[99] 孟翔宇，陈铭韵，顾阿伦，邬新国，刘滨，周剑，毛宗强. “双碳”目标下中国氢能发展战略[J]. 天然气工业，2022，42(04):156-179.

[100] 霍忠堂. 我国可再生能源发展领先世界[J] 生态经济，2022, 38(12): 4.

[101] IRENA. Renewable Power Generation Costs in 2021. Abu Dhabi: International

Renewable Energy Agency, 2022.
[102] 毛宗强. 关注氢能 发展氢能[J]. 求是，2005, (16):60-61.
[103] 毛宗强. 氢能——21世纪的绿色能源[M]. 北京：化学工业出版社，2005.
[104] 毛宗强. 没有气体能源的战略是不完整的能源战略. 科技日报，2007-03-09.
[105] 黄宣旭，练继建，沈威，马超. 中国规模化氢能供应链的经济性分析[J]. 南方能源建设，2020, 7(02):1-13.
[106] 黄格省，李锦山，魏寿祥，杨延翔，周笑洋. 化石原料制氢技术发展现状与经济性分析[J]. 化工进展，2019, 38(12): 5217-5224.
[107] 洪虹，章斯淇. 氢能源产业链现状研究与前景分析[J]. 氯碱工业，2019, 55(09): 1-9.
[108] 王敏. 国内外新能源制氢发展现状及未来趋势[J]. 化学工业，2018, 36(06): 13-18.
[109] 汤金华. 几种工业制氢方案的比选[J]. 有色冶金设计与研究，2014, 35(05): 43-45.
[110] 张佩兰，郑黎. 工业制氢技术及经济性分析[J]. 山西化工，2014, 34(05): 54-56.
[111] 李维安，秦岚. 迈向“零碳”的日本氢能源社会发展研究[J]. 现代日本经济，2021, (02): 65-79.
[112] 陈英姿，刘建达. 日本车用氢能的产业发展及支持政策[J]. 现代日本经济，2021, (02): 80-94.
[113] 董一凡. 欧盟氢能发展战略及前景[N]. 中国石油报，2020-11-20 (004).
[114] 陆颖. 美国产业界发布氢能经济路线图[J]. 科技中国，2020, (11): 100-102.
[115] 王伟杰，彭勃，李顺，刘琦，贾冀辉. 氢能与碳捕集、利用与封存产业协同发展研究[J]. 热力发电，2021, 50(01): 18-23.
[116] 孙程. 德国氢能源发展战略及其借鉴[J]. 生态经济，2020, 36(08): 1-4.
[117] 符冠云，熊华文. 日本、德国、美国氢能发展模式及其启示[J]. 宏观经济管理，2020, (06): 84-90.
[118] 游双矫，张震，周颖，杜国敏，万宏，许萍，包力庆. 氢能先发国家的产业政策及启示[J]. 石油科技论坛，2019, 38(05): 57-66.
[119] 张焰，伍浩松. 芬兰将在2035年实现净零碳排放[J]. 国外核新闻，2019,(07): 5.
[120] 王田田. 我国氢能开发与利用法律制度研究[D]. 济南：山东师范大学，2019.
[121] 郑士贵. 瑞典的经济和金融政策[J]. 管理科学文摘，1996, (10): 10.
[122] 曹勇. 中美氢能产业发展现状与思考[J]. 石油石化绿色低碳，2019, 4(06): 1-6, 19.

[123] 张震，万宏，杜国敏，周颖，游双矫，齐欣，王进. 日本能源企业发展氢能业务经验与启示[J]. 石油科技论坛，2019, 38(04): 58-63.
[124] 董一凡. 欧盟氢能发展战略与前景[J]. 国际石油经济，2020, 28(10): 23-30.
[125] 中国电动汽车百人会. 中国氢能产业发展报告2020. 北京，2020.
[126] 绿色复苏全球进行时——疫情后国际复苏案例集[C]. 北京：中国国际民间组织合作促进会，2021.
[127] 符冠云. 氢能在我国能源转型中的地位和作用[J]. 中国煤炭，2019, 45(10): 15-21.
[128] 徐金苗. 氢能或是中国实现碳中和的关键[EB/OL]. 马尼拉：亚行可持续发展和气候变化局能源行业中心，2021.
[129] 彭华. 中国新能源汽车产业发展及空间布局研究[D]. 长春：吉林大学，2019.
[130] 李欢. 各国氢能发展路线面面观[N]. 中国能源报，2021-01-25(004).
[131] 孟翔宇，顾阿伦，邬新国，等. 中国氢能产业高质量发展前景[J]. 科技导报，2020, 38(14): 17.
[132] 汤盈之，岳梦迪，Wang C N. 发展创新型融资机制、助力绿色“一带一路”建设[EB/OL]. [2021-11-28]. http://iigf.cufe.edu.cn/info/1012/4378.html.
[133] Alberto Pototschnig, Ilaria Conti. Upgrading Guarantees of Origin to Promote the Achievement of the EU Renewable Energy Target at Least Cost, 2021. https://cadmus.eui.eu/bitstream/handle/1814/69776/QM-03-21-034-EN-N.pdf?sequence=3.
[134] COAG Energy Council. National Hydrogen Strategy Issue, 2020. https://kpmg.com/xx/en/home/insights/2021/08/national-hydrogen-strategies.html.
[135] Fuel Cells and Hydrogen Joint Undertaking (FCH JU). Study on early business cases for H_2, 2017. https://docslib.org/doc/280034/study-on-early-business-cases-for-h2-in-energy-storage-and-more-broadly-power-to-h2-applications.
[136] Fuel Cells and Hydrogen Joint Undertaking (FCH JU).A European tracing and tracking system for renewable and low carbon hydrogen. Tokyo, Japan, 2019. https://www.nedo.go.jp/content/100920885.pdf.
[137] Fuel Cells and Hydrogen Joint Undertaking(FCH JU). Hydrogen Roadmap Europe, 2019. https://energy.ec.europa.eu/system/files/2019-06/1-2_hydrogen_europe_chatzimarkakis_0.pdf.
[138] Hydrogen Council and McKinsey & Company. Hydrogen Insights, 2021.

[139] IRENA. Global Landscape Renewable Energy Finance, 2020.

[140] IRENA. Hydrogen from Renewable Power, 2018.

[141] IEEFA. Green Hydrogen: Plans Potential and Future Outlook, 2021.

[142] Meng X, Gu A, Wu X, et al. Status quo of China hydrogen strategy in the field of transportation and international comparisons[J]. International Journal of Hydrogen Energy, 2021, 46(57): 28887-28899.

[143] Martin A, Agnoletti M F, Brangier E. Users in the design of hydrogen energy systems: A systematic review[J]. International Journal of Hydrogen Energy, 2020, 45(21): 11889-11900.

[144] Nicita A, Maggio G, Andaloro A P F, et al. Green hydrogen as feedstock: Financial analysis of a photovoltaic-powered electrolysis plant[J]. International Journal of Hydrogen Energy, 2020, 45(20): 11395-11408.

[145] Ren X, Dong L, Xu D, et al. Challenges towards hydrogen economy in China[J]. International Journal of Hydrogen Energy, 2020, 45(59): 34326-34345.

[146] The Goldman Sachs Group, Inc. Carbonoics the rise of clean hydrogen, 2020. https://www.goldmansachs.com/investor-relations/financials/current/annual-reports/2020-annual-report/.

[147] The Oil and Gas Methane Partnership (OGMP). Mineral Methane Initiative, 2020. https://www.ccacoalition.org/resources/oil-and-gas-methane-partnership-ogmp-20-framework.

[148] Timur Gül. Global Hydrogen Review 2021[R]. Paris: International Energy Agency, 2021.

[149] CVRP Eligible Vehicles[EB/OL]. https://cleanvehiclerebate.org/eng/eligible-vehicles, 2021.